W0046681

Die Krinoline
bleibt
in Kairo

Barbara Hodgson

Die Krinoline
bleibt
in Kairo

Reisende Frauen
1650 bis 1900

Aus dem Englischen
von Dörte Fuchs, Jutta Orth
und Gisela Sturm

GERSTENBERG

EINBAND-VORDERSEITE OBEN: *Isabelle Eberhardt in der Sahelwüste, um 1900*

HINTERGRUND-ILLUS-TRATION: *Karte von Afrika, Ausschnitt, spätes 19. Jahrhundert*

EINBAND-VORDERSEITE UNTEN: *Dame auf Kamel mit Führer vor der Sphinx, Ansichtskarte, um 1900*

VORSATZ: *»Haremsbesuch in Marokko« (Ausschnitt).* R. Caton Woodville, in: *ILN,* 17. Dezember 1887, 727

SCHMUTZTITEL: Nach: Rev. Francis E. Clark und Harriet E. Clark: *Our Journey Around the World with Glimpses of Life in Far Off Lands as Seen Through a Woman's Eyes,* Hartford, Conn.: A. D. Worthington 1894

FRONTISPIZ: *»Bergbesteigung mit Dame in Tirol: Sie kommt um die Kurve«.* R. Caton Woodville, in: *ILN,* 18. September 1886, 298

DOPPELSEITE VI–VII: *Dame auf Kamel mit Führer vor der Sphinx. Ansichtskarte, um 1900*

Die Originalausgabe erschien 2002 unter dem Titel *No Place for a Lady* bei Greystone Books, einem Imprint von Douglas & McIntyre Ltd, Vancouver/British Columbia, Kanada
Gestaltung: Barbara Hodgson/Byzantium Books
Copyright © 2002 Barbara Hodgson
Alle Rechte vorbehalten

5. Auflage 2014
(1. Auflage der Neuausgabe)

Deutsche Ausgabe Copyright © 2004 Gerstenberg Verlag, Hildesheim
Alle deutschen Rechte vorbehalten
Printed in China

www.gerstenberg-verlag.de

ISBN 978-3-8369-2790-1

Abbildungen, bei denen eine Angabe zum Urheber fehlt, stammen aus den Byzantium Archives. Bei solchen ohne Angabe der Quelle ist diese unbekannt. Trotz aller Bemühungen, die Rechteinhaber von Illustrationen und Texten ausfindig zu machen, war dies leider nicht in allen Fällen möglich. Alle Ansprüche bleiben gewahrt, und Irrtümer werden in zukünftigen Ausgaben des Buches korrigiert.

Der Bildnachweis für die den Kapiteln vorangestellten Abbildungen und der Zitatnachweis befinden sich auf S. 212.

Zu den im Text genannten Buchtiteln: Die erste Jahreszahl in den Klammern bezieht sich jeweils auf das Erscheinungsjahr der Originalausgabe, die zweite auf das der deutschen Übersetzung; taucht nur eine Jahreszahl auf, sind Original und Übersetzung im selben Jahr erschienen.

Ebenfalls bei Gerstenberg erschienen:

Amanda Adams
Scherben bringen Glück
Pionierinnen der Archäologie
ISBN 978-3-8369-2674-4

Inhalt

LADY HESTER STANHOPE.

London Henry Colburn, 1845

Einführung
Aufbruch ins Ungewisse

WEDER PFERDE NOCH REITER waren in Sicht, als von weither aus der Wüste gedämpfter Hufschlag zu hören war. Die Aufregung stieg. Seit Tagen ging in Palmyra das Gerücht, eine Karawane mit hohem Besuch aus Damaskus sei unterwegs. Alle Köpfe wandten sich gen Westen, den Hügeln zu, und ein Ruf erscholl; jemand hatte die ersten Schatten erkannt. Wie auf Kommando sprangen Hunderte von Männern auf ihre Pferde und jagten, die Säbel über den Köpfen schwingend, durch die sagenumwobenen Ruinen der Stadt Zenobias den Ankömmlingen entgegen. Die Zurückgebliebenen – Männer, Frauen und Kinder – beobachteten gespannt, wie die Reisegruppe zu ihnen ins Tal herunterkam. An der Spitze des Zuges ritt eine imposante, in einen prächtigen wollenen Mantel gehüllte Frau im Herrensitz auf einem stattlichen Pferd. Als Lady Hester Stanhope, die selbst ernannte »Königin der Wüste«, mit ihrem Gefolge in Palmyra einzog, säumten jubelnde Menschen ihren Weg.

Man schrieb das Jahr 1813. Lady Stanhope hatte das Unvorstellbare vollbracht, war auf eigene Faust und unverschleiert tief in das Herz Syriens eingedrungen, so tief wie kaum ein Europäer oder eine Europäerin seit römischer Zeit. Entgegen den herrschenden Sitten folgte sie ihrem Drang, der Sicherheit Englands den Rücken zu kehren und ein ungebundenes, abenteuerliches Leben zu führen. Wie sie entdeckten noch viele andere Frauen im Reisen einen Ausweg aus der häuslichen Enge.

Allgemein wird angenommen, dass Frauen in früheren Jahrhunderten aufgrund ihrer Mittellosigkeit und familiären Pflichten als Ehefrau, Mutter oder Tochter zur Häuslichkeit gezwungen waren. Dieses Rollenmuster ebenso wie die materielle und emotionale Abhängigkeit der Frau entspricht aber mehr einem verbreiteten gesellschaftlichen Vorurteil als der Realität. Die Reiseberichte von Frauen bezeugen, dass sich viele von ihnen aus solchen Bindungen befreien konnten. Geld spielte eine Rolle, aber nicht alle Frauen waren mittellos; einige lebten von

Hester Stanhope. Ob sie so aussah oder anders, ist zweifelhaft, da sich Stanhope zu Lebzeiten offenbar nie porträtieren ließ. R. J. Hamerton: Meryon, Bd. 1, Frontispiz

ihrem Erbe, und die meisten verdienten Geld, etwa indem sie Reiseberichte verfassten. Da die Familienpflichten Vorrang hatten, brachen viele Frauen erst in der Mitte ihres Lebens zur ersten großen
Reise auf. Aber war es einmal so weit, ließen sie ihrer Reiselust freien
Lauf. Es gab strikte Regeln, doch keine, die sich nicht außer Kraft
setzen ließ. Obwohl das Weiblichkeitsideal die Unterordnung der
Frau verlangte, gingen viele Frauen ihre eigenen Wege. Einige wussten die ihnen angedichtete Schwäche auch zu ihrem Vorteil zu nutzen. Da Frauen Gründe brauchten, um in die Ferne zu ziehen, reisten sie z.B. oft im Namen der Wissenschaft.

Die Frauen, die vor dem 20. Jahrhundert um die Welt bummel-
ten, lassen sich in zwei große Gruppen einteilen. Den bürgerlichen
Frauen der Mittelschicht bot das Reisen einen Ausweg aus der Ein-
förmigkeit ihres Alltags, und dafür nahmen sie die primitivsten Unterkünfte in Kauf, in denen es von Flöhen oft nur
so wimmelte; das gab ihnen zumindest das Gefühl, am
Leben zu sein. Die begüterten Damen der oberen
Schichten betrachteten Rastlosigkeit als ein Privileg, für
das sie jeden Preis zu zahlen bereit waren.

Vielfältig waren die individuellen Motive der reisenden Frauen. Einige waren nicht aus freien Stücken unterwegs. So zahlte der Prinz von Wales seiner Gemahlin
Karoline von Braunschweig ihre Abneigung mit gleicher Münze heim und schickte sie wegen unbotmäßi-
gen Verhaltens in die Verbannung. Madame de Staël
verließ Frankreich gezwungenermaßen bei Ausbruch der Revolution; später wurde sie von Napoleon des Landes verwiesen. Jane
Digby, auch Lady Ellenborough genannt, machte »Urlaub« auf dem
Kontinent, um heimlich ihr Kind zur Welt zu bringen. Dass dieser
Ausrutscher zu ihrem großen Syrienabenteuer führen würde, ahnte
sie zu diesem Zeitpunkt nicht. Lady Mary Wortley Montagu, die sich
beschwerte, dass ihr Geschlecht nirgendwo so verachtet werde wie
in England[1], unternahm 1739 eine Reise durch Europa und blieb bis
1761 in Italien. Vielleicht wollte sie mit dieser Erklärung davon ab-
lenken, dass sie auf der Suche nach einem Liebhaber war.

Einige Frauen, so z.B. die Malerin Marianne North, gingen auf
Reisen, um sich über den Tod eines Angehörigen hinwegzutrösten,
andere begleiteten ihre Ehemänner. Eliza Fay erklärte in ihrem
Bericht über Indien: »Ich unternahm diese Reise mit der Absicht,

Marianne North.
Nach einem Foto von Williams, in: Dronsart, 385

meinen Mann vor dem Untergang zu bewahren, denn hätte ich ihn nicht begleitet, … wäre er wohl nie in Bengal angekommen.«[2]

Manche Frauen veranlasste ihr Glaube zum Reisen. Viele, unter ihnen besagte Prinzessin Karoline, wagten sich auf die gefahrvolle Pilgerreise nach Jerusalem. Dabei verteilten sie, so z.B. eine gewisse Mrs G. Albert Rogers, Verfasserin von *A Winter in Algeria* (1865), unterwegs religiöse Schriften.

Ein chronisches Rückenleiden war einer der Gründe, die die willensstarke Isabella Bird um die Welt trieben. Lucie Duff Gordon pflegte den Winter ihrer Schwindsucht wegen in Ägypten zu verbringen und ließ sich dort für immer nieder. Und ebenso wie sie sehnten sich die reisenden Damen aus dem feuchten, kühlen Nordeuropa nach den so angenehm duftenden südlichen Gefilden.

Der beste Grund aber war, ohne jeden Anlass zu reisen. Ida Pfeiffer träumte schon als kleines Mädchen von einer Weltreise, und Mary Shelley erhob ihre Reisepassion zur Weltanschauung.

Dass die Mehrheit der hier vorgestellten reisenden Frauen von den Britischen Inseln stammt, beweist die besondere Anfälligkeit der Britinnen für diese Passion. Die *Quarterly Review* schrieb dazu: »Andere Nationen beneiden uns um diesen Typus der gebildeten, vernunftbegabten, zeichnenden, leichtfüßigen, eng taillierten, strohhuttragenden Frühaufsteherin, deren Erziehung die verfeinerte Lebensart der Elite mit dem praktischen Sinn der Arbeiterschicht verbindet.«[*][3]

Doch auch andere Europäerinnen blieben nicht immer daheim. Unter ihnen gab es viele, die es aus Abenteuerlust oder im Zuge des Kolonialismus in die Welt hinausdrängte.

Von Frauen aus außereuropäischen Ländern wissen wir nur, dass nicht alle das weibliche Verlangen teilten, die Welt zu sehen. Frances Calderón de la Barca, eine gebürtige Schottin, berichtete von Mexikanerinnen, die sich in Europa wie in der Verbannung fühlten und die Tage bis zur Abreise zählten. Harriet Martineau erfuhr, dass reisende Europäerinnen in Ägypten Mitleid erregten. Lucie Duff Gordon hingegen lernte in Asyut eine junge Ägypterin kennen, die in Männerkleidung reiste, was von der Gesellschaft akzeptiert wurde.

---

[*] Dieses Bild verklärt die Realität. Der Urtyp der reisenden Britin, wie Frances Trollope, war zwar belesen, aber eher beleibt als schlank, und Trollope kam nicht leichtfüßig daher, sondern »mit den gewaltigen Schritten, die nur die Engländerinnen auszeichnen«.[4]

Die Französin Flora Tristan berichtete von ihrer Perureise in den
1830er Jahren: »Die Frauen von Arequipa ergreifen begeistert jedwede Gelegenheit zu verreisen …, und weder die Kosten noch die
außerordentlichen Mühen können sie je davon abbringen.«[5] Ein
Beipiel hierfür ist die Peruanerin Isabella Godin des Odonais, die wir
später noch kennen lernen werden.

Auch die Nordamerikanerinnen machten sich auf den Weg.
Isabella Bird kam sich neben einer gewissen Miss Karpe, die mit ihr
zusammen die Sandwich Islands erkundete, wie eine »humpelnde,
zerlumpte, barfüßige Kreatur« vor und bewunderte diesen »Typus der
reisenden, zwischen den Anden und den Pyramiden allgegenwärti-
gen Amerikanerin: unermüdlich, mit gebündelter Energie, eiserner
Ausdauer und einem genialen Durchsetzungsvermögen«.[6]

Was trieb die Britinnen mehr als andere um die Welt? Briten beiderlei Geschlechts standen in dem Ruf, eifrige Globetrotter und Siedler zu sein. Marie Dronsart erklärte 1894 den Reise- und Abenteuer-
drang sogar zu einem britischen Wesenszug.[7] Außerdem schien die
umfangreiche Reiseliteratur einen unwiderstehlichen Sog auszuüben.
In keinem anderen Land wurden so viele Reiseberichte publiziert.

Die reisenden Frauen des 17. bis 19. Jahrhunderts verfassten ihre
Berichte aus einem sehr persönlichen Blickwinkel. In ihren abenteuerlichen Reisebeschreibungen enthüllten sie ihre Ansichten über
das andere Geschlecht, andere Frauen und fremde Kulturen. Sie gaben Einblicke in politische Zusammenhänge und die gesellschaftlichen Verhältnisse in ihren Gastländern; sie füllten alle Lücken der
männlichen Reiseliteratur. So weckten sie die Reiselust unzähliger
anderer Frauen und trugen zum Aufschwung des Tourismus bei.

Frauen hatten unterschiedliche Beweggründe, zu schreiben. Sie
schrieben, um ihre Abwesenheit zu rechtfertigen, um ihre Schwestern daheim zu unterhalten, um aus den Verkaufserlösen die nächste
Reise zu finanzieren oder aus schlichtem Mitteilungsbedürfnis. Im
18. Jahrhundert waren es noch wenige, aber bereits 1817 befand Eliza
Fay, die reisende Lady »als Zielscheibe(n) des Spotts« habe nun aus-
gedient.[8] Um 1845 galten einige von ihnen als professionelle Autorinnen; allein die *Quarterly Review* verweigerte die Rezension von
Büchern, deren Verfasserinnen regelmäßig »Reisen machen, um ein
Buch darüber zu schreiben«. Lobende Erwähnung fanden hingegen
Amateurinnen, denen die Zeitschrift eine »reine *Zweckfreiheit*, die
aus dem eher zufälligen Charakter (ihrer) Ausbildung resultiert«, be-

Ein Besatzungsmitglied kontrolliert die Fahrkarten des mitfahrenden türkischen Harems.

Radierung von Roberts nach einer Zeichnung von G. Dorand, in: *Graphic*, 24. März 1877, 269

scheinigte.[9] Oft verzichteten die Frauen auf die Nennung ihres Namens und veröffentlichten unter Pseudonym. Mrs Vigors *Letters from a Lady, Who Resided Some Years in Russia* (1775) wurden beispielsweise mit der Angabe »A Lady« publiziert und *The Englishwoman in India* (1864) mit »A Resident« signiert.

In der Reiseliteratur anderer europäischer Länder war der weibliche Einfluss weit geringer, sei es, weil die Frauen die Öffentlichkeit scheuten, sei es, weil sie keinen Verleger fanden. Es gab jedoch Ausnahmen wie die Französin Jane Dieulafoy, die Schweizerin Isabelle Eberhardt, die Deutsche Johanna Schopenhauer, die Österreicherin Ida Pfeiffer, die Russin Lydie Paschkoff oder die Italienerin Cristina di Belgiojoso. Das Wenige, was erschien, wurde zudem kaum in andere Sprachen übersetzt. Sofern ausländische Autorinnen überhaupt in England gelesen wurden, konnte ihnen die *Quarterly Review* nichts abgewinnen. Sie kritisierte die Rechtschreibung der Französinnen und vermisste bei den Deutschen, die dem Rezensenten zufolge alles verinnerlichten, die »rasche Auffassungsgabe«.[10]

»Wir hatten bisher *Die Engländerin in Russland, Die Engländerin in Tibet, Die Engländerin in Amerika*, ja *Die Engländerin im hintersten Winkel der Welt*. Falls die Reiselust unserer schönen Landsmänninnen anhält, wäre *Die Engländerin in England* eine willkommene Abwechslung.« *Punch*[11]

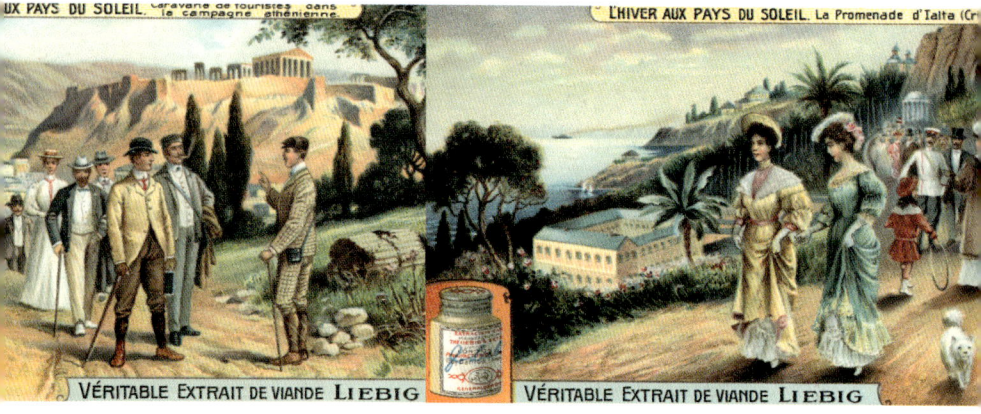

UX PAYS DU SOLEIL. Caravane de touristes dans la campagne athénienne

L'HIVER AUX PAYS DU SOLEIL. La Promenade d'Ialta (Cr

VÉRITABLE EXTRAIT DE VIANDE LIEBIG

VÉRITABLE EXTRAIT DE VIANDE LIEBIG

*»Liebig's Fleischextrakt«
warb mit Ansichtskarten
von reisenden Frauen an
den bevorzugten Zielen
Athen, Jalta, Algerien
und Kairo (um 1880). So
brachte man Reisende
dazu, Liebig-Produkte im
Gepäck mitzunehmen.*

Ein besonders frappantes Beispiel für die Fehleinschätzung ausländischer Autorinnen durch die *Quarterly Review* ist der Fall Ida Pfeiffer. Sie hatte ein ausgesprochenes Talent, ihre Beobachtungen in knappem, präzisem Stil anschaulich und lebendig zu vermitteln; ihr Erfolg beruhte auf ihren wahrheitsgetreuen, nüchternen Schilderungen, etwa des missglückten Mordanschlags, den ein Eingeborener im brasilianischen Dschungel auf sie verübte, oder ihrer Begegnung mit Kopfjägern auf Borneo.

Auch damals galt: Je ereignisreicher die Reise, desto größer der Verkaufserfolg. Und wenn es an Spannung fehlte, tat es auch ein Schuss Sarkasmus. In diesem Genre brillierte die Engländerin Frances Elliot, Verfasserin der Reihe *Idle Women*. Kein Autor vor ihr hatte Spanien, Italien und Konstantinopel so schlecht gemacht und damit so gute Verkaufszahlen erzielt. Unaufmerksame Bedienstete, betrügerische Gastwirte, das

*Annie Brassey beim
Tauschhandel auf Feuerland. Die Nacktheit der
Geschäftspartner scheint
niemanden zu stören.*
Brassey 1878, 22

Ungeziefer, die Sandstürme und aufdringliche Trunkenbolde waren ihre bevorzugten Themen.

Mit Sujets wie Ungeziefer und Alkohol waren die Autorinnen auf der sicheren Seite. Um sich nicht selbst in Misskredit zu bringen, zogen sie es vor, kompromittierende Einzelheiten zu verschweigen. Vor der Veröffentlichung redigierten sie ihre Aufzeichnungen und Briefe, wobei sie alle heiklen Stel-

LHIVER AUX PAYS DU SOLEIL. Promenade a dos de chameau sur la côte algérienne HIVER AUX PAYS DU SOLEIL. Les Pyramides vues des environs du Caire.

TABLE EXTRAIT DE VIANDE LIEBIG VÉRITABLE EXTRAIT DE VIANDE LIEBIG

len, Bemerkungen über die hygienischen Zustände und Durchfallbeschwerden entfernten. Lady Montagu hingegen schockierte ihre Leserschaft mit einer Passage über den Alltag türkischer Haremsfrauen und dem pikanten Detail, dass sie den Frauen ihre Schnürbrust gezeigt habe. Fast 150 Jahre nach dem Skandal um Lady Montagus *Letters* (1725) schrieb Lady Charlotte Bury, niemand bekenne sich zu ihrer Lektüre, »denn sie gelten als so anstößig, dass eine Frau, will sie nicht in Verruf geraten, gut daran tut, zu erröten, sobald das Buch auch nur erwähnt wird«. Fanny Parks hingegen fand Lady Montagus Bücher »sehr anregend« und bekam ihrerseits Lust, einen indischen Harem zu besuchen.[12]

> »Ein Mann ist auf Reisen nur als Gepäckaufsicht zu gebrauchen, aber wir reisen am liebsten ohne Gepäck.«
> (Emily Lowe,) *Unprotected Females in Norway*[14]

Zu den Tabuthemen der Europäerinnen gehörte auch die in vielen Teilen der Welt offen zur Schau gestellte Nacktheit der Männer. Allein die Vorstellung, die junge, unverheiratete Alexine Tinne könnte einen nackten Nubier sehen, entrüstete den Forscher Samuel Baker; was sie selbst darüber dachte, ist nicht bekannt. Sogar die welterfahrene Olympe d'Audouard staunte über die Unerschütterlichkeit der englischen Ladys beim Anblick nackter ägyptischer Männer. Das Thema war ein Dauerbrenner, der Rezensenten wie Leser in den Bann schlug.[13]

Die angehenden Schriftstellerinnen, die, mit Sonnenschirm und Notizbuch bewaffnet, in den altehrwürdigen Ruinen herumkraxelten, bildeten ein bevorzugtes Sujet satirischer Werke, etwa »Impulsia Gushingtons« *Lispings from Low Latitudes* (1863)★. In einer zeitge-

---

★ Obwohl das Werk als Parodie auf Lord Dufferins *Letters from High Latitudes* (1857) über seine Islandreisen gemeint war, hat dieser es laut einer Verlagsanzeige trotzdem herausgebracht.

Bell Smith Abroad
(1855) von »Piatt«
(Mrs Louise Kirby) war
ein amerikanischer Beitrag
zur humoristischen weib-
lichen Reiseliteratur.

nössischen Besprechung war die Rede von der »Verulkung« jener »Frauen, die beharrlich stets dort reisen, wo sie nichts zu suchen haben, die ausgerechnet die Kleider tragen, die (in jenen Breiten) nicht angemessen sind; die darauf bestehen, ›ohne Schutz‹ zu reisen, und die ihren Dragoman nach dem Äußeren auswählen, anstatt sich auf die Empfehlungen ihrer Freunde zu verlassen«.[15]

Spott ist das eine, doch die Wissenschaft hat reisenden Frauen wie Isabella Bird, Mary Kingsley oder Anne Blunt unbestreitbar viel zu verdanken. Isabella Bird und Mary Kingsley fanden Aufnahme in der Royal Scottish Geographical Society, deren französische Niederlassung akzeptierte Lydie Paschkoff und Ida Pfeiffer. Selbst die Herren der Londoner Royal Geographical Society mussten 1892, weil sie verpflichtet waren, Mitglieder anderer Gesellschaften aufzunehmen, 22 Frauen zu ihrem erlauchten Kreis zulassen. Diese Chance konnten Isabella Bird, Kate Marsden und May French Sheldon nutzen, bevor sich die Tür schon wieder schloss. Der Politiker George Curzon, der Isabella Bird 1889 auf dem Tigris noch seine Achtung erwiesen hatte, meinte dazu: »… ihr Geschlecht wie ihre Erziehung machen sie gleichermaßen untauglich dafür, und die Gattung des professionellen weiblichen Globetrotters, mit der uns Amerika in letzter Zeit bekannt gemacht hat, ist einer der Schrecken des späten 19. Jahrhunderts.« Erst 1913 wurden Frauen gleichgestellte Mitglieder der Gesellschaft.[16]

Doch dieses Buch will beileibe kein Almanach der Heldinnen sein. Die unerträglich zimperliche, ohnmachtsanfällige Exilpolin Ève Félinska machte sich um den Ruf der reisenden Frauen wahrlich nicht verdient. Andere, wie Lydie Paschkoff, gehörten zum Kreis der überspannten Frauenzimmer, die mit kompletter Garderobe samt Kammerzofe auf die Reise gingen und allein für ihr Gepäck eine ganze Karawane benötigten. Und wenn Carla Serena, Eliza Fay und Lydie Paschkoff durch Eitelkeit glänzten, waren andere sogar für zeitgenössische Begriffe unglaublich prüde. Einige, wie Isabella Bird, konnten sich jedoch davon befreien.

Leider kam ich nicht umhin, unter der Fülle des Materials eine rigorose Auswahl zu treffen. Meine Leserinnen und Leser werden mir hoffentlich verzeihen, wenn ausgerechnet ihre Favoritin nicht vorkommen sollte. Ich habe mich v.a. auf Frauen konzentriert, denen das Reisen Selbstzweck war, im Gegensatz zu anderen, wie Missionarinnen, Erzieherinnen oder Siedlerinnen, die in diesem Buch nur ausnahmsweise genannt werden.

Zudem habe ich mich auf den Zeitraum von Mitte des 17. Jahrhunderts bis Ende des 19. Jahrhunderts beschränkt, da sich der Tourismus nach der Jahrhundertwende radikal veränderte. Deshalb konnten Weltenbummlerinnen des 20. Jahrhunderts, wie Gertrude Bell, Freya Stark, Dervla Murphy oder Ella Maillart, nicht berücksichtigt werden. Auch ausführliche Darstellungen individueller Biografien hätten den Rahmen des Buches gesprengt; für weiterführende Informationen dienen die Literaturhinweise im Anhang. Um thematische Überschneidungen mit bestehenden Werken zu vermeiden, entschloss ich mich, in einer Mischung aus Texten und Illustrationen nur wenigen Frauen im zeitgenössischen Kontext nachzuspüren.

Zur besseren Orientierung wurde das Buch geografisch gegliedert. So können bestimmte Erfahrungen wie die Besteigung der Pyramiden aus mehreren Blickwinkeln beleuchtet werden. Die unterschiedlichen Berichte über ein und dieselbe Erfahrung enthüllen uns im Grunde mehr über die Verfasserin als über den beschriebenen Ort. Viele dieser Vagabundinnen lassen sich jedoch geografisch nicht so leicht einordnen und tauchen, wie schon zu Lebzeiten, unversehens in einem anderen Kapitel an anderen Orten wieder auf, so z.B. Marianne North, Isabella Bird, Ida Pfeiffer oder Lola Montez.

Anmerkung: Die Schreibweise der Ortsnamen (außer in den Zitaten) entspricht einschlägigen Atlanten. War der Name nicht auffindbar, wurde die Schreibweise des Originals übernommen. Später umbenannte Orte erscheinen unter ihrem alten Namen, so z.B. Konstantinopel (Istanbul).

FOLGENDE DOPPEL-SEITE: *Eine Frau, die im Sturm zwischen Le Havre und Honfleur die Ruhe bewahrt, muss eiserne Nerven haben.* M. Biard, in: ILN, 19. September 1863, 285

Neben den hier vorgestellten Globetrotterinnen gab es unzählige andere, anonym reisende Frauen, die Barrieren durchbrachen, um in die Welt hinauszuziehen. Damit haben sie uns den Weg geebnet. Angesichts ihrer Leistungen erledigt sich wohl die Frage, ob Frauen jemals ins Haus gehört haben.

Postkutschen, Zollbeamte & Reiseführer

MIT LUMPIGEN SECHZIG PFUND in der Tasche begab sich Mary Godwin (später Shelley) 1814 in Begleitung ihres Geliebten, Percy Bysshe Shelley, und ihrer Stiefschwester Claire Clairmont von Paris zu Fuß in die Schweiz. Warnungen zum Trotz, streunende Soldaten der aufgelösten napoleonischen Armee vergewaltigten reisende Frauen, verlief die Reise bis auf Shelleys verstauchten Knöchel ohne größere Schwierigkeiten. Nach zwölf Tagen erreichten sie Neuchâtel, wo sie die erste Waschgelegenheit fanden.[1]

Unter besseren finanziellen Bedingungen hätten sich Godwin und Shelley Pferd und Wagen gekauft oder gemietet, um unabhängiger und unbehelligt vom Pöbel zu reisen. Die begüterte Lady Elizabeth Craven riet Ende des 17. Jahrhunderts einer guten Freundin: »Nimm möglichst wenig Bedienstete mit, deinen eigenen Phaeton und eine zusätzliche Chaise für Kinder oder Dienstboten.«[2]

Vor dem Siegeszug der Eisenbahn* war die Postkutsche das wichtigste europäische Verkehrsmittel. Sie wurde von Postillionen oder Conducteuren von einer Poststation zur nächsten gefahren. Dort wurden die Pferde gewechselt, während die gerädeten Fahrgäste sich erfrischen oder ausruhen konnten. Die Postkutsche, ein zwar unbequemes, aber relativ schnelles Verkehrsmittel, eroberte ab Mitte des 17. Jahrhunderts ganz Europa und wurde auf kürzeren Strecken sogar in Russland, Mexiko, Nordamerika, Südamerika, Indien und im Vorderen Orient eingesetzt.

Außer der Postkutsche (vier Räder; sechs bis acht Personen) gab es die Postchaise (vier Räder; zwei bis vier Personen), den Kremser (vier Räder; vielsitzig, mit Bänken), die Kalesche (leichter Viersitzer; zwei Räder) sowie verschiedene Karren und Gespanne für die Stadt.

> »Meiden Sie ältere Frauen bei Reisen mit der Postkutsche. Sie wollen immer die besten Plätze.« E. S. Bates[4]

Das Reisegepäck der eleganten Dame. Anzeige von Louis Vuitton. Orient–Pacific Line Guide, London: Sampson, Low, Marston 1901, IV

---

* In Großbritannien gab es 1825/26 die ersten begrenzten Personentransporte. Einige Jahre später folgte Österreich-Ungarn, und Mitte der 1850er Jahre dehnte sich das Schienennetz über fast ganz Europa aus.[3]

Der Zustand der Straßen ließ zu wünschen übrig, sodass es häufig zu schweren Unfällen kam. Als Lady Montagu 1717 mit der Kutsche nach Konstantinopel (Istanbul) fuhr, stand sie sicher die schlimmsten Ängste aus:

> Wir kamen bei Mondlicht durch die fürchterlichen Gebirge mit ihren Abgründen, die Böhmen von Sachsen trennen und an deren Füßen die Elbe fließt. Allein ich kann nicht sagen, dass ich Ursache hatte, mich vor dem Ertrinken zu fürchten, weil ich vollkommen überzeugt bin, dass es im Fall eines Sturzes ganz unmöglich ist, lebendig auf den Boden zu kommen. An vielen Orten ist der Weg so schmal, dass ich keinen Zoll Zwischenraum von den Rädern bis zu dem Sturz in den Abgrund bemerken konnte …, bis ich bei hellem Mondschein unsere Postillions auf den Pferden einnicken sah, gerade als sie in vollem Galopp waren. Da fand ich es wirklich nötig, ihnen zuzurufen, Acht zu geben, wohin wir fuhren.[5]

An Flüssen wurden die Reisenden mit Fährbooten übergesetzt, und Gebirge ließen sich nur auf Pässen überqueren. 1871 wurde der Mont-Cenis-Tunnel eröffnet, was die Reisedauer zwischen Lyon und Turin erheblich verkürzte. Doch bis dahin mussten die Reisenden den 2083 Meter hohen Pass noch zu Fuß, per Pferd oder im Tragsessel überwinden. Als Eliza Fay 1779 die langwierige Tour hinter sich gebracht hatte, verkündete sie: »Da ich zum Glück sehr mutig bin, habe ich alle Schwierigkeiten mühelos gemeistert.«[6] Auf dem Weg nach oben ritt sie ein Maultier, das sich stur am Rand des Abgrunds entlangbewegte. Als sie den Gipfel erreicht hatte, sank sie dann doch erleichtert in einen Tragstuhl. Aber nicht nur Personen, sondern auch Gepäckstücke, Kutschen und Wagen wurden über den Pass befördert. Fays Postchaise wurde in ihre Einzelteile zerlegt und auf mehrere Lasttiere verteilt.

Ab 1820 gab es die ersten Entrepreneure, *voiturins, vetturini* bzw. Lohnkutscher genannt. Für einen Festbetrag kümmerten sie sich um die gesamte Reiseorganisation einschließlich Transportmitteln, Verpflegung und Unterkunft. Meist taten sich mehrere Reisende zusammen, um die Kosten zu teilen. Mary Shelley

Eine junge Engländerin trotzt während der Kanalüberfahrt der steifen Brise.
R. Taylor, in: *ILN*, 23. August 1884, 188

mietete 1840 einen *vetturino*, um von Mailand über den Simplonpass nach Genf zu gelangen. Die drei mitreisenden schottischen Schwestern bestärkten sie in der Überzeugung, Unabhängigkeit sei ein Wesensmerkmal der Schottin. Als der Zustand der Straßen besser und der Verkehr dichter wurde, erwarben sich die Schweizer *voiturins* den Ruf, ihre Kunden über den Tisch zu ziehen.[7]

Die Grenzformalitäten waren der Fluch aller Reisenden, obwohl die Zollbeamten, wie Shelley feststellte, in der Regel bestechlich waren – mit Ausnahme der deutschen. Fast alle mitgeführten Habseligkeiten einschließlich

»Eröffnung des Mont-Cenis-Tunnels bei Susa«. *ILN*, 23. September 1871, 280

Büchern, Bettwäsche und Essbesteck unterlagen der Zollpflicht oder wurden gar konfisziert. Lady Craven hatte für die Beamten nichts übrig: »Die Grenzbeamten stellen so lächerliche Fragen wie ›Wie heißen Sie?‹, ›Welchem Stande gehören Sie an?‹, ›Sind Sie verheiratet oder ledig?‹, ›Reisen Sie aus beruflichen oder aus privaten Gründen?‹ … Als einer der Reisenden die Frage nach seinem Namen mit ›Bubu, huhu!‹ erwiderte, entgegnete der Beamte: ›Entschuldigung, Sir, würden Sie das bitte buchstabieren?‹ … Es ist unmöglich, derart absurde Fragen ernsthaft zu beantworten.«[8]

Die zweite, aufrichtigere Sorte des Beutelschneiders war der Wegelagerer, der *contrebandier*. Als Lady Ann Fanshawe, eskortiert von zehn Soldaten, 1659 von Calais nach Paris ihrem Gemahl entgegenfuhr, versperrten fünfzig bewaffnete Soldaten den Weg. Nach einem kurzen Wortwechsel zwischen den Wegelagerern und den

»*Passkontrolle in Dieppe*
1871«. *Im Deutsch-*
Französischen Krieg
wurden die Grenz-
kontrollen verschärft.
ILN, 16. September 1871, 261

Männern der Eskorte durfte sie weiterziehen. Der
Eskortenführer erklärte ihr auf ihre erstaunte Frage
hin: »Da unser Sold zu gering ist, müssen wir unsere
Einkünfte auf diese Weise aufbessern. Aber wir haben
eine Absprache. Wenn wir eine Reisegruppe eskor-
tieren, darf sie unbehelligt weiterziehen.« Achtzig Jahre
später schrieb Lady Montagu, das Banditentum sei so
weit zurückgegangen, dass man das Land mit der Geldbörse in der
Hand durchqueren könne.[9]

Damals bildete Europa noch ein lockeres Gefüge aus unklar
definierten Königreichen, Territorien und Staaten mit anderen
Grenzen als heute. Allein der Deutsche Bund umfasste bis 1848 eine
Föderation zahlreicher souveräner Staaten, darunter Österreich-
Ungarn, die Königreiche Bayern, Württemberg, Sachsen, Hanno-
ver und Preußen sowie unzählige Herzogtümer, Fürstentümer und
freie Städte. Italien zerfiel seit dem Wiener Kongress von 1815 in
die Königreiche Sardinien und die Zwei Sizilien, die Päpstlichen
Staaten sowie die Herzogtümer Lucca und Toskana. Der Norden
Italiens wurde von Frankreich und Österreich beherrscht.[10]

»Les Contrebandiers«.
Szenen aus dem Banditen-
leben an der französischen
Grenze. O. Penguilly, undatiert

Obendrein wurde Kontinentaleuropa in der
Zeit vom Ausbruch der Französischen Revolution (1789) bis zu den Revolutionen von 1848/49
von schweren politischen Krisen erschüttert. Von
1798 bis 1815 zog Napoleons Expansionspolitik
Frankreich, Spanien, Italien, England, Russland und Ägypten in
den Krieg. 1870 brach der Deutsch-Französische Krieg aus, dem
1871 der Aufstand der Pariser Kommunarden folgte. Auch auf der
Krim tobte der Krieg (1853–1856). Und der amerikanische Kontinent litt unter den Folgen des Bürgerkrieges (1861–1865), der Ver-
wüstungen, Seuchen, Hungersnöte, Aufstände und Wohnungs-
knappheit mit sich gebracht hatte.

Kriege konnten Lady Emmeline Stuart Wortley 1848 nicht davon abhalten, ihre zerbrechliche Tochter Victoria quer über den Kontinent zu schleppen – eine Gewaltkur, an deren Wirksamkeit ihr Biograf zweifelte. Allen Unkenrufen zum Trotz und nicht minder unerschrocken fuhr die Porzellansammlerin Lady Charlotte Schreiber in der Hoffnung auf ein Schnäppchen mitten im Deutsch-Französischen Krieg unter Kanonendonner mit einem Marktkarren durch Paris. Und Louisa May Alcott, die sich im Amerikanischen Bürgerkrieg als Krankenschwester verdingt hatte, begleitete im Kriegsjahr 1870 einen invaliden Freund nach Frankreich, wo sie die Hospitäler allerdings mied.[11]

Handbücher für Reisende mit nützlichen Hinweisen zu den jeweiligen Zollbestimmungen, Verkehrsmitteln, Fahrpreisen und Reiserisiken gibt es seit vielen hundert Jahren. Einer der ersten englischen Reiseführer erschien unter dem Titel *Informacon for pylgrymes unto the holy londe* (1498). Im 17. Jahrhundert folgten u.a. Tuckers *Instructions for Travellers* (1757) und der *Guide des voyageurs* (1793) von Richard. Mariana Starkes *Travels on the Continent* (1820, später *Travels in Europe*) erlebte wegen der starken Nachfrage gleich mehrere Auflagen. Als Mary Shelley 1843 nach Neapel reiste, nahm sie die *Travels* mit, die sie als »exakt und gut geschrieben« pries. Außerdem hatte sie noch *Murray's Handbook for Travellers to the Continent* im Gepäck, und zwar die erste, fehlerhafte Auflage von 1836, die sie mit ihren Korrekturen versah.[12] Bald darauf umfasste der ständig dicker werdende *Murray's* sämtliche Reiseziele der Anglophonen.

1839 erschien der Rheinführer von Karl Baedeker, dessen Handbücher bald auch in englischer und französischer Sprache erhältlich waren. Aus der seit 1841 erscheinenden französischen Kollektion der *Guides* von Adolphe Joanne, die gleichzeitig mit den handlicheren *Guides diamants* herauskamen, gingen die *Guides bleus* hervor.

Thomas Cook gründete 1841 sein erstes Reisebüro; sein Name wurde ein Begriff. Er begann mit einfachen Eisenbahntouren auf den Britischen Inseln und kümmerte sich nach und nach um praktisch alle touristischen Belange. Später kamen Reisen nach Paris und in die Schweiz hinzu. Binnen kürzester Zeit eskortierte Cook die Reisenden bis zu den Antipoden. Unsere reisenden Damen haben seine Dienste wohl nicht in Anspruch genommen, aber man sollte anerkennen, dass Cook sein Angebot mehr als jeder seiner Konkurrenten an den Wünschen seiner Kundinnen ausrichtete.

TRAVELS IN EUROPE,

FOR THE USE OF

TRAVELLERS ON THE CONTINENT,

AND LIKEWISE IN

THE ISLAND OF SICILY;

NOT COMPRISED IN ANY OF THE FORMER EDITIONS.

TO WHICH IS ADDED

AN ACCOUNT OF THE REMAINS OF ANCIENT ITALY,

AND ALSO OF THE ROADS LEADING TO THOSE REMAINS.

BY MARIANA STARKE.

In der Überzeugung, dass man die Geografie und die Altertümer eines Landes selbst in Augenschein nehmen muss, um sie präzise zu beschreiben, und in dem Bemühen, ihrer achtbaren Leserschaft einen zuverlässigen Leitfaden an die Hand zu geben, hat die Verfasserin der folgenden Seiten letzthin alle Gegenden Italiens bereist einschließlich derer, die abseits der gewöhnlichen Route der Reisenden liegen; und vielleicht interessiert es diese, dass die Bauern, Landarbeiter und Handwerker, die ihr auf diesen Exkursionen begegneten, ihren Herrschern durchweg verbunden waren und sich höflich, friedfertig und aufrichtig zeigten; folglich dürfen die Reisenden die Hauptstraßen als sicher betrachten und können darüber hinaus, unbesorgt um Volksaufstände oder Wegelagerer, bis in die entlegensten Gegenden der Alpen und des Apennin vordringen. Mariana Starke[13]

PARIS,

PUBLISHED BY A. AND W. GALIGNANI AND Cº.,

18, RUE VIVIENNE.

—

1839.

Europa
Das schöne Geschlecht auf Reisen

LADY ELIZABETH CRAVEN BETRAT 1785 kontinentaleuropäischen Boden, nachdem ihr Mann, der Earl of Craven, sie wegen Ehebruchs aus England verbannt hatte. Bei ihrer Hochzeit im Jahr 1767 war die ebenso schöne und kultivierte wie hochmütige und indiskrete Lady Craven 16 Jahre alt gewesen. Sechs Jahre später kamen erste Gerüchte über eine außereheliche Liaison auf, und obwohl der Earl selbst auch kein Muster an Treue war, fand er die Tatsache, dass die Presse im Zusammenhang mit einem »bekannten Freudenhaus« über ein Stelldichein der Ehebrecher berichtete, unverzeihlich. Er schickte seine Frau aufs Land, gestattete ihr aber schon bald, zurückzukehren. Als sie sich zehn Jahre später erneut einen Fehltritt leistete, verwies er sie des Landes.[1] Für kurze Zeit ließ Lady Craven sich in Versailles nieder, wo sie ihren späteren Ehemann, den Markgrafen von Brandenburg-Ansbach, kennen lernte. Doch zunächst begab sie sich mit ihrem einflussreichen und wohlhabenden »Cousin« Henry Vernon auf Reisen. Sie fuhren von Italien nach Österreich, Polen und Russland und dann südwärts über die Krim bis nach Konstantinopel. Im Oktober 1786 kehrte sie nach England zurück und verfasste *A Journey Through the Crimea to Constantinople* (1789).[2]

Fünf Monate später beschloss sie, zukünftig beim Markgrafen in Ansbach zu leben. Dafür aber musste sie erst einmal dessen langjährige Geliebte dazu bringen, ihre Sachen zu packen. Außerdem lebte der Markgraf noch immer mit seiner Frau zusammen. Von 1789 bis 1790 bereiste das Liebespaar Italien und heiratete nach dem Tod ihrer Ehegatten 1791 in Portugal. Sie unternahmen eine Rundreise durch Spanien, durchquerten das von Revolutionswirren zerrissene Frankreich und ließen sich schließlich in England nieder. Nach einer längeren Reisepause besuchten sie 1801/02 Paris und Wien.

Im Jahr 747 äußerte der englische Missionar St. Bonifatius sich entsetzt über englische Huren, die die Pilgerstraßen durch Frankreich und Italien bevölkerten. Er drängte den Bischof von Canterbury, »Weibspersonen und verschleierten Frauen« die Pilgerreise nach Rom zu untersagen, gingen doch viele dabei sittlich zugrunde. Aber die Kirche vermochte Frauen nicht von Pilgerfahrten abzuhalten; einige gelangten gar bis ins Heilige Land.[3]

Mme Anne-Louise-Germaine de Staël.
J. Champagne, undatiert

Lady Elizabeth Craven.
Craven 1914, Frontispiz

Kurz nach dem Tod des Markgrafen Anfang 1806 wurde Lady Craven in der Gesellschaft Ludwigs XVIII. und Ferdinands IV. von Italien gesehen. Sie starb 1828 im Alter von 78 Jahren und wurde auf dem Englischen Friedhof in Neapel beerdigt.

Lady Craven war – wie schon Lady Montagu – eine Trendsetterin, die nicht nur auf ihr Recht zu reisen pochte, sondern sich unterwegs offensichtlich auch noch bestens amüsierte. Auch wenn ihre gut dokumentierten Heldentaten andere Frauen nicht dazu bewogen haben mögen, ebenfalls die Koffer zu packen, trugen sie doch sicherlich zur Verbreitung der Erkenntnis bei, dass Frauen genauso mühelos reisen konnten wie Männer. Allerdings beschränkten die meisten Europäerinnen, von denen hier die Rede sein wird, ihre Unternehmungen auf bestimmte Länder.

FRANKREICH

Was die Briten über Frankreich dachten, fasste Frances (Fanny) Trollope in folgender Unterhaltung zusammen, die sie am Hafen von Calais aufgeschnappt hatte und in *Paris and the Parisians* (1836) wiedergab: »Was für ein grässlicher Gestank!‹, sagte der uneingeweihte Fremde und vergrub die Nase in seinem Taschentuch. ›Das ist der Geruch des Kontinents, Sir‹, antwortete der Mann von Welt.«[4] Für diese Reisenden war die französische Provinz eine Art Schikane, die es auf dem Weg nach Paris oder Italien zu überstehen galt.

Besonders gefürchtet waren die französischen Hotels. Lady Bury machte ihrer Frustration 1814 folgendermaßen Luft: »Alle Gasthäuser, in denen ich gewesen bin …, sind entsetzlich; gerade gut genug für die einfachsten kreatürlichen Bedürfnisse.« Meist beklagte sie den Mangel an Privatsphäre; im

»Mulet Blanc« in Vienne jedoch ging der ungehobelte
Wirt so weit, ihrem Diener mitzuteilen, dass »*les Ang-
lois* (sic) einigen Schaden angerichtet
hätten und dafür bezahlen müssten«. Die Hotel-
preise schienen sich am Geldbeutel des Gastes
zu orientieren, was Lady Craven zu der Emp-
fehlung veranlasste, doch einen
Diener mit dem Auftrag vor-
auszuschicken, einen Festpreis
auszuhandeln. Ein weiterer un-
erfreulicher Zug der französischen
Hotels war die Table d'Hôte, ge-
wöhnlich ein großer Esstisch, an dem alle Gäste wie
Kraut und Rüben gemischt saßen und sich selbst be-
dienten. Lady Montagu zahlte einmal den doppelten
Preis, um derart barbarischen Tafelsitten zu entkommen
und auf ihrem Zimmer bedient zu werden.[5]

Hatte man Paris wohlbehalten erreicht, boten sich
unzählige Zerstreuungen. Für die russische Fürstin
Daschkowa (Daschkoff) bestand der Höhepunkt ihres
Parisaufenthalts 1770 in einem Ausflug nach Versailles,
wo die Teilnehmer Ludwig XV. und seiner Familie
beim Essen zuschauen konnten. Ein noch bemerkens-
werterer Anblick war das Leichenschauhaus. Nicht

Europa.
Philips' Handy Atlas, um 1897

LINKS: *Lady Charlotte
Bury.* Alexander Blaikley, in: Bury,
Bd. 1, Frontispiz
GANZ LINKS: *Würden
Sie sich ein Zimmer
mit Laurence Sterne
teilen, dem Verfasser von
Eine empfindsame
Reise durch Frankreich
und Italien? Diese Frau
im Posthotel in Savoyen
hatte keine Wahl. Glück-
licherweise wusste sie
nicht, dass Sterne kurz
zuvor ein Pariser Zimmer-
mädchen verführt hatte.*
T. H. Robinson 1897, 439

»La Morgue: Das Toten-
haus von Paris«.
Frank Leslie's, 6. Februar 1858, 156

Lady Sydney Morgan.
S. Lover, in: Duyckinck, Bd. 2, 167

»(Frankreich) gab es wohl
nur, damit Lady Morgan
darüber schreiben konnte.«
William Davenport Adams [6]

nur auf Fanny Trollope, Eliza Fay und Emma Roberts
übte der düstere Ort große Anziehungskraft aus. »Gibt
es wohl ein Wort, in welcher Sprache auch immer,
das so schauerliche Gefühle hervorruft wie *La Morgue?*
Hass, Rache, Mord sind schrecklich; aber La
Morgue übertrifft sie alle in seiner Kraft, das Ab-
scheulichste an Verbrechen, Armut, Verzweiflung und Tod in einer Silbe zu vereinen.« [7]

Unermüdlich produzierten Frauen Berichte über ihre Frankreichreisen. Einige, darunter
A Spinster's Tour in France und *A Lady's Walks
in the South of France,* stammten aus der Feder
von Amateurinnen; es gab jedoch auch etliche
Berufsschriftstellerinnen wie Matilda Betham Edwards (*A Year in Western France,* 1879) und die schon
erwähnte Fanny Trollope. Vergleichbar berühmt und
außerordentlich produktiv war Lady Sydney Morgan,
die gern behauptete, auf einem Schiff nach Dublin geboren worden zu sein – in welchem Jahr, verriet sie
nicht. Offenbar hatte sie mit ihrem Mann vereinbart,
dass sie die unter ihrem Namen erzielten Einkünfte
behalten und nach Belieben reisen durfte. Gemeinsam
erkundeten sie 1815/16 den Kontinent, wo Lady Mor-

gan mit Feuereifer Material für ein Buch über Frankreich sammelte. Ihr achtbändiges Opus *France* war so erfolgreich, dass der Verleger ein entsprechendes Werk über Italien bei ihr in Auftrag gab.[8]

ITALIEN

In Italien werden wir, was man den Italienern zu sein vorwirft – Genießer. Gedankenlos freuen wir uns an den Schönheiten der Natur, an der Eleganz der Kunst, den Wonnen des Klimas, den Schätzen der Vergangenheit und den Zerstreuungen der Gesellschaft. Mary Shelley[9]

Bei ihren beiden Italienreisen in den 1840er Jahren überquerte Mary Shelley drei Alpenpässe: Simplon, Splügen und Brenner. Sie hätte auch den Seeweg von Nizza nach Genua oder Livorno wählen können. Beide Varianten hatten ihre Tücken: Eine Passüberquerung war sehr anstrengend, und Schiffsreisen wurden häufig durch schlechtes Wetter beeinträchtigt. Doch Mary Shelley wusste wie die meisten Reisenden, dass nach diesen Strapazen ein einzigartiges, von Malern und Schriftstellern gepriesenes Ziel auf sie wartete.[10]

Von den englischen Reisenden hatte v.a. Lord Byron Italien zum Mythos erhoben; Heerscharen von jungen Damen lasen seine *Ode auf Venedig* und träumten davon, in die Lagunenstadt zu reisen, um den romantischen Dichter zu sehen. Dessen tragischer Tod 1824 steigerte noch die magische Anziehungskraft des von ihm so geliebten Landes.

Mary Shelley.
Romance of Mary Shelley, London:
Bibliophile Society 1907, 13

Eine prominente Fürsprecherin Italiens war auch Byrons Zeitgenossin Germaine de Staël, eine freigeistige französische Intellektuelle. Ihr Roman *Corinna oder Italien* (1807), auf den ersten Blick eine Liebesgeschichte zwischen der schönen, geistreichen Corinna und dem zurückhaltenden englischen Lord Nelvil, ist in Wirklichkeit ein unkonventioneller Italienführer und eine Hommage an die emotionale Sogwirkung Roms, Neapels und Venedigs. Mit der Figur der Corinna schuf die Autorin eine einzigartige (wenn auch zuweilen etwas hochtrabend und narzisstisch wirkende) Reiseführerin, die uns durchs Pantheon, in den Petersdom, über das

Woodville

Forum Romanum und durch Pompeji geleitet. Sie haucht Statuen Leben ein, führt uns in die Ateliers großer Künstler und macht uns mit dem Geist Italiens bekannt. Wer meint, er hätte Italien gesehen, ohne *Corinna* gelesen zu haben, ist wahrscheinlich nur geschlafwandelt.

Staël war gezwungen, zu reisen; während der Französischen Revolution und der napoleonischen Herrschaft lebte sie als Exilantin außerhalb Frankreichs. Wie Byron galt sie als Attraktion; besonders Engländerinnen hielten es für *de rigueur*, wenigstens einen Blick auf ihr Haus in Coppet bei Genf zu werfen. Zu diesen Pilgerinnen zählte Lady Marguerite Blessington, die Verfasserin von *The Idler in Italy* (1839), aus deren Feder auch die *Conversations with Lord Byron* stammten. Sie hatte den Dichter in Genua kennen gelernt und Freundschaft mit ihm geschlossen.

Lady Blessington war eine kluge Chronistin der englischen Gesellschaft in Neapel, wo sie von 1823 bis 1826 mit ihrem extravaganten zweiten Ehemann Charles John Gardiner, Earl of Blessington, unter großer Prachtentfaltung residierte und über einen brillanten Zirkel von Dichtern, Gelehrten, Astronomen und Dandys gebot. Zu ihren Gästen gesellte sich häufig auch der bekannte Archäologe Sir William Gell, der die Blessingtons durch Pompeji und Herculaneum führte und mit seinem trockenen Humor unterhielt.* [11]

Lady Blessington fuhr zum Vesuv, besichtigte die üblichen Kirchen und Ruinen, aber auch den Grotto dei Cani, wo zur Unterhaltung der Touristen ein Hund giftigen Dämpfen ausgesetzt wurde, bis er dem Tod nahe war. Sie warf einen Blick auf die Überreste des kurz zuvor verschiedenen Königs von Neapel und besichtigte eine Irrenanstalt.

Obwohl der Titel ihres Werks suggeriert, dass sie eine eher bedächtige Reisende war, scheint sie kaum

---

* Gells Freund Keppel Craven kümmerte sich in Neapel um seine Mutter Lady Craven, die wir bereits kennen gelernt haben. [12]

»Reisen ist … eines der traurigsten Vergnügen des Lebens. Wenn man sich in einer fremden Stadt wohl fühlt, so ist es immer, weil man schon anfängt, dort einheimisch zu werden. Aber unbekannte Länder durchstreifen, eine Sprache reden hören, die man nur notdürftig versteht, menschliche Gestalten sehen, die sich weder an unsre Vergangenheit noch an unsre Zukunft knüpfen: das ist Einsamkeit und Absonderung ohne Ruhe und ohne Würde.« Mme. de Staël [13]

»Vor den großen *caffès* stehen viele Stühle, und (die italienischen Damen) sitzen dort und unterhalten sich. Für eine Dame ist es unziemlich, ein *caffè* zu betreten, und man empört sich über die Engländerinnen, die nicht begreifen wollen, dass es einen Unterschied macht, ob sie auf der Piazza Eiscrème essen oder Kaffee trinken oder ob sie hineingehen.« Mary Shelley [14]

»Der Tourist in Venedig«.
R. Caton Woodville, in: *ILN*, 8. Oktober 1881, 361

*Lady Marguerite
Blessington.*
H. Wright Smith: *Conversations with
Lord Byron*, Boston 1832, Frontispiz

zu Atem gekommen zu sein. Dennoch behauptet sie: »Der Müßiggang, das Gewohnheitslaster dieser Gegend, hat Besitz von mir ergriffen. Ich werde kein Journal mehr führen, sondern lediglich, wann immer ich in der Stimmung bin, notieren, was sich ereignet oder was ich sehe. Oh, das *dolce far niente* des italienischen Lebens! Wer kann seinem Einfluss widerstehen? – Ich für meinen Teil nicht.«[15]

1826 reisten die Blessingtons kreuz und quer durch Italien. Fast ein Jahr blieben sie in Florenz, dann ließen sie sich mit dem gewohnten Prunk in Paris nieder. Kurz darauf starb Lord Blessington und hinterließ einen Berg Schulden. Auch Lady Blessingtons Ruf litt. Man sagte ihr nach, sie verprasse unermessliche Reichtümer und sei außerdem die Mätresse des Ehemanns ihrer Stieftochter, des Grafen und Lebemannes Alfred d'Orsay, mit dem sie nach England zurückkehrte. Um ihre eigenen und d'Orsays astronomisch hohe Schulden zurückzuzahlen, schrieb sie weitere Reiseberichte, u.a. *The Idler in France* (1841). Im Mai 1849 fuhr sie erneut nach Paris, nachdem ihr der Gerichtsvollzieher ihr Hab und Gut förmlich entrissen hatte. Sie starb einen Monat später.[16]

In der Zwischenzeit hatte auch Lady Sydney Morgan ihr Buch über Italien geschrieben, doch während Lady Blessington sich richtig eingelebt und Zeit gelassen hatte, war Lady Morgan hastig kritzelnd durchs Land gefegt. Nichtsdestoweniger fand der anfangs kritische Byron versöhnliche Worte über *Italy* (1821): »Ihr Werk ist kühn und vortrefflich … Ich wünschte, ich hätte ihre Bekanntschaft gemacht.« Mary Shelley, die mit der Verfasserin befreundet war, fand, das Buch sei »voll Liebenswürdigkeit gegenüber den Italienern«. Trotzdem kam es auf den päpstlichen Index.[17]

Auch Fanny Trollope (*A Visit to Italy*, 1843) und Frances Elliot verfassten Reiseberichte über Italien. Obwohl ein Rezensent an Elliots *Diary of an Idle Woman in Italy* (1871) wenig Lobenswertes fand, würdigte er immerhin ihr Eingeständnis »der maßlosen Roheit, Dummheit und Vulgarität vieler englischer Reisender, die sich in Rom häufig geradezu schändlich aufführen«.[18]

Die Cook'sche Drahtseilbahn erleichterte um 1904 die Besteigung des Vesuv. Achtzig Jahre zuvor, als Lady Blessington den Aufstieg wagte, musste man noch einen großen Teil der Strecke im Tragsessel zurücklegen:

Ansichtskarte vom Vesuv, Thomas Cook & Son, um 1904

Tragsessel, ähnlich denen in englischen Bauernhäusern, warteten auf ihre Benutzung … Weil die Träger aber durch die Lava und Schlacke, die unter ihren Füßen bröckelte, fast bei jedem zweiten Schritt ausglitten und stürzten, fand ich das Schwanken des Sessels schon nach kurzer Zeit derart unangenehm, dass ich es vorzog, von meiner unsicheren Höhe herunterzusteigen. Gestützt auf den Arm … und mich an Lederbändern haltend, die sich einer der Führer vor mir um den Leib geschlungen hatte, gelang mir der Aufstieg, aber nicht ohne beträchtliche Mühe und Erschöpfung, da ich, wie einst Sisyphus, bei jedem Schritt zurückrutschte.[19]

DIE ALPEN

Die Alpen zogen nicht nur Bergsteiger an. Die dünnere Luft galt als Tonikum für Schwindsüchtige, die Täler waren Fundgruben für Liebhaber der Naturgeschichte, und die Alpenländer – insbesondere die Schweiz und Österreich – genossen den Ruf, sicher und sauber zu sein. Folglich boten die Berichte über Alpinreisen eine bunte Mischung aus Bergwanderungen und Liegekuren.

Zu den ernst zu nehmenden Bergsteigerinnen zählte Henriette d'Angeville, die 1838 die Besteigung des Mont Blanc mit zwölf Führern und Trägern plante. Die Schwestern Ellen und Anna Pigeon berichteten 1869, sie seien als Erste ohne männliche Begleitung in den Alpen geklettert. Elizabeth Le Blond, die Verfasserin von *The High Alps in Winter: or, Mountaineering in Search of Health* (1883), nahm 1871 ohne Rücksicht auf ihre angegriffene Gesundheit den Mont Blanc gleich zweimal in Angriff. Die Bergsteigerin Lucy Walker, die in 21 Jahren 98 Gipfel erklomm, bezwang 1871 als erste Frau das Matterhorn.[20]

Elizabeth Le Blond.
Foto: J. Thomson, in: Dronsart, 371

Dora d'Istria, eine begabte Sprach- und Geschichtswissenschaftlerin, schilderte die Besteigung des bisher uneroberten Mönchs in *Die deutsche Schweiz und die Besteigung des Mönchs* (1856/1858). Sie erwähnt auch die Schwierigkeiten, die ihr die ungewohnte Männerkleidung bereitete:

(Ich) zog meine Mannskleidung an, an die ich mich schwer gewöhnen konnte. Ich fühlte mich linkisch; sie hinderte alle meine Bewegungen. … ich fürchtete, es möchten die Führer an mir verzweifeln, wenn sie mich bei jedem Schritt stolpern sähen. Ich war ziemlich gedemütigt. Nur triftige Gründe konnten mich verhindern, meine Frauenkleider wieder anzuziehen. Doch fiel mir ein Auskunftsmittel ein. Ich packte meinen seidenen Rock und meine Stiefelchen ein …, um mich ihrer zu bedienen für den Fall, dass ich von diesen verdammten Kleidern,

LINKS: *Dora d'Istria.*
Cortambert, 266

GANZ LINKS: »*Ein Opfer der Alpen*«. *Vor den Augen entsetzter Bergsteigerinnen stürzt ein junger Mann vom Doldenhorn bei Kandersteg gut sechshundert Meter in die Tiefe. Die Zahl der Reisenden, die alpine Herausforderungen suchten, sei ebenso gestiegen wie die der tödlichen Unfälle, heißt es in dem Artikel.* Ferma, in: La Tribuna illustrata, 26. Juli 1908, Titelblatt

Amelia B. Edwards.

Foto: Kurtz, in: *Pharaohs, Fellahs and*

Explorers, New York 1891, Frontispiz

die ich so unbequem fand, in meinen Bewegungen allzusehr gehindert würde.[21]

Amelia Edwards schildert ihre Erkundung der Dolomiten in *Untrodden Peaks and Unfrequented Valleys* (1873) aus der Perspektive einer begeisterten Amateuralpinistin. Edwards, die sich später einen Ruf als Ägyptologin erwarb, machte sich 1872 mit einer Begleiterin namens »L«, deren zarter Dienstmagd »S« und einem mutlosen Gentleman, der ihnen als Reiseleiter oder Begleitschutz dienen sollte, von Venedig aus auf den Weg. In Cortina verschwand der Reiseleiter, abgeschreckt durch die Aussicht auf die wenig verlockenden Tiroler Gasthöfe und die dürftigen Beförderungsmöglichkeiten.[22]

In der Obhut eines adäquaten Ersatzes setzte die Gruppe ihre Reise fort. In Caprile bezogen sie Quartier, studierten in einem Gasthaus in Predazzo die Unterschriften berühmter Bergsteiger, und in Pieve di Cadore zeigte man ihnen das Schlafzimmer, in dem Tizian geboren sein soll. Außerdem sagte man ihnen, sie hätten als Erste den Sasso Bianco, den Gipfel des Monte Pezza, erklommen. Der Alpenverein hatte ihn als zu gewöhnlich verschmäht, und gewöhnliche Reisende mieden ihn, weil er ihnen zu schwer erklimmbar erschien. Amelia Edwards schrieb voller Stolz: »Die Worte ›prima ascensione‹ haben etwas Kabbalistisches und gehen einem nicht mehr aus dem Kopf.«

Ein zeitgenössischer Kritiker nannte ihr Buch »vergnüglich geschrieben, mit einer Fülle echt weiblicher Anekdoten, Klatschgeschichten und den üblichen Informationen über den Familienstand der Reisenden«, wies jedoch darauf hin, dass die Dolomiten, die laut Edwards bisher vom Massentourismus à la Cook verschont geblieben seien, dank ihr wohl bald kein Geheimtipp mehr sein würden.[23]

Mit Ausnahme der Alpen galten Deutschland und Österreich wie ihre östlichen Nachbarn Polen und Böhmen nicht als sonderlich attraktive Reiseziele, obwohl Mme de Staël Deutschland mit ihrem Buch *Über Deutschland* (1814), das von ihrem Besuch in Deutschland und ihrer Freundschaft mit Goethe und Schiller handelt, ein gewisses Prestige verliehen hatte. Österreich wurde in einer Rezension von Lizzie Edens Buch *My Holiday in Austria* (1869) mit der knappen Bemerkung »(Das ist) weder ein unbekanntes Land, noch dürsten die Briten danach, etwas darüber zu erfahren« erledigt.[24]

»Besichtigung: ein Schweizer Leichenschauhaus«.
Manche Damen begnügten sich nicht mit Wandern, sondern besichtigten auch gekühlte Leichen, die man zum Zweck der Identifizierung ausgestellt hatte.
E. C. Grenville-Murray: Side-Lights on English Society, London 1883, 75

Lady Craven bemerkte, die Deutschen benähmen sich »zivilisiert, wenn man durch ihre Länder reist, aber wenn man sich dort niederlässt, glauben sie, man hege finstere Pläne, und nichts kann sie von dieser Idee abbringen«. Lady Frances Londonderry zeigte sich 1837 sehr angetan von Berlin und Dresden; speziell die Museen gefielen ihr. Die deutsche Küche allerdings bezeichnete sie als »ungenießbar«.[25]

Die Heilbäder wiederum waren allseits beliebt. Marienbad, Baden-Baden und Bad Kissingen wimmelten von Kurgästen. Wer die Badekur nicht unterhaltsam genug fand, konnte versuchen, Deutsch zu lernen, oder sich – falls dies scheiterte – in den Kasinos vergnügen.

SPANIEN *und* PORTUGAL

Spanien und Portugal galten zwar als exotische Ziele, doch Cholera-Epidemien, Wegelagerer und die unbekömmliche Kost schreckten viele Reisende ab (besonders Knoblauch und Öl waren unter Engländern gefürchtet). Lady Ann Fanshawe, eine häufige und frühe Besucherin der Iberischen Halbinsel, ließ sich davon nicht abhalten. Mit ihrem Mann, dem englischen Botschafter Sir Richard, verbrachte sie die Jahre 1647, 1662 und 1664 dort. Gemessen an den damaligen Standards, reisten die Fanshawes, die von Europas Elite fürstlich bewirtet wurden, gewissermaßen in der Luxusklasse. Bevor sie jedoch in den Genuss all der Herrlichkeiten

gelangten, waren allerlei Schwierigkeiten und Gefahren zu Lande wie zu Wasser zu meistern. Einmal näherte sich ein türkisches Piratenschiff – eine heikle Situation, die Lady Ann folgendermaßen schilderte:

> Wir dachten, wir würden alle als Sklaven enden, weil (der holländische Kapitän) sein Schiff mit Waren für Spanien derart überladen hatte, dass seine Kanonen nutzlos waren, obgleich das Schiff über sechzig Stück davon verfügte. Er rief nach Brandy, und nachdem er und seine Männer, ungefähr zweihundert an der Zahl, reichlich davon genossen hatten, verlangte er Waffen und machte das Schiff, so gut er konnte, klar zum Gefecht, denn er hatte beschlossen, eher zu kämpfen, als sein Schiff zu verlieren, das dreißigtausend Pfund wert war. Das war betrüblich für uns Passagiere, aber mein Gatte befahl uns, in der Kabine zu bleiben und nicht zu erscheinen (die Frauen), damit die Türken uns für Soldaten hielten, denn wenn sie Frauen sähen, würden sie annehmen, wir seien Kaufleute, und das Schiff entern ... Dieser rohe Kapitän hatte mich in die Kabine eingeschlossen. Ich klopfte und rief lange Zeit vergebens, bis schließlich ein junger Steward die Tür öffnete. In Tränen aufgelöst, flehte ich ihn an, mir seine blaue Kappe und seinen Teermantel zu geben, was er auch tat, und ich gab ihm eine halbe Krone, dann zog ich beides über und warf mein Nachtgewand von mir, kroch leise hinauf und stand an Deck an der Seite meines Gatten, so frei von Übelkeit und Furcht wie, ich gestehe es, von Schicklichkeit.[26]

OBEN: *Lady Ann Fanshawe*. Fiesenger, undatiert

LINKS: *Der Rote Turm der Alhambra in Granada*. Radierung von Freebaim nach einer Zeichnung von David Roberts, in: Thomas Roscoe: *Jennings Landscape Annual for 1835, or The Tourist in Spain*, London 1835

Es gab jedoch noch andere Probleme: Lady Ann war ständig schwanger und soll, je nach Quelle, zwischen 14 und 18 Kindern geboren haben, von denen nur wenige überlebten.[27]

Sie liebte Spanien. Die Küche sei der englischen überlegen, die Manieren der Männer untadelig, die Schönheit der Frauen bemerkenswert, und »wenn sie reisen, sind sie die angenehmsten Menschen der Welt, die Speise und Trank mit jedermann teilen«.[28]

Als Sir Richard im Juni 1666 am Wechselfieber erkrankte und starb, lud die spanische Königin Lady Ann ein, in Spanien zu bleiben, und bot ihr eine großzügige Rente an. Lady Ann lehnte ab. Lieber wollte sie in England ein Leben in Armut führen. Ihre Memoiren wurden erst 1829 veröffentlicht.

In der Zwischenzeit unterhielt Marie Catherine LeJumel de Barneville, Baronin d'Aulnoy, ihre Leser mit *Travels into Spain* (1691), einer pikanten Lektüre. Aulnoy, v.a. als Verfasserin von Feenmärchen und scharfzüngigen Porträts des höfischen Lebens im 17. Jahrhundert bekannt, war zu ihrer Zeit ungeheuer populär. *Travels into Spain* erinnert an *Tausendundeine Nacht*. Aulnoys Beschreibung ihrer Reise von Bayonne nach Madrid ist voll von moralischen Geschichten über Gefahren oder Intrigen. Eingestreut sind Vignetten von betrügerischen Zöllnern und Wirten und Kommentare über Stierkämpfe, die spanische Küche und die Risiken einer winterlichen Reise. Diese Erzählweise nährte Zweifel an der Glaubwürdigkeit ihres Berichts. Zumindest ein Verleger war überzeugt, dass es sich bei Aulnoys Abenteuern um reine Fiktion handelte und der größte Teil ihres Buchs aus anderen Reiseberichten abgeschrieben war.[29]

Das Leben der Autorin war nicht minder schillernd. Mit etwa 16 Jahren heiratete sie den zügellosen Baron d'Aulnoy, den sie drei Jahre später mit Hilfe ihrer Mutter und anderer Personen unter dem Vorwurf des Landesverrats in die Bastille werfen ließ. Der Baron bewies seine Unschuld, die Köpfe zweier Herren rollten, die Baronin floh angeblich nach England und später nach Spanien. Um 1690 tauchte sie erneut in Paris auf und wurde zum gefeierten Mitglied literarischer Zirkel.[30]

Der biografische Hintergrund Janet Schaws ist noch vager, an der Glaubwürdigkeit ihrer Reiseschilderungen gibt es jedoch keine Zweifel. Schaw hatte Carolina aus Furcht vor dem drohenden amerikanischen Unabhängigkeitskrieg verlassen und reiste 1775 an Bord der *George* über Portugal in ihre Heimat Schottland zurück. Als sie in Setúbal für einen Abstecher nach Lissabon an Land gehen wollte, kamen Zöllner aufs Schiff, um Tabak zu beschlagnahmen, gefolgt von Hafenärzten und einem Vertreter der Inquisition. Dieser letzte Besucher jagte Janet Angst ein, obwohl der heilige Gesandte sich als junger, bescheidener Priester entpuppte. Mit ihrem Mündel Fanny Rutherfurd und dem Mitreisenden Archibald Neilson – der sich aus Schicklichkeitsgründen als ihr Ehemann ausgab – machte sich Janet Schaw in einer Kalesche und auf Maultieren nach

Lissabon auf. Als sie den Tagus überqueren wollten, wurden sie von Regierungsbeamten festgehalten – ein Trick, um Geld von den Reisenden zu kassieren. Auch die nächste Station ihrer Reise gestaltete sich nicht erfreulicher:

> Die Nacht war kalt, und Nieselregen setzte ein ... Obwohl wir das ganze Schiff gemietet hatten, war es zur Hälfte mit toten Mastschweinen, Fischen und anderen Marktwaren beladen. Wir hatten kaum abgelegt, als die Mannschaft die Vesper zu singen begann, was nicht unerfreulicher hätte klingen können, wenn das tote Schwein, das neben ihnen lag, mitgegrunzt hätte.[31]

In Lissabon erklärte ihr ein Arzt, die Briten müssten es wohl »sehr schätzen, in Lissabon begraben zu werden, da sie selten kämen, bevor sie bereit seien, ins Grab zu sinken«.[32] Es ist nicht bekannt, ob und wann Janet Schaw nach Schottland zurückkehrte. Ihre unveröffentlichten Briefe wurden erst 1921 entdeckt.

Im 19. Jahrhundert hatten sich die Bedingungen für Reisende auf der Iberischen Halbinsel nicht wesentlich verbessert. Lissabons allgegenwärtiger Schmutz deprimierte die Dichterin Marianne Baillie dermaßen, dass sie ausrief: »Er hat eine so übermächtige Wirkung auf meine Nerven, dass es mir manchmal schier unmöglich war, Tränen des Abscheus zurückzuhalten.«[33]

Außer in größeren Städten wie Madrid waren die Gasthöfe sehr einfach, und in Lissabon hatten sogar Luxushotels ihre Schattenseiten. 1867 logierten Isabel und Richard Burton im prächtigen »Braganza«, wo sie ihr Zimmer schon von neun Zentimeter langen Kakerlaken bewohnt fanden, bei deren Anblick Isabel schreiend auf einen Sessel sprang. Nach einem sarkastischen Kommentar von Richard riss sie sich zusammen und machte Jagd auf die Viecher. Nach zwei Stunden hatte sie 97 von ihnen erlegt. Die Burtons bekamen ein anderes Zimmer – und mussten lachen, als sie ein paar Tage später Lady Lytton, die nach ihnen das Zimmer bezogen hatte, laut schreien hörten. Das Zimmer von Emmeline Wortley, einem anderen Gast, war ständig voller Qualm, der aus den Schornsteinen der umliegenden Häuser drang.[34]

Um Schmutz geht es immer wieder auch in Frances Elliots *Diary of an Idle Woman in Spain* (1884). Obwohl Elliot in dem für sie typischen oberflächlichen »Alles-schon-gesehen«-Tonfall schreibt, sind ihre Schilderungen von Straßenszenen, Museen und Menschen genau und geistreich. Ihre in jeder Hinsicht erschöpfende Reise, die sie nach Madrid, Sevilla, Cadiz, Malaga, Cordoba, Valencia, Alicante, Granada und Salamanca führte, legte sie mit dem Zug, dem Omnibus und der Postkutsche zurück. Auf dem Weg nach Cordoba überstand sie eine Überschwemmung, und immer wieder litt sie unter den abscheulichen Hotels.

Für den Aufenthalt auf Bahnhöfen hatte sie einen nützlichen Rat: »Wenn Sie nicht Ihrer Besitztümer beraubt werden wollen, sollten Sie einen dieser sauertöpfischen Beamten bezahlen, der schon mit gierigem Blick und zittrigen Fingern nach den Gurten greift. Schnell, schnell! Heraus mit dem Geldbeutel und abgemacht!« Ihr erster Eindruck von Sevilla (»Du liebe Güte! Es ist so hässlich. Alles in allem habe ich niemals eine hässlichere Stadt gesehen. Kaum zu fassen, dass ich dafür so weit gereist bin!«) wurde nach einem längeren Aufenthalt ein wenig abgemildert. Malaga fand ebenfalls keine Gnade vor ihren Augen: »Ein entsetzlicher Ort! Ich könnte fluchen! Ein viehischer Ort! Ich *werde* fluchen! … Nichts als Sonne, Schmutz, Verkehr, Handelsschiffe, schlechte Gerüche, das Gebimmel der Maultierglocken, ratternde Räder, Schreie, Rufe, Hässlichkeit und Staub!«[35]

Frances Elliot.
Foto: Maull und Fox, in: Dronsart, 257

Anderen Reisenden erging es nicht viel besser. Elliot schrieb über den großen Andrang in der Alhambra: »Man fragt sich, wo sie alle herkommen, aber sie kommen in Scharen. Einige stürzen offenbar herein, kaum dass sie angekommen sind, noch schmutzig und von der Reise gezeichnet, den Hut schief auf dem Kopf, in Mantel und Reisehaube; andere in flotten roten und grünen Toiletten mit passenden Hahnenfedern, in langen Kleidern, deren verdreckter Saum über den edlen Marmor schleift; und alle haben sie laute Stimmen und legen ein unverschämt besitzergreifendes Gebaren an den Tag.«[36]

SKANDINAVIEN

In ihrem Buch *Briefe, geschrieben während eines kurzen Aufenthalts in Schweden, Norwegen und Dänemark* (1796) befand Mary Wollstonecraft, dass »Reisende, die in jeder Nation ihre eigene finden wollen, … besser zu Hause« bleiben sollten. Hundert Jahre später warnte auch der Baedeker, dass Reisende, die an luxuriöse Hotels und mondäne Urlaubsorte gewöhnt seien, an Norwegen sicher wenig Gefallen fänden. Wollstonecraft, Mary Shelleys Mutter, war nach Skandinavien gereist, um den Kapitän des Schiffes ihres untreuen Geliebten Gilbert Imlay aufzuspüren, der sich mit der Ladung Gold und Silber davongemacht hatte – eine Aktion, die auch ihre Beziehung retten sollte. Die für ihr Buch redigierten Briefe zeigen sie als kluge, nachdenkliche und gelassene Persönlichkeit. Welch ein Kontrast zu der später veröffentlichten Sammlung ihrer privaten Briefe, die die wahren Fallstricke dieser mutigen Reise durch die Wildnis Skandinaviens offenbaren: Einsamkeit, Unsicherheit und Furcht.[37]

Noch 1836, als Lady Frances Anne Londonderry mit Mann und Sohn über Dänemark und Schweden nach St. Petersburg reiste, galten die skandinavischen Länder als wenig lohnendes Reiseziel. Man hatte Lord Londonderry, der Botschafter in Wien gewesen war, zunächst die entsprechende Funktion in Russland angetragen – ein Angebot, dass er ablehnen musste, als sich breiter Widerstand formierte. Also beschlossen die Londonderrys, inoffiziell nach St. Petersburg zu reisen.[38]

Mary Wollstonecraft.
A. L. Merritt: *Mary Wollstonecraft*, London 1879, Frontispiz

Sie waren ein ausgesprochen reiseerfahrenes Paar, das den letzten Schliff bei Aufenthalten in London, Wien und Norditalien erhalten hatte. Lady Londonderry führte ein Reisetagebuch, in dem sie v.a. über die schwierige Frage philosophierte, was sie auf diesem Ball oder zu jenem Dinner tragen sollte. Von den vielen Städten, durch die sie kam, gefiel ihr Stockholm am besten. Das Museum wurde mit einem gesonderten Eintrag bedacht: »Durch das *Musée* … führt ein kleiner Mann, der sehr stolz auf das ihm Anvertraute zu sein scheint und offenbar nicht ahnt, dass es sich um lauter Plunder handelt.« Obwohl sie selbst als »plump, mit eigenartiger Figur und ebensolchem Gesicht« beschrieben wurde, bemängelte Lady Londonderry an ihren nordeuropäischen Geschlechtsgenossinnen deren gewöhnliches Aussehen und ihre Vorliebe für »merkwürdig unkleidsame« Garderobe.[39]

GROSSBRITANNIEN

Vor ihrer Englandreise war die schon erwähnte Fürstin Daschkowa, eine Hofdame Katharinas der Großen, möglicherweise unwissentlich in ein Komplott verstrickt, das zur Hinrichtung des russischen Zaren Peter III. führte. 1762 hatte Katharina die Große mit Unterstützung einiger Freunde den russischen Thron usurpiert und ihren Mann umbringen lassen. Als Daschkowa 1769 mit ihren beiden Kindern durch Europa reiste (ihr Mann war fünf Jahre zuvor gestorben), verschaffte ihr etwas zweifelhafter Ruf ihr Zugang zu den besten Kreisen, wo sie u.a. Horace Walpole und Denis Diderot kennen lernte.[40]

Im imposanten »Hôtel de Russie« in Danzig gewahrte sie zu ihrer Empörung im großen Schlafzimmer zwei Schlachtengemälde, die die russischen Truppen »in Gruppen von Toten und Sterbenden oder auf ihren Knien die Gnade der siegreichen Preußen anflehend« zeigten. Kurzerhand besorgten die Fürstin und einige ihrer Landsleute sich ein paar Tuben Ölfarbe, schlossen sich in dem Zimmer ein und machten sich daran, »die verlorenen Schlachten wiederzugewinnen, indem wir das Blau und Weiß der erobernden Preußen in die grün und roten Uniformen unserer russischen Helden verwandelten«.[41] Im Dezember 1771 kehrte die Fürstin nach Russland zurück, doch schon 1776 machte sie sich erneut auf die Reise, um ihren Sohn bei der Universität von Edinburgh abzuliefern. Obwohl sie am Ende seiner zweijährigen Studienzeit verarmt und krank war, lieh sie sich zweitausend Pfund und besuchte Irland, London und den Kontinent. Nach einer ausgedehnten Italienreise kehrte sie 1782 mit einer Sammlung von über 15 000 Fossilien, Mineralien und botanischen Präparaten nach St. Petersburg zurück – diesmal endgültig. Sie wurde Direktorin der Akademie der Wissenschaften und Präsidentin der Akademie der russischen Sprachen.

Nachdem so viel von Engländerinnen und ihrer Meinung über Kontinentaleuropa die Rede war, soll nun auch eine englandreisende Europäerin zu Wort kommen – die polyglotte Schriftstellerin Johanna Schopenhauer, Mutter des bekannten Philosophen, Freundin Goethes und Zeitgenossin Mme de Staëls. Ihre unter dem Titel *Reise durch England und Schottland* veröffentlichten Tagebuchaufzeichnungen aus den Jahren 1803 bis 1805 – die nicht annähernd so kritisch ausfielen wie die Kommentare ihrer britischen Geschlechtsgenossinnen zu Europa – folgen ihrer Reiseroute durch englische und schottische Güter und Parks. Mit ihrem Mann besuchte sie die Peak Caves bei Chatsworth, wo ihr Führer, der die Gruppe für französische Touristen hielt, vorgab, einen von ihnen in die Tiefe stoßen zu wollen. Bei einer ihrer vielen Besichtigungen steckte sie in einem Bergwerk ein Stück Kohle als Souvenir ein. Als man ihr den Eintritt in die Eisenwerke von Carron verwehrte, gab sie ihren Übereifer auf:»Wir waren nicht eben unzufrieden darüber, denn auf Reisen sieht man manches, weil man einmal da ist, ohne Freude und Anteil, aus einer Art von Pflichtgefühl und wäre zuweilen gern der Mühe überhoben.«[42]

Einer ihrer vielen Kommentare hätte den englischen Damen, die so gern betonten, dass schöne junge Ausländerinnen doch recht schnell alterten, wohl einen Dämpfer versetzt:»Die englischen Bauernmädchen und jungen Weiber sind durchgängig schöne Gestalten, älter werden sie oft zu dick.«[43]

Obwohl auch Europa mit Wanzen, Banditen und schlechten Hotels aufwarten konnte, betrachteten viele Frauen es als eine Art Übungsfeld, auf dem sie – in Erwartung größerer Abenteuer – Reiseerfahrung sammeln konnten. Bis zum Anfang des 19. Jahrhunderts hatten sie hinreichend bewiesen, dass sie es auf diesem Gebiet mit jedem Mann aufnehmen konnten, und fassten nun freudig und mit großer Zielstrebigkeit fernere Ziele ins Auge.

Russland
Das Unmögliche vollbringen

GUTER DINGE EILTE LADY LONDONDERRY 1836 mit ihrem Ehegatten von St. Petersburg nach Moskau. Auf der neuen Poststraße dauerte die Reise mit der Postchaise oder mit dem Schlitten nur noch fünf Tage. Sie hielten vor einem schönen Gasthaus, und voller Entzücken betrat sie ihr geräumiges Gemach mit Parkettboden, schweren Vorhängen und hohen, verzierten Decken. Kaum hatte sie sich niedergelassen, als schmerzhafte Stiche ihre Glieder durchzuckten. Sie kratzte sich unter wilden Verrenkungen, derweil unzählige schwarze Tierchen auf ihren Röcken landeten und sich auf ihrer Haut rote Flecken ausbreiteten. Im ganzen Zimmer wimmelte es von Wanzen und Flöhen. Die russische Kaiserin, die ihre Verwunderung über die gerötete Haut der Londonderry äußerte, hätte wissen müssen, dass es in ihrem Reich kaum ein Quartier ohne Ungeziefer gab.[1]

> »Das Reisen in Russland ist alles andere als eine Besichtigungstour.«
> Adèle Hommaire de Hell[2]

Für Europäer war Russland das weite, unbekannte Land mit Eispalästen und bärtigen Kosaken. Wer nach Russland reiste, musste Geld und Zeit mitbringen und mindestens einen frostklirrenden Winter einplanen. Die Londonderrys reisten schon in der Luxusklasse. Aber wenn St. Petersburg und Moskau eine Herausforderung darstellten, lag eine Reise nach Sibirien jenseits jedes Vorstellungsvermögens.

SIBIRIEN

Was zog Frauen nach Sibirien? Die Exilpolin Ève Félinska ging z.B. nicht freiwillig; als sie 1839 mit einer Schlittenstafette von der Ukraine aus nach Sibirien ins politische Exil befördert wurde, litt sie sehr unter den Strapazen. »Kaum waren wir irgendwo angekommen, als es schon wieder weiterging und mein infernalisches Gespann sich eine Bahn durch die verschneite Hölle schaffte. Weder die Naturgewalten noch andere Hindernisse oder Gefahren vermochten es, das Feuer der Postillione zu dämpfen:

> *Carla Serena bei ihrer Rückkehr aus dem Kloster Bedia im Kaukasus.*
> Y. Pranishnikof, in: *Tour du monde* 43, 1882, 381

Ève Félinskas Rettung.
Durand-Brager, in: *Tour du monde 6*,
1862, 221

Wie von einer höheren Macht getrieben, fuhren wir immer weiter.«[3] Während der Schnee schmolz, kämpften sie, ihr »Gefängniswärter« und zwei Leidensgenossinnen sich durch den Morast der aufgeweichten Straßen gen Osten. Nach einem Monat erreichten sie Tobolsk in Westsibirien. Dort warteten sie, bis das Wasser des Irtysch sich wieder beruhigt hatte, und segelten dann mit einem Schiff zwei Wochen stromabwärts. Einmal wurde Ève in einem wackligen Rettungsboot von einer Brise erfasst und abgetrieben. Wie gelähmt vor Angst beobachtete sie, wie sich der Abstand zum Schiff vergrößerte – und ließ sich diese letzte Chance zur Flucht entgehen. Ein umsichtiger Mehlhändler hievte die ohnmächtige Ève schließlich an Bord. Ohne weitere Vorkommnisse gelangten sie Ende Mai nach Berezovo, wo Ève Félinska ein schlichtes, aber gemütliches Haus bezog. Später durfte sie zu ihrer Familie heimkehren.

Die Sibirienreise der französischen Cellistin Lise Cristiani war beruflich motiviert. Die in Skandinavien erfolgreiche Solistin brach 1849 nach St. Petersburg auf, um dort »ihr Glück zu machen«, wurde jedoch bitter enttäuscht.[4] Als sie in St. Petersburg eintraf, lag die Stadt, nach einem Todesfall am Zarenhof in tiefer Trauer, wie

Sibirien.
Philips' Handy Atlas, um 1897

ausgestorben da. Lise packte wieder ihre Koffer und
reise mit ihrem Stradivari-Cello, ihrer russischen Dienerin und einem deutschen Pianisten, der als Be-
schützer diente, weiter ostwärts.

Laut ihrem 1863 in der Zeitschrift *Tour du monde*
veröffentlichten Reisebericht gelangte sie über
die ostsibirische Stadt Irkutsk in die Grenzstadt
Kjachta. Die dort lebenden Chinesen würdigten
ihre Ankunft mit einem Festessen. Der Gastgeber, der sie mit Fragen bombardierte, wollte insbesondere den Grund ihrer Reise erfahren. Sie
war nicht sicher, ob er ihrer Erwiderung, sie wolle
sich die Gegend ansehen, Glauben schenkte. Auf das
Essen folgte eine Tempelbesichtigung, und danach
führte man sie ins Theater. Lise verstand zwar kein
Wort Chinesisch, spürte jedoch, dass es um ziemlich
schlüpfrige Dinge ging.

Cristiani folgte auch der Einladung eines Noma-
denstammes. Eine Eskorte von dreihundert Reitern in
prachtvollen farbenfrohen Satinmänteln geleitete sie

Lise Cristiani mit ihrem
Stradivari-Cello. Nach Couture,
in: Tour du monde 7, 1863, 384

*Lise Cristiani erscheint
zu einem chinesischen
Festessen mit ihrem
eigenen Essbesteck.*
Foulquier, in: *Tour du monde 7*, 1863, 389

durch die Steppe zu dem Lager, wo ihr zu Ehren ein Schaf gebraten und Schaumwein serviert wurde. Von dort machte sie einen Abstecher zu einem tibetischen Buddhatempel. Ihre nächste Zwischenstation, Jakutsk, war nur ein »Loch«; immerhin zogen die Männer höflich vor ihr den Hut.[5]

Zu dritt reisten sie ostwärts auf die Halbinsel Kamtschatka, kamen Mitte Oktober zurück und zogen auf dem Festland nach Westen. Lise verirrte sich in dem schwierigen Gelände und stieß auf einen Kurier, der jedoch nicht bereit war, ihretwegen sein Tempo zu drosseln. Verzweifelt versuchte sie Schritt zu halten und hörte noch einen letzten anfeuernden Zuruf, bevor sie ihn aus den Augen verlor. Ermattet ließ sie die Zügel fahren, um dem Pferd die Führung zu überlassen. Aus unerfindlichen Gründen tauchte der Kurier später wieder auf, und diesmal schaffte sie es, ihm zu folgen, bis sie an der nächsten Station ihre Gefährten wiederfand.

Bis zum Ende des Jahres gab sie über vierzig Konzerte. Völlig erschöpft von den Strapazen ihrer Tournee, trat sie einen Erholungsurlaub im Kaukasus an, wo sie im Oktober 1853 an der Cholera starb.

Ungeachtet der sibirischen Temperaturen und in der Hoffnung, ein Heilkraut gegen den Aussatz zu finden, machte sich die Engländerin Kate Marsden, gläubige Christin und Verfasserin der *Reise zu*

den Aussätzigen in Sibirien (1893/1894), auf den Weg nach Jakutsk. Sie war Krankenschwester im Russisch-Türkischen Krieg von 1877/78 gewesen und hatte Jerusalem und Konstantinopel besucht, um den Aussatz näher zu erforschen. Im Dezember 1890 traf sie halb erfroren in Moskau ein. Obwohl sie der Sprache nicht mächtig war, gelang es ihr, eine offizielle Reiseerlaubnis für sich und ihre Freundin Ada Field zu erwirken. Dann traf sie die Vorkehrungen für ihre Reise:

> In wenigen Wochen war alles bereit für die lange, gefahrvolle und unbekannte Reise. Ja, es war eine »gefahrvolle Reise«, obwohl es Leute gab, die sie zu einem »Privatvergnügen« herabwürdigten. Sollen sie doch. Ich würde mich sogar ihrem Urteil beugen, aber nur unter der Bedingung, dass besagte Damen, die meiner Reise dieses nette Attribut verliehen haben, sich am 1. Februar des kommenden Jahres in Moskau einfinden, um sie selbst zu absolvieren.[6]

Kate Marsden nahm gut vierzig Pfund Plumpudding mit, weil sie ihn als nahrhaft schätzte und auch mochte. Sie reiste in Kleidungsstücken der Marke Jaeger: Über einen wattierten Ulster zog sie eine lange Schaffelljacke und darüber einen Rentierpelz, der bis zum Boden reichte. In diesem »Futteral« war sie nicht mehr in der Lage, den Schlitten ohne Hilfe zu besteigen. Doch trotz der mächtigen Polsterung fühlte sie sich nach jeder Schlittenfahrt wie ein lebloser Holzblock und nicht wie eine kultivierte Engländerin.[7] In den Gasthöfen raubte ihr die verpestete Luft den Atem, und es wimmelte nur so von Ungeziefer. Im sibirischen Omsk brach Ada Field die Reise aus gesundheitlichen Gründen ab. Allein gelassen, stand Marsden die größ-

Kate Marsden. »Ich danke Ihnen für Ihren Rat, Kleidung von Jaeger zu kaufen. Meinen Kleidungsstücken und dem Verzicht auf Stärkungsmittel jedweder Art verdanke ich, dass ich noch am Leben bin. Ohne dies beides wäre keine Frau in der Lage, eine so gefährliche, entbehrungsreiche und strapaziöse Reise durchzustehen.«
(Anzeige) Marsden, 14

»Natürlich mussten mir die Herren vorhalten, dass ich wie die Mehrheit meines Geschlechts am Ziel meiner Reise anzukommen wünsche, noch bevor sie begonnen habe.« Kate Marsden[8]

ten Ängste aus; in ihrem Misstrauen empfand sie den geringsten Zwischenfall als bedrohlich, bis sie sich allmählich damit abfinden konnte, von der Freundlichkeit fremder Menschen abhängig zu sein. Wenn sie unterwegs hielten, besichtigte sie die Gefängnisse und verteilte religiöse Schriften.

Im Frühling traf sie in Jakutsk ein. Der Gemeindebischof zeigte ihr das begehrte Heilkraut, von dessen Wirkung gegen den Aussatz ihm jedoch nichts bekannt war. Ende Juni brach sie mit einer Eskorte zu den Leprastationen auf. Aus praktischen Gründen trug sie knielange Männerhosen, »denn es ist keiner Frau zuzumuten, dreitausend Werst* im Damensattel zurückzulegen«.[9] Ein Lodenhut, eine langärmelige Jacke mit der Rotkreuz-binde am Arm, eine Reitgerte und ein Revolver ver-vollständigten ihren Aufzug.

Bei abwechselnd strömendem Regen und brü-tender Hitze durchquerten sie ödes, schlammiges Gelände. Sie konnten weder baden noch die Klei-der wechseln, aber niemand erkältete sich. Stän-dig wurden Lebensmittel nachgekauft, weil sie rasch verdarben. Schließlich fand Marsden ihre elenden Aussätzigen in engen Jurten zusammen-gepfercht. Zu ihrem Bedauern konnte sie nicht viel für sie tun.

Kate Marsden.
Nach einem Foto von Renard of Moscow,
in: Dronsart, 401

Nach einem gefährlichen Ritt durch einen Wald, wo der Boden unter der Oberfläche brannte und un-heimliche Flammen emporzüngelten, schrieb sie matt: »Ich war noch nie auf einem Pferd geritten …, und nach den vie-len Wochen, die ich in einem harten Sattel, umgeben von Gefah-ren, mit zu wenig Schlaf und Nahrung verbrachte hatte, werden meine Leser sicher verstehen, dass ich an meine Grenzen gelangt war.« Die alten Ängste vor einer »inneren Krankheit« tauchten wie-der auf und quälten sie bis zum Ende der Reise.[10]

Als sie wieder in Jakutsk eintraf, hatte sie das Wunderkraut ab-geschrieben, steckte aber voller Pläne, wie sie das Los der Aussäti-gen erleichtern könnte. Vor Wintereinbruch kam sie nach Moskau, und in Tjumen stieß sie auf Ada Field, mit der sie die Heimreise antrat. Im Frühling 1892 war Marsden wieder in England.

---

* Ein Werst ist ein altes russisches Längenmaß und entspricht 1067 Metern.

Von der **KRIM** *zum* **KAUKASUS**

Alternativ zu Sibirien bot sich der Süden Russlands als Reiseziel an. Maria Guthrie, »amtierende Direktorin der kaiserlichen Klosterschule für adlige Töchter«[11], reiste 1795 von St. Petersburg in Richtung Schwarzes Meer, um etwas für ihre Gesundheit zu tun. Angesichts der schwierigen Reisebedingungen überrascht die Wahl des Ortes. Über diese Reise schrieb sie das Buch *A Tour, Performed in the Years 1795–6, Through the Taurida, or Crimea (etc.)* (1802) in Form von undatierten Briefen an Dr. Matthew Guthrie, ihren Ehegatten, einen Antiquitätensammler, Militärarzt und Berater des Zaren Alexander I.

Nach ihrem Tod übersetzte er die französisch verfassten Briefe ins Englische und bearbeitete sie stark. Die meisten lesen sich wie akademische Essays mit fraulichen Tupfern. An einer Stelle begründet sie ihre Entscheidung für einen eher gelehrten Stil: »Und vergiss bitte nicht, dass die systematische Vorgehensweise auf meiner Reise nur eine Quittung ist für euch Männer, die ihr über das *charmante Chaos weiblicher Reiseberichte* die Nase rümpft.«[12] Vielleicht stammen die Briefe aber gar nicht von ihr, sondern von ihrem Ehemann, der sich durch diesen Trick eine bessere Resonanz für seine eigenen trockenen wissenschaftlichen Abhandlungen erhoffte.

Westrussland.
Philips' Handy Atlas, um 1897

Obwohl ich keine Wissenschaftlerin bin, pflegte ich an der Arbeit meines Ehemannes teilzuhaben. Ich wurde ihm eine Partnerin, assistierte ihm bei seiner Forschung und entwickelte, genau wie er, meine eigenen Thesen über das Kaspische Meer.
Adèle Hommaire de Hell[13]

Adèle Hommaire de Hell.
E. Lefebure, in: Cortambert, Frontispiz

Adèle Hommaire de Hell veröffentlichte ihre weitgehend selbst verfassten Bücher unter dem Namen ihres Ehemanns. Die *Travels in the Steppes of the Caspian Sea* (1847), seinerzeit das umfassendste wissenschaftliche Werk über die Krim, wurden von Adèle und Xavier Hommaire de Hell gemeinsam verfasst. Gegenstand dieses Berichts ist eine Reise, die das Ehepaar mit seinem kleinen Sohn 1838 bis 1845 durch Südrussland unternahm. Die Verfasserin riss ihre Leser in den Sog ihrer spannungsreichen Schilderung der Durchquerung der kaukasischen Steppe, die sie mit einer Eskorte wilder Kosaken unternahmen. Es war ein gefährliches Unterfangen. Einmal, als sie gerade durch dichten Nebel ritt, erfuhr sie von einem Überfall der Tscherkessen auf eine Polin. Die Angreifer hatten deren Eskorte und Bediensteten »ermordet oder in die Flucht geschlagen und ihren Wagen geplündert; sie selbst wurde entführt und ward nie wieder gesehen«. Kurz darauf tauchte eine Schar echter Tscherkessen aus dem Nebel auf. Adèle schrie auf vor Angst. Obwohl ihr niemand etwas zu Leide tun wollte, sah sie ihnen argwöhnisch nach, auf der Hut vor »ihren Dolchen aus Damaszenerstahl, (die) unter der schwarzen Burka hervorblitzten«.[14] Folgende Einstellung hielt sie während der gefahrvollen Reise, bei der die Angst vor Entführung ihr ständiger Begleiter war, aufrecht:

Über der Neuheit meiner Wahrnehmungen und in der stillen Genugtuung, den Alltagszwängen unserer zivilisierten Welt für eine Weile entkommen zu sein, gab es in meinem Kopf keinen Platz für trübe Gedanken. Ich betrachtete diese Reise als eine experimentelle Erfahrung einer natürlichen Lebensweise, die in unseren dicht bevölkerten Ländern unmöglich geworden ist … das Nomadenleben erschien mir jetzt weniger absurd und anstrengend, als ich es mir vorgestellt hatte.[15]

In Karolez auf der Krim wurde ihr von Adel Bey, einer scheuen Prinzessin von legendärer Schönheit, eine Audienz gewährt. Adèle Hommaire de Hell beschrieb Adel Bey in aller Ausführlichkeit bis hin zu den geschwärzten Lidern, deren Wölbungen in einem Strich auf dem Nasenansatz zusammengeführt waren. Die beiden Frauen verschlangen einander mit den Augen. »Was hätte ich nicht dafür gegeben, um den Befund dieser rein weiblichen Analyse meines Äußeren zu erfahren! ... Da (ich) ihr meine Aufwartung in Männerkleidung machte, dürfte sie einen merkwürdigen Eindruck von den europäischen Kleidersitten erhalten haben.«[16]

Ihr maskuliner Aufzug trug ihr auch die Aufmerksamkeit einer anderen Tatarin ein:

Ich näherte mich einem Haus und sah drei verschleierte Frauen auf dem Balkon. Als ich direkt unter ihnen war, hielt ich mein Pferd an und winkte zum Gruß, woraufhin eine der Frauen, gewiss die hübscheste, einen großen Strauß Maiglöckchen an ihre Lippen führte und ihn mehrals küsste, bevor sie ihn mir so geschickt zuwarf, dass er in meiner Hand landete. Ich eilte zu meinen Gefährten und zeigte ihnen beglückt das Geschenk, aber sie spotteten alle und behaupteten, dass die Gabe nicht mir, sondern meinem Anzug gegolten habe.[17]

In Oulou Ouzen nördlich von Jalta lernte sie die exzentrische Mlle Jacquemart kennen. Die für ihre Schönheit wie für ihre Klugheit gerühmte Französin pflegte aus Angst vor Räubern mit ihrer Pistole ins Bett zu gehen. Bei einem Mordanschlag erlitt sie einen Schädelbruch.

Die Hommaires verließen die Krim 1845; ein Jahr später kehrten sie zurück. Nachdem Xavier 1849 im Alter von 36 Jahren in Isfahan gestorben war, setzte Adèle ihr Nomadendasein fort und schrieb weitere Reiseberichte.[18]

Die Jamaikanerin Mary Seacole, die milchkaffeebraune Tochter eines schottischen Offiziers und einer frei geborenen farbigen Pensionswirtin, betrieb während des Krimkriegs in der Nähe von Balaklawa eine Pension. Wie sie in ihrem Buch *Wonderful Adventures of Mrs Seacole in Many Lands* (1857) berichtet, hatte sie ihre Begabung als Geschäftsfrau und Heilkundige schon früh in der mütterlichen Pension erprobt.

Ihrem Ehemann, dem ewig kränkelnden Mr Seacole, hielt

»Unsere ganz spezielle
Marketenderin«. Mary
Seacole verteilt im Laza-
rett Freiexemplare des
Punch. *Punch, 30. Mai 1857, 221*

»Ich ließ meinem Bewe-
gungsdrang zeitlebens freien
Lauf, ohne jemals die Hände
in den Schoß zu legen, und
hatte stets die Willensstärke,
meiner Sehnsucht zu folgen
… Dadurch habe ich viele
Länder entdeckt, ungewöhnliche und amüsante Aben-
teuer erlebt … Manche
Leute haben mich als einen
weiblichen Odysseus bezeichnet. Vermutlich wollten sie
mir damit ein Kompliment
machen; aber nach meinen
Erfahrungen mit den Griechen
finde ich es nicht sonderlich
schmeichelhaft.«
Mary Seacole [19]

Mary bis zu seinem Tod die Treue. Als der kaliforni-
sche Goldrausch seinen Höhepunkt erreichte und
gleichzeitig die Cholera Jamaika heimsuchte, floh
Mary an den Isthmus von Panama. Nach einigen Jahren erfuhr sie, dass auf der Krim der Krieg wütete, woraufhin sie sogleich ihre Koffer packte, denn »sobald irgendwo die Kanonen donnerten, musste ich hin«.[20] Im
Herbst 1854 traf sie in London ein, um sich als Krankenschwester in der britischen Armee zu verpflichten,
fand aber weder vor dem War Office noch bei den
Mitarbeiterinnen von Florence Nightingale Gehör.

Unverdrossen brach sie im Januar 1855 Richtung
Balaklava auf, um im Nachbarort Spring Hill ihr be-
rühmtes »British Hotel« zu eröffnen. Wie aufregend
war doch der Krieg! Mitten im Kugelhagel eilte sie auf
die Schlachtfelder, um als Erste hinter die Linien von
Sewastopol zu gelangen und die Soldaten mit Erfri-
schungen zu versorgen. Ob Ratten, Räuber, extreme
Temperaturen oder gelegentliche Mordfälle – Mary
Seacole ließ sich durch nichts erschüttern. Als sie ihre
Pension 1856 nach Ende des Krieges schließen musste,
sah sie einer bangen Zukunft entgegen. Die *Illustrated
London News* brachte eine Aufnahme von einer Men-
schenmenge vor der Evakuierung, in der man Mary
Seacole von hinten sieht. Der Kommentator bestä-
tigte, sie sei »sehr populär und nach allem, was man so

hört, ein sehr guter Mensch«. Ein Jahr später rief die Zeitschrift *Punch* zu einer Spendenaktion auf, um der Volksheldin aus ihren Existenznöten zu helfen.[21]

Von 1876 bis 1878 erkundete die Italienerin Carla Serena den Kaukasus zwischen dem Schwarzen und dem Kaspischen Meer. In ihrem Buch *De la Baltique à la Caspienne* (1881) berichtete sie über ihre Streifzüge in Europa und im Vorderen Orient. Außerdem veröffentlichte sie Artikel in *Tour du monde* (1881–1884). Über die Motivation für ihre Reisen schwieg sie sich aus, wobei ihre Behauptung, sie scheue davor zurück, ihre Person in den Mittelpunkt zu stellen, durch ihren Stil widerlegt wird.

Carla Serena.
Dronsart, 79

Serena reiste auf dem Pferderücken mit einer Karawane, da sie alle Vorräte mitführen musste. Häufig genoss sie die Gastfreundschaft der Einheimischen, an deren Hochzeits- und Trauerzeremonien sie teilnahm. Obwohl sie großen Gefallen daran fand, bedauerte sie es, der Landessprache nicht mächtig zu sein. Dennoch zog sie es während ihrer dreimonatigen Reise vor, sich im Schweigen zu üben, statt die Sprache zu erlernen. »Für eine Frau stellt das eine schwierige Prüfung dar«, bekannte sie.[22] Als der Verwaltungsbeamte ihr eine Reiseerlaubnis für Abchasien aushändigte, bescheinigte er ihr einen »an Wahnsinn grenzenden Heldenmut«.[23] Sie nahm einen Führer *(tschapar)* mit und logierte entweder bei den Einheimischen oder in so genannten *doukans,* wo sie beim Anblick der barfüßigen, zerlumpten Dienstboten Ekel überkam.

Da ihr Buch aufgrund fehlenden Bildmaterials nicht erscheinen konnte, reiste Serena im November 1881 erneut in den Kaukasus, und weil kein Fotograf sie auf der riskanten Reise begleiten wollte, machte sie die Aufnahmen selbst. Zwar hatte sie sich nie zuvor einer Kamera bedient, kam aber gut zurecht. Um die Filme unterwegs zu entwickeln, richtete sie sogar notdürftig eine Dunkelkammer ein. Nach ihrer Rückkehr beglückwünschte ein namhafter Geologe und Kaukasuskenner sie zu ihrer Leistung: »Sie haben das Unmögliche vollbracht!«[24]

Der Nahe Osten
Königinnen der Wüste

DER NAHE OSTEN ERÖFFNETE FRAUEN ungeahnte Möglichkeiten. Nur ihnen waren Einblicke in die sagenumwobenen Harems gestattet; nur sie konnten das dekadente Leben der heißblütigen Frauen und Sklaven wohlhabender Paschas beobachten. So zogen sie zu Hunderten los, getrieben von der Neugier oder ihren Ehemännern, die wissen wollten, was diese verbotenen Orte bargen.

Vor Mitte des 19. Jahrhunderts waren Orientreisende gewöhnlich zu Pferd oder auf Maultieren unterwegs und schliefen in primitiven Herbergen, so genannten Khans oder Karawansereien. Ohne entsprechende Verbindungen hatten Frauen Schwierigkeiten, eine Unterkunft zu finden. Hester Stanhope ließ deshalb 1810 zwei männliche Mitglieder ihrer Reisegruppe nach Konstantinopel vorausreisen. Ida Pfeiffer logierte 1842 in dem sauberen, aber einfachen Gasthof einer Mme Balbiani, mit der sie bereits frühzeitig eine Abmachung getroffen hatte. Hätte sie nicht das Glück gehabt, »unter ihr Dach zu kommen«, wäre es ihr »schlecht ergangen«, schrieb sie.[1]

Reisenden wurde überdies geraten, einen Dragoman (Führer) zu verpflichten. Dragomane konnten eine Reise zum Erfolg führen oder sie verderben.[2] Die meisten Frauen entwickelten eine Schwäche für ihre Dragomane. Margaret Fountaine, englische Weltenbummlerin und Schmetterlingssammlerin, hatte eine leidenschaftliche, 27 Jahre währende Affäre mit ihrem Dragoman Khalil Neimy. Auch Harriet Martineau empfahl die Dragomane, insbesondere ihren mit Namen Alee Mustafa, aufs Wärmste: »Als ich mir über ihre Sprachkenntnisse klar wurde, ihren gewandten Umgang mit Alltäglichem, ihre Begeisterung für das Reisen und ihre Vertrautheit mit den Dingen *en route* …, hatte ich das Gefühl, dass sich unsere Talente im Vergleich dazu doch häufig recht bescheiden ausnehmen.«

»Meine Freunde werden mir vergeben, dass ich meine Leiden so genau beschreibe, allein es geschieht nur, um alle jene abzuschrecken, die … nicht reich, vornehm oder doch recht abgehärtet sind, denn ohne den Besitz wenigstens einer dieser Eigenschaften möge jeder lieber zu Hause bleiben.«

Ida Pfeiffer[3]

Lady Mary Wortley Montagu in ihrem türkischen Gewand mit Turban und Dolch.

W. Greatbatch, in: Montagu, Bd. 1, Frontispiz

OBEN: *Die Türkei,*
Syrien und Palästina.
Philips' Handy Atlas, um 1897
RECHTS: *»Der*
Bosporus«. Ein Harem
in Konstantinopel.
ILN, 18. Juli 1857, 65

»Diejenige Dame, die mir die vornehmste unter ihnen zu sein schien, … wollte mich gerne für das Bad entkleiden. Ich hatte Schwierigkeiten, mich zu entschuldigen. Da sie aber alle so ernstlich in mich drangen, war ich endlich gezwungen, mein Kleid zu öffnen und ihnen meinen Schnürleib zu zeigen … ich merkte, sie glaubten, ich sei so fest in diese Maschine eingeschlossen, dass meine Macht nicht ausreiche, sie zu öffnen, sondern die meinem Mann zustehe.«
Lady Mary Montagu[4]

DIE TÜRKEI

Die erste Frau, die dem Westen die Geheimnisse des Harems offenbarte, war Lady Mary Wortley Montagu, die 1717 mit ihrem Ehemann, dem Botschafter Edward Wortley Montagu, in die Türkei reiste. Die Briefe über ihren Aufenthalt kamen 1725 in Umlauf. Sie enthielten zahlreiche Skandalgeschichten über Harems und türkische Bäder in Adrianopel (Edirne) und Konstantinopel und galten nicht nur deshalb als gewagt, weil sie die ersten plausiblen Beschreibungen dieser Örtlichkeiten lieferten, sondern auch, weil sie Hammam und Harem als Orte der Wollust schilderten. Einmal wurde Lady Montagu Augenzeugin eines ihr völlig fremden Tanzes: »Die Weisen so sanft! Die Bewegungen so schmachtend! Von Pausen und ersterbenden Blicken unterbrochen! Sie beugten sich zurück und richteten sich in so kunstvoller Weise wieder auf, dass … auch die kälteste und steifste Prüde der Welt hätte nicht zuzusehen vermocht, ohne dabei an etwas, das man nicht nennen kann, zu denken.«[5]

Ihre Vertrautheit mit dem Leben im Harem ließ sie über die zahlreichen männlichen Reisenden spotten, die die Weltfremdheit orientalischer Frauen kritisierten. »Im Ganzen genommen, betrachte ich die Frauen als die freiesten Menschen im türkischen Reiche«, schrieb sie; diese Frauen seien die einzigen auf der Welt, die ein sorgenfreies Leben mit ununterbrochenem Vergnügen führten.[6]

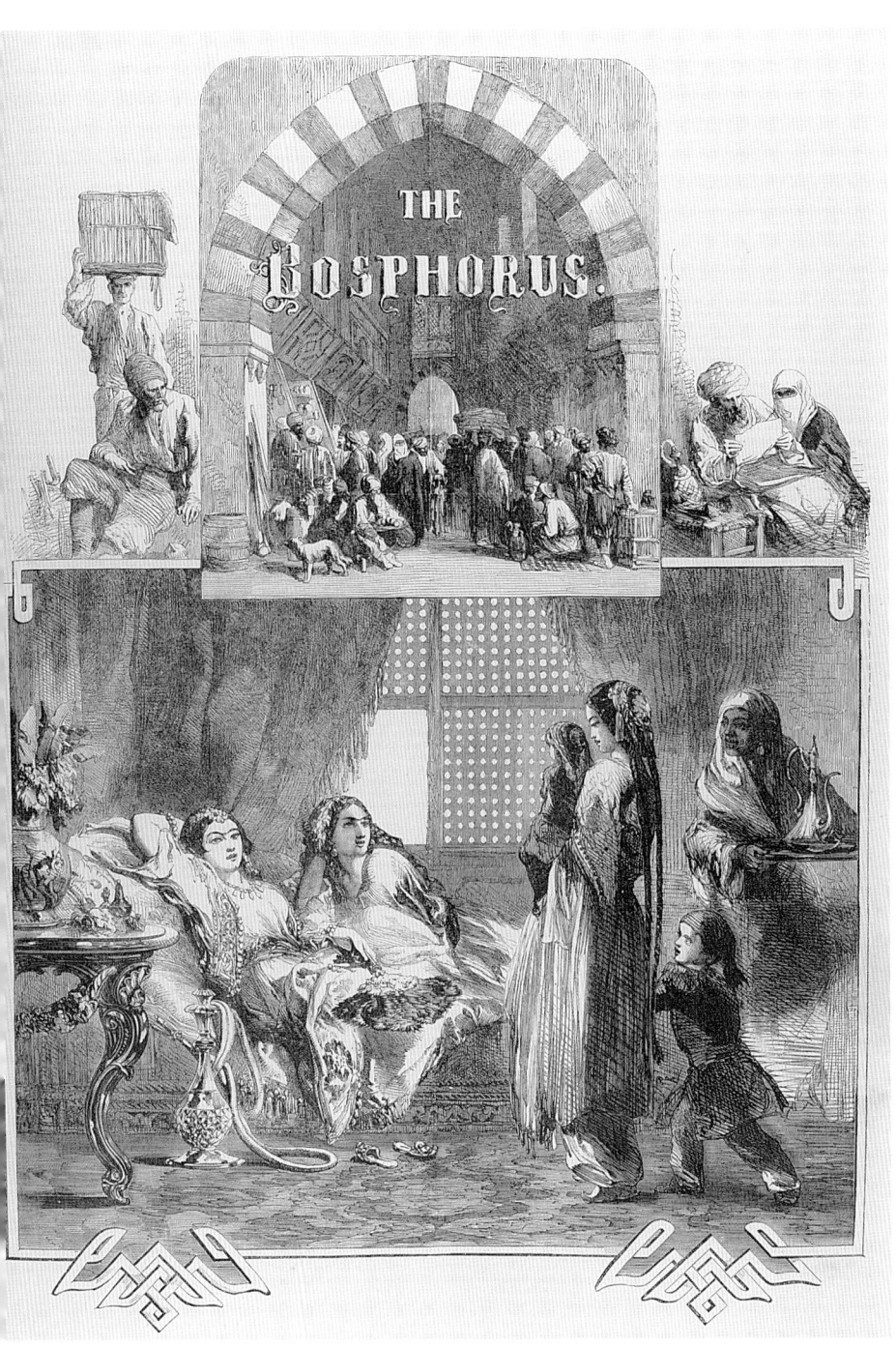

THE BOSPHORUS.

Lady Redcliffe beim Besuch von Verwundeten in Scutari. Sänften waren in Konstantinopels belebten, engen Straßen ein gängiges Transportmittel. ILN, 18. August 1855, 212

Doch Lady Montagu hielt sich nicht nur bei den Huris, den Paradiesjungfrauen, auf. Da sie einen Bruder durch die Pocken verloren hatte und selbst von Narben entstellt war, informierte sie sich bei ein paar alten Frauen über die »Einritzungen«, die diese jeden Herbst durchführten. Sie ließ ihre Kinder impfen und brachte die türkische Impfmethode nach England.[7]

Lady Craven, die 1785 nach Konstantinopel reiste, kam zu dem Schluss, Mary Montagus Briefe müssten Fälschungen sein und könnten nur von einem Mann stammen, vermutlich von Horace Walpole.★ Sie behauptete, in Konstantinopel von der Villa des französischen Botschafters aus gesehen zu haben, wie sich der Sultan auf seinem Divan rekelte.[8]

Generationen von Frauen, die in den Nahen Osten reisten, standen unter dem Eindruck von Lady Montagus *Reisebriefen*. Im 18. Jahrhundert überflutete die Leidenschaft für alles Orientalische Europa; mit Napoleons *Déscription de l'Égypte* (1809), Chateaubriands und Lamartines Werken und den Gemälden Gérômes und Delacroix', um nur einige zu nennen, bürgerte sie sich fest ein.

★ Walpole wäre als Verfasser von Lady Montagus Briefen durchaus infrage gekommen, hatte er doch versucht, seinen Roman *Die Burg von Otranto* (1765) als verloren gegangenes Manuskript auszugeben.

Man stelle sich geschwärzte und rissige Wände vor, mit Löchern übersäte und mit Staub und Spinnweben über-zogene Holzdecken, aufgeplatzte und schmierige Sofas, zerfetzte Vorhänge, Spuren von Lampenöl und Fett überall. Als ich zum ersten Mal eines dieser reizenden Ver-stecke betrat, war ich schockiert, doch die Damen des Hauses nahmen keine Notiz davon. Sie selbst fühlen sich dort wohl. Sie putzen sich heraus, wann immer sich die Gelegenheit bietet. Da es aber nur wenige Spiegel gibt, können sie kaum einschätzen, wie bizarr das Ergebnis ist.
Cristina di Belgiojoso[9]

Radierung nach Henriette Brownes A Visit (Das Innere eines Harems) von 1860. Henriette Browne bereiste Konstantinopel, Marokko, Ägypten und Syrien und stellte in ihren Bildern orientalische Sujets dar.

Mettais, in: *Tour du monde 8*, 1863, 153

In den 1840er Jahren nahmen Haremsbesichtigungen in Konstantinopel überhand. Als Lady Londonderry den britischen Botschafter bat, ihr Zutritt zum Harem des Sultans zu verschaffen, lehnte er ab, weil er sonst zu nichts anderem mehr käme. Schließlich konnte sie den österreichischen Botschafter überreden, musste sich aber mit einem weniger angesehenen Harem begnügen.[10]

Manche Besucherinnen waren von Konstantinopel auf Anhieb bezaubert; andere, wie Emmeline und Victoria Wortley, die 1855 während des Krimkrieges in die Stadt kamen, äußerten sich kritisch. Victoria teilte die Ansicht ihres Dienstmädchens, das »so angeekelt war vom entsetzlichen Zustand der Straßen, dass es wünschte, die Russen kämen und nähmen morgen (die Stadt) ein, wenn sie sie nur anständig säuberten!«. Die pragmatische Emily Beaufort, die 1860 in Konstantinopel landete, war der Meinung, Reisende, die direkt aus dem kalten, feuchten England kämen, ließen sich möglicherweise dazu verleiten, »sich den Ort schöner auszumalen, als er tatsächlich ist«.[11]

Cristina di Belgiojoso fand die Türkei so faszinierend, dass sie sich für mehrere Jahre dort niederließ. Die italienische Patriotin und Prinzessin, die aus der von Österreich beherrschten Lombardei floh, als in ihrem Haus der einbalsamierte Leichnam ihres geliebten Sekretärs gefunden wurde, erreichte Konstantinopel mit ihrer Tochter Maria und ihrem englischen Dienstmädchen Mrs Parker im August 1849. Im November 1850 erwarb sie einen kleinen Bauernhof. Nach einer erfolgreichen Weizen- und Schlafmohnernte übergab sie den Hof einem Aufseher und brach zu einer Reise nach Syrien und Palästina auf. Das daraus entstandene Buch *Asie Mineure et Syrie* (1858) und ihre Artikel in *Le Revue des deux mondes* (1855) offenbaren ihre Ansichten über das Leben im Harem und den Bauchtanz (die sie kalt ließen), über Jerusalem (das sie tief beeindruckte) und über Haschisch (das außer körperlichem Unbehagen nur wenige Empfindungen in ihr wachrief).[12]

Als sie elf Monate später auf ihren Hof zurückkehrte, war er völlig heruntergekommen. Für die Instandsetzung fehlte ihr das Geld. Im Juni 1853 stach ein lombardischer Arbeiter, der eine Affäre mit Mrs Parker gehabt hatte, mit einem Messer fünfmal auf Belgiojoso ein. Sie überlebte, wurde aber nie wieder die Alte. Als sie nach Europa zurückkehrte, hatte sie außer ihrer Energie auch ihre Jugend und ihre Schönheit eingebüßt.

SYRIEN *und das* HEILIGE LAND

Konstantinopel bildete einen guten Ausgangspunkt für Reisen ins Heilige Land, das nach wie vor das Ziel vieler Pilgerinnen war. Im 19. Jahrhundert war eine Wallfahrt die akzeptabelste Rechtfertigung für das Reisen, besonders für Frauen, die sich selbstständig auf den Weg machen wollten. Lady Hester Stanhope aber brauchte keine Rechtfertigung. Sie sorgte mit ihrem exzentrischen Gebaren überdies noch für Aufsehen.

Nachdem sie sich von ihrem reichen, launischen Vater entfremdet hatte, lebte Hester Stanhope bei ihrem Onkel William Pitt, der von 1804 bis zu seinem Tod 1806 britischer Premierminister war. Einen Teil des Jahres 1805 verbrachte sie als Hofdame bei der Prinzessin Karoline von Braunschweig. Als William Pitt starb, gewährte das Parlament seiner Nichte Hester ein geringfügiges jährliches Einkommen von 1200 Pfund. In ihren Kummer über Pitts Ableben mischte sich der Schmerz über den Tod ihres Halbbruders Charles und von Sir John Moore, in den sie sich verliebt hatte. Beide fielen 1809 im Krieg gegen Spanien.[13]

Im Februar 1810 gelangte sie zusammen mit ihrem anderen Halbbruder James auf einer Fregatte nach Gibraltar. Mit dabei war auch ihr Arzt Dr. Charles Meryon, den sie gnadenlos schlecht machte. Sie wurde die Geliebte von Michael Bruce, einem 21-Jährigen, der mit seinem Freund Lord Sligo seine Grand Tour absolvierte. Zusammen mit den beiden Männern fuhr sie nach Konstantinopel, wo sie Lord Byron trafen.

Hester Stanhope in Djoûn. Meryon, Bd. 2, Frontispiz

»Stunde um Stunde verbreitete sich diese wunderbare weiße Frau meist über heilige und profane Mysterien; doch gelegentlich hielt sie inne auf ihrem Höhenflug und stürzte sich hinab auf die Erde; wann immer das geschah, war ich empfänglich für das Gespräch.«
Alexander Kinglake [14]

Als sie im Oktober 1811 mit Bruce und Meryon nach Ägypten unterwegs war, sank ihr Schiff vor Rhodos; alle überlebten, doch das gesamte Gepäck war verloren. Da sie nichts mehr zum Wechseln hatte, zog Hester Stanhope türkische Männerkleidung an. Zu ihrem Treffen mit Pascha Mehemed Ali in Kairo trug sie einen spektakulären Brokatturban mit Goldstickerei, Weste und Pantalons, doch da der Pascha offensichtlich nie zuvor eine europäische Frau gesehen hatte, erstaunte ihn ihre Aufmachung nicht.[15]

Im Mai 1812 brach Hester Stanhope mit einem ganzen Gefolge nach Palästina auf und ritt unverschleiert in Damaskus ein. Dort traf sie sich mit einem Scheich der Anazeh, dessen Stamm die Wüstenrouten kontrollierte, um ihre Expedition nach Palmyra zu planen, dem einstigen Zentrum des zerstörten Reiches von Königin Zenobia, das seit römischer Zeit keine europäische Frau mehr aufgesucht hatte. Im März 1813 brachen Hester Stanhope und ihr Dienstmädchen Anne Fry, als Beduinen verkleidet, zu ihrem strapaziösen Ausflug auf. In der Wüste verbreitete sich die Nachricht wie im Flug; jeder wollte diese reichen, aufmüpfigen Engländerinnen sehen, und ihre Ankunft wurde groß gefeiert. Hester Stanhope fühlte sich wie eine Königin willkommen geheißen.[16]

Doch die Expedition bedeutete einen finanziellen Rückschlag. Diener, Führer, Kamele, Zelte und Proviant sowie das Schutzgeld für den Scheich verschlangen ein Vermögen. Bald ging ihr das Geld aus. Ihre Affäre mit Bruce kühlte ab; er fuhr zurück nach England und gab ihr das – falsche – Versprechen, ihr die Hälfte seiner jährlichen Einkünfte zukommen zu lassen. In Europa kündigte er ihr die Freundschaft: Er diffamierte sie als verrückt.[17]

Wegen ihrer prekären finanziellen Lage entschloss sich Hester Stanhope, einen angeblich bei Askalon vergrabenen Geldschatz aufzuspüren. Statt des Schatzes förderte ihr Trupp Artefakte, darunter eine zierliche Statue, zutage, die Hester aus Furcht, man könne ihre Absichten missverstehen, zerstörte. Die Grabung stürzte sie in noch tiefere Schulden.

Zunächst logierte sie in Mar Elias, dann in Djoûn, einem ehemaligen Kloster nordöstlich von Sidon, wo Haushalt und Ausgaben ihr über den Kopf wuchsen. Sie hatte viele Gäste, unter ihnen der englische Forscher James Silk Buckingham, der ihr seine *Reisen in Mesopotamien* widmete, Alexander Kinglake, der sie in *Eothen* auf seltsame Weise porträtierte, und Alphonse de Lamartine, der in

Reise in den Orient in den Jahren 1832 und 1833 sehr schmeichelhafte Worte über sie verlor.

Dr. Meryon fuhr 1817 nach England zurück. Hester Stanhope widmete sich astrologischen Forschungen und der Wahrsagerei, und mit ihrer Gesundheit, mit der es nie zum Besten gestanden hatte, ging es bergab. Nach Ausbruch des Bürgerkrieges bat sie Meryon, zurückzukommen. Er hatte inzwischen geheiratet und brachte seine Frau mit. Als sie Djoûn im zweiten Anlauf schließlich erreichten, gerieten Mrs Meryon und Hester Stanhope sofort aneinander.

Prinzessin Karoline Amalie Elisabeth von Braunschweig. Ausschnitt eines Gemäldes von Thomas Lawrence, in: Bury, Bd. 2, Frontispiz

Obwohl Hester Stanhope zu jener Zeit in Armut lebte, schaffte sie es irgendwie, etwa dreißig Bedienstete und Gefolge zu unterhalten. Dann stellte die britische Regierung die Pensionszahlungen an sie mit der Begründung ein, sie habe in Ägypten Schulden. Vergeblich schrieb sie Protestbriefe an Königin Viktoria, den Herzog von Wellington und Viscount Palmerston. Meryon setzte sich nach seiner Rückkehr nach England für sie ein – ebenfalls erfolglos – und reiste auf ihre dringende Bitte hin abermals in den Orient. Nach seinem endgültigen Abschied schloss sie sich in ihr Haus ein und lebte, soweit bekannt, einige Monate vollkommen allein.[18] Am 23. Juni 1839 starb sie.

Galt Hester Stanhope als exzentrisch, so sorgte Prinzessin Karoline von Braunschweig durch Schaumschlägerei und Indiskretion für Aufsehen. Sie soll in politische Intrigen und Ehebruch verwickelt gewesen sein. Mit ihrem Ehemann, dem Prinzen von Wales und späteren König Georg IV., lebte sie gerade lange genug zusammen, um eine Tochter in die Welt zu setzen. 1814 wurde Karoline ins Exil geschickt. Sie steckte Unsummen in luxuriöse italienische Villen, bevor sie nach Konstantinopel aufbrach. Es hieß, Hester Stanhope habe die Flucht ergriffen, als sie von der bevorstehenden Ankunft der Prinzessin in Syrien hörte.[19] Zum Beweis, dass sie von Acre nach Jerusalem geritten war, gab Karoline das Porträt *Der Einzug der heiligen Karoline in Jerusalem* in Auftrag. Außerdem gründete sie einen religiösen Orden, der ihren Namen trug.

»Der Triumphbogen von Palmyra«. Beaufort, Bd. 1, 358

Schließlich kehrte sie über Italien nach England zurück, wo der Prinz wegen Ehebruchs die Scheidung in die Wege leitete (die Anklage wurde später fallen gelassen). Seiner Krönung durfte sie nicht beiwohnen.

Die nächste Frau, die über ihren Besuch der sagenhaften Ruinen von Palmyra berichtete, war Jane Digby el-Mezrab, die frühere Lady Ellenborough. Jane Digby schrieb zwar keine Memoiren, dafür aber Tagebücher, aus denen ihre Biografin Mary Lovell Digbys erstaunliches, nur bruchstückhaft bekanntes Leben rekonstruieren konnte. Sie war eine leidenschaftliche Frau mit zahllosen Liebesaffären, die das Herz des bayerischen Königs Ludwig I. erobert hatte, bevor dieser Lola Montez kennen lernte. Mit dem rebellischen Palikares-Führer Xristodolous Hadj-Petros ritt sie in die makedonischen Berge.

Im Juni 1853 brach sie nach Palmyra, zu ihrem »größten Abenteuer«[20], auf. Die Anazeh-Karawane, mit der sie unterwegs war, wurde angegriffen. Sie begann ein Techtelmechtel mit Saleh, dem Karawanenführer, und lernte den Beduinenscheich Medjuel el-Mezrab kennen.

Wenige Monate später traf sie Medjuel zum zweiten Mal, diesmal in Damaskus, und berichtete ihm von ihren Plänen, ein Haus in der Stadt zu kaufen. Er bat sie, ihn zu heiraten. Nach einer Affäre mit Scheich el-Barak in Bagdad willigte sie unter der Bedingung, dass Medjuel sich von seiner Frau scheiden ließ, in die Heirat ein. Jane und Medjuel blieben bis zu Janes Tod 1881 zusammen. Sie unternahm zahlreiche Ausflüge nach Palmyra und lebte wie die Beduinen, was ihr, wie auch ihre Reitkunst, viel Anerkennung einbrachte. Zahlreiche Orientreisende besuchten sie, u.a. Emily Beaufort, Isabel Burton, Lydie Paschkoff und Anne Blunt. Isabel Burton schilderte Abende voller Magie, die sie mit dem verwegenen algerischen Rebellenführer Abd el-Kader rauchend auf dem Dach von Jane Digbys Haus verbrachte.

1859 zogen Emily Beaufort und ihre Schwester mit Medjuels Karawane nach Palmyra, wo Einheimische sie bei einer improvisierten Auktion ersteigern wollten. »Obwohl wir ihnen versicherten, dass Frauen in westlichen Ländern niemals verkauft werden«, schrieb Beaufort, »fuhren sie fort, für uns zu bieten; und als ich auf einige Gebote mit Kopfschütteln antwortete, verstieg sich ein Mann begeistert zu einer Summe von zehntausend Piastern; doch … als ich ihm entschieden klar machte, dass er mich um keinen Preis haben könne, wendete er sich ab und sagte: ›Ich hätte tausend mehr geboten, wenn ihre Augen schwarz wären!‹« [21]

Isabel Burton lebte mit ihrem Ehemann, dem berühmten Forscher und britischen Konsul Sir Richard Francis Burton, 1870/71 in Damaskus. Abgesehen von Pest, Cholera, Flöhen, Staub, Hunger, Dürre und Banditen, fand sie Damaskus für eine europäische Frau erträglich. Das Erste, was sie von der Stadt sah, war das »Demetri«, ein Gasthaus, das sowohl mit Lobeshymnen als auch mit Spott übergossen worden war. Sie schrieb darüber: »Es ist ein ehrbares Haus mit einem schönen Hof, in dem Orangen- und Zitronenbäume stehen, einem Springbrunnen mit Goldfischen und einer überdachten Galerie.« Andere Reisende äußerten sich weniger wohlwollend; so geriet zwanzig Jahre später Harriet Martineau in Rage, weil sie weder Orangenbäume noch Goldfische noch einen prächtigen Hof vorfand: »Es ist nicht Recht, Reisenden von solchen Häusern vorzuschwärmen, stehen sie nun im Orient oder anderswo: Zukünftige Gäste haben unter der Selbstgefälligkeit oder Trägheit des Eigentümers zu leiden.« [22]

Emily Beaufort,
hier Lady Strangford.
Graphic, 26. Mai 1877, 496

»Damaskus war meine Bestimmung, der Traum meiner Kindheit und Jugend. Ich muss im Kreis arabischer Beduinenführer leben; ich werde die Wüstenluft riechen; ich werde Zelte, Pferde, Waffen besitzen und frei sein.« Isabel Burton [23]

Isabel Burton 1869.

Foto: P. Naumann, in: Burton 1898, 351

»Ich dachte, was für eine
feine Sache Überwurf und
Schleier doch für manch
europäische Frau wären.«
Isabel Burton[24]

Isabel Burton ging oft in den Hammam, wo sie ein gern gesehener Gast war. Ihre Beschreibung ist allerdings alles andere als romantisch: »Ich war ziemlich schockiert. (Die Frauen) hocken nackt auf dem Boden, und ohne Kleider, Haartücher und Schminke wirken die meisten von ihnen wirklich abstoßend. Ihre Haut ist wie Pergament und hängt sackartig herunter; ihre Köpfe sind so blank wie Billardkugeln. Das bisschen Haar, das sie noch haben, ist mit Henna orangerot gefärbt. Sie sehen aus wie die Hexen aus *Macbeth* oder wenigstens so, als habe man sie aus der Unterwelt herbeigerufen … Eine durchschnittliche Engländerin wirkte unter ihnen wie eine *houri;* und ihre Sitten sind roh, um es milde zu sagen.« Diese Erfahrung konnte Isabel Burton nicht davon abhalten, Hammams in London und Paris auszuprobieren – die sie als »Pfützen schmutzigen Wassers« schmähte.[25]

Als Frau des Konsuls hatte sie auf ihren Ausflügen immer Begleitschutz. Sie rechtfertigte diese kostspielige Regelung damit, dass allein reisende Frauen Beleidigungen ausgesetzt seien, und verwies auf das Erlebnis einer jungen Frau, die mit der Postkutsche von Beirut nach Damaskus gefahren und von einem Perser »den ganzen Weg lang« abgeküsst worden sei. »Arme kleine Idiotin! … Sie ließ den Perser verhaften … Wenn irgendjemand das mit mir versucht hätte, hätte ich … das Gesetz selbst in die Hand genommen, egal, um wen es sich gehandelt hätte.«[26]

Isabel Burton berichtete auch von der unorthodoxen, schönen Herzogin von Persigny, die schlüpfrige Geschichten erzählte und sich wenig vorbildlich benahm. Besonders dreist habe sie sich beim Besuch einer Moschee gebärdet, als sie sich geweigert habe, vom Minarett herabzusteigen: »Der Shaykh ließ seine Boten bitten und betteln, doch sie antwortete: ›Sagen Sie dem Shaykh, dass ich die Herzogin von Persigny bin, dass es mir sehr gut geht hier und dass ich erst dann herabsteigen werde, wenn es mir passt.‹ Bis es ihr passte, ging eine dreiviertel Stunde ins Land.«[27] Wächter, die zum

Schutz der Herzogin abgestellt waren, baten den französischen Konsul, ihnen aus Rücksicht auf ihren Ruf keine solche Aufgabe mehr zuzumuten.

Als die russische Journalistin und Globetrotterin Lydie Paschkoff 1872 nach Palmyra aufbrach, waren mindestens schon zehn Westeuropäerinnen dort gewesen. Statt Beduinen bezahlten Reisende nun türkische Soldaten für den Schutz, den sie ihnen gaben. Zu Lydie Paschkoffs Gruppe gehörten außer ihrem Dragoman Fadull und zwei Dienstmädchen der russische Konsul, ein französischer Fotograf und deren Bedienstete.

Lydie Paschkoffs Ausrüstung war so umfangreich, dass sie 33 Maultiere für die Taschen, 35 Kamele für Wasser, zwanzig Esel für die Kameltreiber und zwölf Pferde für die Soldaten benötigte. Da die Frauen keine langen Etappen bewältigten, brach die Karawane gewöhnlich erst nach dem Lunch auf. Die Dauer der Märsche wurde auf sechs Stunden beschränkt.

Schon die Größe ihrer Expedition lässt erahnen, dass Lydie Paschkoff vermögend war. Doch man führe sich vor Augen, was sie den einheimischen Würdenträgern auftischte:

Zum Abendessen gab es Konserven von Potel & Chabot, eine gute Suppe, Hummer, Spargel und Wildpastete; gebratenes Kalb und Hühnchen und zum Schluss einen schönen Plumpudding, alles heruntergespült mit einem exzellenten Burgunder und einem anständigen Champagner, außerdem Kaffee, Raki und Likör. Der gute Pascha sagte zu seinen *aides-de-camp:* »Ist das nicht ein Traum, meine Herren? ... Ohne Zweifel verdanken wir diesen glücklichen Zufall den guten Dschinns dieser Ruinen; es ist zu befürchten, dass die Zelte auf ebenfalls magische Weise verschwinden.«[28]

Kamen Scheichs zu Besuch, machte Lydie Paschkoffs Kleidung sie so sprachlos, dass sie um Erlaubnis baten, ihre Gewänder genauer untersuchen zu dürfen. Hätten wir Paschkoff in ihren bestickten blauen Satinpantoffeln mit Pariser Spitze herumklettern sehen, wäre es uns wohl ähnlich ergangen.[29]

Während Paschkoff mit großem Gepränge reiste, war Anne Blunt, die Palmyra 1878 mit ihrem Mann Wilfrid Scawen Blunt besuchte, nur mit dem Nötigsten ausgerüstet. Wilfrid hatte die wohlhabende Tochter von Ada Byron Lovelace und Enkelin Byrons

1866 in Italien kennen gelernt. Zu dieser Zeit war der aufstrebende Dichter und Attaché der britischen Regierung vollkommen abgebrannt gewesen, sodass die Aussicht auf eine Heirat ihm zupass gekommen war, auch wenn seiner Schürzenjägerei dadurch Grenzen gesetzt werden sollten (was nicht geschah). Anne und Wilfrid heirateten im Juni 1869; im August war Anne schwanger. In den folgenden sieben Jahren, in denen das Paar Nordafrika und den Nahen Osten bereiste, erlitt Anne zahlreiche Fehlgeburten; nur ein Kind überlebte. In Algerien begruben sie ein tot geborenes Kind mitten in der Nacht.[30]

Beide waren vom Nahen Osten hingerissen; Anne, die wusste, dass ihr Mann jeder Frau nachstellte, war vermutlich auch dankbar dafür, dass seinen Aktivitäten in den muslimischen Ländern zeitweise Einhalt geboten wurde. Im November 1877 trafen sie in Aleppo ein, wo sie zu einer Rundreise aufbrechen wollten, die über Bagdad, den Tigris und Palmyra zurück nach Aleppo führen sollte.

Das Ergebnis dieser Reise war Annes Buch *Bedouin Tribes of the Euphrates* (1879), dessen Autorschaft sie Wilfrid zuschrieb (tatsächlich überarbeitete er es stark). Obwohl das Reisen im Nahen Osten noch immer ein unsicheres, gefährliches Unterfangen war und die Situation sich durch Unruhen überall im Osmanischen Reich noch verschärfte, sind Anne Blunts Schilderungen frei von Klagen.

Damaskus, April 1878:»Ich musste mich fertig machen für den langweiligen Harem. Einen Harem muss man gesehen haben, heißt es, und hier bot sich eine einmalige Gelegenheit.« Anne Blunt [32]

Sie ritten durch Schnee, Regen und erstickende, trockene Hitze, teilten dreckige, enge Quartiere in einfachen Khans mit anderen Reisenden, kampierten in Zelten oder waren bei Konsuln, Herrschern und Prinzen zu Gast.

Zur gleichen Zeit, als Isabel Burton und Anne Blunt sich in Palästina aufhielten, trafen dort die ersten organisierten Reisegruppen ein. 1871, ein Jahr nachdem der Reiseveranstalter Thomas Cook die erste Fahrt ins Heilige Land ausgerichtet hatte, begegnete Isabel Burton in Beirut einer Reisegruppe:»Sie fielen wie Heuschrecken über die Stadt her, ungefähr 180 an der Zahl, und die Einheimischen sagten: ›Das sind keine Reisenden, das sind Cookii.‹« 1878 stießen die Blunts in ihrem Beiruter Hotel auf eine Horde dürftig gekleideter Gestalten mit rüpelhaftem Benehmen. Dieser pöbelnde Haufen musste mit Cook auf Tour sein! Als sie erfuhren, dass es sich um gut situierte Schiffsreisende handelte, waren sie konsterniert.[31]

Ungeachtet der Unterdrückung orientalischer Frauen erlangten viele Europäerinnen im Nahen Osten eine unglaubliche Unabhängigkeit, v.a., weil sich ihnen die Gelegenheit bot, mit Männern auf gleicher Ebene zu verkehren. Kulturellen Unterschieden zum Trotz entwickelten sich häufig unbeschwerte, von gegenseitigem Respekt getragene Freundschaften zwischen ihnen und arabischen Männern, von denen viele fließend Englisch oder Französisch sprachen. Arabische Frauen hingegen blieben mit Neugier betrachtete Fremde, nicht nur ihrer abgeschotteten Lebensweise wegen, sondern auch aufgrund von Sprachbarrieren.

FOLGENDE DOPPEL-SEITE: »*Touristen beim Besteigen der Pyramide*« (*Ausschnitt*). R. Caton Woodville, in: *ILN*, 7. Mai 1887, 530–531

Ägypten
Die Krinoline bleibt in Kairo!

GEOGRAFISCH GEHÖRT ÄGYPTEN ZU AFRIKA, aber das interessierte die Reisenden kaum. Ägypten war etwas Besonderes. Sie kamen mit dem Schiff nach Alexandria, um von dort zu ihrer monatelangen Tour aufzubrechen. War der Anker gefallen, wehrten sie die Armeen aufdringlicher Händler ab, kämpften sich durch den Zoll und flüchteten dann in ein Hotel, um ihr großes Bedauern darüber kundzutun, an diesen Ort gekommen zu sein. Nach einem geringschätzigen Blick auf Alexandrias Sehenswürdigkeiten machten sich die Ankömmlinge meistens sogleich auf die Suche nach einem Dragoman, unter dessen Führung sie ihre Reise mit dem Schiff oder auf einem Maultier nach Kairo fortsetzten (ab 1856 auch mit der Eisenbahn). Nachdem Kairo sie mit dem Land versöhnt hatte, lockte sie die Aussicht auf eine Nilfahrt stromaufwärts nach Assuan oder gar Nubien.

Bis zur Eröffnung des Suezkanals im Jahr 1869 war Alexandria auch ein Zwischenstopp auf der Route nach Indien.

Eliza Fay ging mit ihrem Ehemann Ende Juli 1779 in Alexandria von Bord und floh einen Monat später vor der Pest in Richtung Kairo. Sie hatten sich beide angesteckt, waren aber rasch wieder auf dem Damm.

In Kairo vermummte sich Eliza Fay trotz der Hitze mit Mantel und Schleier. Sie war in großer Unruhe wegen der Überfälle, die kurz zuvor in der Wüste auf Europäer verübt worden waren. Zu allem Überfluss begegnete sie einem Betroffenen, der entsetzt ausrief: »Oh Madam, was haben Sie nur an diesem fürchterlichen Ort verloren!« Und dann fügte er hinzu: »Was soll bloß aus der Lady werden?« Aus Angst vor den überall lauernden Banditen versteckte sich Eliza bei einer italienischen Arztfamilie. »Gefangennahmen und Massaker aller Art beherrschten die Gespräche«, klagte sie.[1] Gerüchte kursierten. Es hieß, man wolle sie als Gefangene nach Konstantinopel überführen und ihre

»Shepherd's Hotel«, Kairo. Kairos nobelstes Hotel entwickelte sich aus der ehemaligen Durchgangsstation für Reisende mit Anschluss nach Suez. 1884, als im Sudan der Krieg tobte, wurden auf der Veranda dieses Hotels Kampfstrategien erörtert. Auch Frauen fühlten sich im »Shepherd's« wohl. Der Zutritt zu dem gegenüberliegenden Café, in dem ein Frauenorchester auftrat, blieb ihnen jedoch verwehrt.[2]
ILN, 9. Februar 1884, 140–141

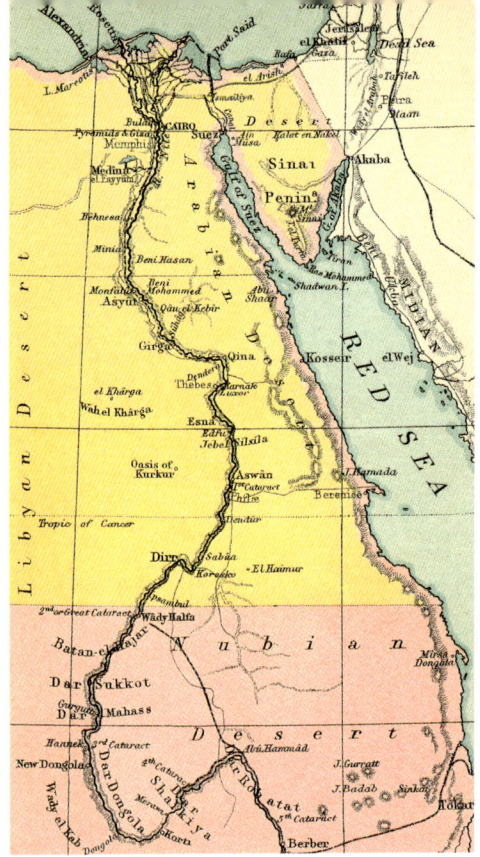

OBEN: *Ägypten und Nubien. The Handy Atlas, um 1900*

UNTEN: *Im Bahnhof von Alexandria. ILN, 25. April 1857, 378*

Besitztümer beschlagnahmen. Aber dann wurde den Fays die Weiterreise doch noch gestattet. Voller Zweifel traten sie bei glühender Hitze die Wüstendurchquerung an. Ob sie die nächsten drei Tage überleben würden? Wir werden es erst im Kapitel über Indien erfahren.

Emma Roberts, Verfasserin der *Notes of an Overland Journey through France and Egypt to Bombay* (1841), reiste ebenfalls durch Ägypten und blieb so lange, bis sie genug Material für ihr Buch zusammengetragen hatte. Über die Route von Kairo nach Suez, die seit 1839 als sicher galt, schrieb sie erstaunt: »Drei Bedienstete und einige Treiber waren Schutz genug für eine Frau, ungeachtet der mitgeführten Betten, Toilettentaschen, Reisebeutel und der mit Koffern und Mantelsäcken bepackten Kamele, die jeden Räuber in Versuchung geführt hätten.« Emma hatte Glück. Aus einem anderen Bericht geht hervor, dass Banditen im Jahr 1844 einen Europäer auf dem Weg nach Suez bis aufs Hemd ausplünderten und ihn mit auf dem Rücken gefesselten Händen seinem Schicksal überließen.[3]

Wer die Reise nach Palästina wagte, musste außer einem Dragoman noch eine Schutzeskorte anheuern, denn die Route war berüchtigt. Über ihre Sinaidurchquerung 1847 schrieb Harriet Martineau: »Ich würde keiner Frau dazu raten, durch die Wüste zu reisen«; positiv vermerkte sie aber noch, dass sie dort gesundheitlich regelrecht aufgeblüht sei.[4] Als

Transportmittel benutzte sie abwechselnd einen Palankin-Trag-sessel oder ein Kamel oder ging zu Fuß. In ihrem Aufzug – großer Sonnenhut, Sonnenbrille und Hörrohr, denn sie war fast taub – sah sie gewiss umwerfend aus.

In ihrem Buch *Eastern Life, Present and Past* (1848) berichtete Harriet Martineau über Religion, Sitten, Geschichte und Ausgra-bungsstätten des Orients. Mit drei Freunden unternahm sie eine Nilfahrt auf einer Dahabije (ein flaches, zum Segeln und Rudern geeignetes Boot). Zu jener Zeit war es üblich, die Boote vor Reise-antritt zur Ungezieferbekämpfung unter Wasser zu setzen. Da die Prozedur nur kurzfristigen Erfolg zeitigte, geriet der Weg bis Assuan für die Passagiere oft zu einer einzigen Kratzpartie.

Während der Nilfahrt war Harriet vollauf mit Bügeln und Nähen beschäftigt, und sie riet ihren Leserin-nen später, »stets ein Bügeleisen im Gepäck mit-zunehmen. Außerdem etwas Wäschestärke, und die Sache ist perfekt.«[5] Wenn sie an Land ging, schrieb sie jedoch alles genau auf, was sie sah.

Zu den Frauen, die in den 1840er Jahren über ihre Reisen nach Ägypten berichteten, gehören Georgina Damer (*Diary of a Tour in Greece, Turkey, Egypt, and the Holy Land*, 1841), Ida Gräfin von Hahn-Hahn (*Orientalische Briefe*, um 1845) und Isabella Romer (*A Pilgrimage to the Temple and Tombs of Egypt, Nubia, and Palestine*, 1846). Für ihren Statuendiebstahl in der Ruinenstätte Beni Hasan handelte sich Romer einen scharfen Verweis von Martineau ein.[6]

OBEN: *Harriet Martineau.* Alonzo Chappel, in: Duyckinck, Bd. 2, 371

GANZ OBEN: *Eine Dahabije auf dem Nil.* Bayard Taylor: Central Africa, New York: G. P. Putnam 1864, 85

Eine sehr belesene Ägyptenreisende war Sophia Poole, Verfasserin von *An Englishwoman in Egypt* (1844). Zusammen mit ihrem Bruder, dem Ägypto-logen Edward Lane, erkundete sie das Land in den 1840er Jahren. In ihre überarbeiteten Briefe streute sie zwischen un-terhaltsame Beobachtungen historische, ökonomische und statisti-sche Fakten ein. Alles schön und gut, meinte der Rezensent von *Blackwood's*, um dann auf das wirklich interessante Thema zu spre-chen zu kommen – jenen »Ort, den kein Mann betreten darf, den Harem«. Sie befriedigte seine Neugier, indem sie ausführlich Kleidung, Schmuck, Schminksitten und Gesprächsthemen der Haremsfrauen beschrieb. Am Schluss gönnte sie sich den Triumph,

Der Gouverneur von Esneh
war sehr gespannt auf
»den ungewohnten und ihm
unbegreiflichen Anblick
eines *Harems, der so völlig
herrenlos* und frei auf dem
Nil herumschwamm!«.
Emily Beaufort[7]

zu erwähnen, dass sie die Azhar-Moschee besucht hatte, deren Zugang allen Christen, Männern wie Frauen, verwehrt war.[8]

Im Jahr 1858 machte sich Emily Beaufort mit ihrer Schwester nach Ägypten auf, »um dort einen unerschöpflichen Vorrat an geistiger Nahrung zu entdecken, unbeschwert zu reisen und das Alleinsein zu genießen. In den ersten beiden Punkten wurden unsere Erwartungen übertroffen, aber Einsamkeit ist auf dem in Mode gekommenen, überfüllten Nil kaum zu finden.«[9] Dass sie »unbeschwert« reisten, darf ebenfalls bezweifelt werden: Auf der Rückreise von Nubien ging ihre Dahabije im Hafen von Edfu mit dem gesamten Gepäck in Flammen auf.

Für das Allernötigste waren die Schwestern zwei Wochen lang auf die Hilfsbereitschaft ihrer europäischen Geschlechtsgenossinnen angewiesen. Beaufort stellte enttäuscht fest, dass »unsere *männlichen* Landsleute viel großzügiger und taktvoller als die *weiblichen* sind«.[★10] Mit Müh und Not erreichten sie Kairo, wo sie viel Zeit und Geld in eine neue Ausrüstung investierten. Gegen die Schadenersatzklage der beiden Frauen wehrte sich der Kapitän mit einer Anzeige wegen übler Nachrede. Auf Anraten des Konsuls reisten die Frauen daraufhin ab.

Nachdem sie Alexandria verlassen hatten, mieteten sie ein Haus im Bergland von Beirut, wo sie im Sommer 1859 vom bewaffneten Konflikt zwischen Drusen und Christen überrascht wurden. Später kam ihnen zu Ohren, »eine von uns sei im Gefecht getötet worden, und die andere hätte sich mit der Dienerin ins Tal geflüchtet, wo sie aber beide vermutlich erschossen oder Hungers gestorben wären!«.[11] Auf dem Weg nach Jerusalem gerieten sie vor den Toren von Damaskus in einen Hinterhalt; beim Abstieg vom Mount Hermon rutschten sie mit ihren Pferden den Hang hinunter; sie wurden ihrer Habe beraubt und fanden ihre Kleiderbeutel später in der Nähe des Toten Meeres wieder. Und schließlich stürzte auch noch die Dienerin vom Pferd. Danach reisten sie in nördlicher Richtung in die Türkei und nach Griechenland weiter.

Gewissermaßen die Krönung einer Ägyptenreise waren die Pyramiden, die zum Pflichtprogramm aller Kairobesucher gehör-

---

★ Beaufort wurde später unter dem Namen Lady Strangford als Wohltäterin berühmt.

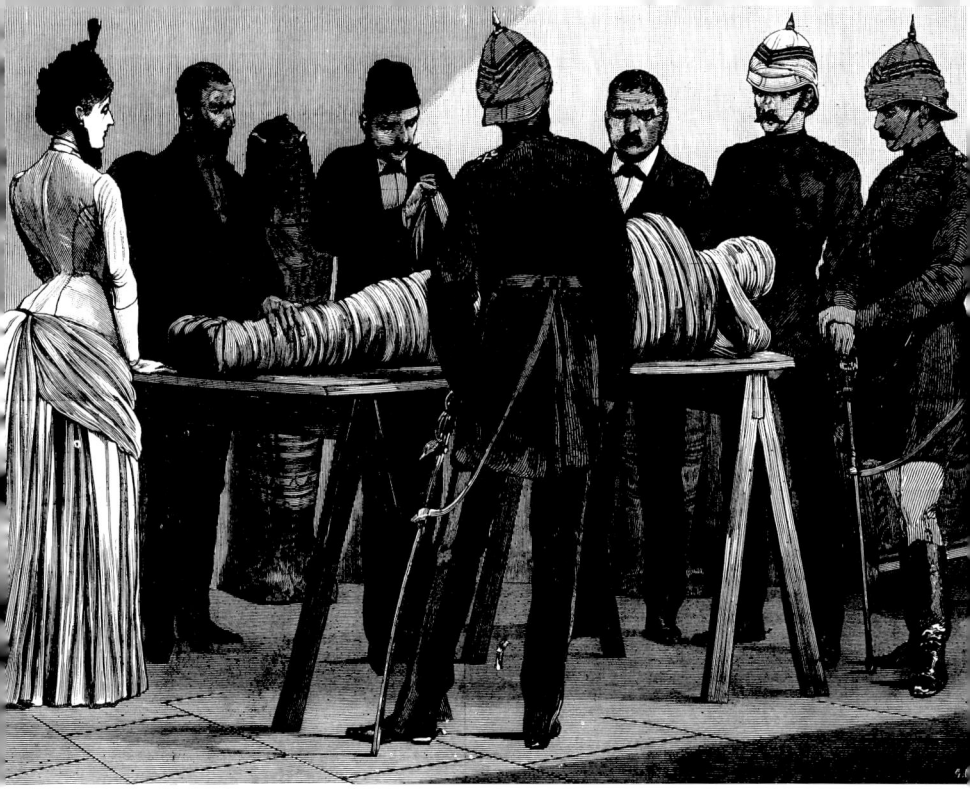

ten. Schilderungen von Pyramidenbesteigungen finden sich u.a. bei Ida Pfeiffer, Emily Beaufort und Harriet Martineau, die sich darin einig waren, dass eine Frau, die zu »Schwindel« oder »Angstzuständen« neige, die »zart besaitet« sei oder leicht die »Nerven verliere«, sich dieser Prüfung enthalten möge.[12]

Sophia Poole warnte vor einer anderen Gefahr. Auf dem Weg zu den Pyramiden begegnete sie zwei jungen Beduinen, die unlängst das unverschleierte Gesicht einer Amerikanerin erblickt und auf eine Wiederholung des Schauspiels gehofft hatten. Aber Poole und ihre Begleiterinnen trugen einen Schleier. Das Bekenntnis der beiden Burschen, dass sie die Amerikanerin am liebsten entführt hätten, kommentierte Sophia mit den Worten: »Glücklicherweise … unterstehen diese gesetzlosen Araber bis zu einem gewissen Grad der jetzigen Regierung.«[13]

Drei Tage sind vergangen, seit ich diesen Ausflug oder, besser gesagt, diese Reise gemacht habe. Ich fühle mich völlig zerschunden und habe Schmerzen in den Armen

»Auswickeln antiker Mumien im Boulak-Museum in Kairo«. Für Wissenschaftler wie Touristen fanden regelmäßig Mumienschauen statt, oft in einem Hotel im Rahmen einer Stadtführung.
ILN, 31. Juli 1886, 125

FOLGENDE DOPPEL-
SEITE: »Aufbruch zu den Pyramiden: Eine Skizze aus Kairo«. I. W. Bromley, in: ILN, 3. Oktober 1874, 316 u. 317

Ascension de Pyramide N°8

und in den Beinen. Wenn ich nur nach der Feder greife, tut mir alles weh; aber ich muss dir jetzt von meiner Expedition erzählen; denn eine Expedition war dieser Ausflug im wahrsten Sinne des Wortes.

Olympe d'Audouard [14]

1864, als Olympe d'Audouard ihren Ritt zu den Pyramiden unternahm, stellte er noch eine Herausforderung dar. Die französische Schriftstellerin und Frauenrechtlerin hatte bereits Reisen nach Algerien, Marokko, Deutschland, Russland, Palästina und in die Türkei gemacht. Ihr Aufenthalt in Ägypten erhielt eine besondere Note, weil Audouard den Verdacht hatte, dass der Vizekönig sie als mutmaßliche Spionin bespitzeln ließ. Darüber und über andere Erlebnisse berichtete sie in *Les Mystères de l'Égypte dévoilés* (1866).

Zur Gruppe der Pyramidenreisenden gehörten außer ihr ein älteres englisches Ehepaar und zwei Herren aus Paris. Sie hatten vereinbart, sich am nächsten Morgen bei Sonnenaufgang in der Hotelhalle zu treffen. Olympe aber verspätete sich, weil sie mit ihrer Garderobe Probleme hatte und als Pariserin ohnehin nicht so früh aus den Federn kam. Als Olympe schließlich in Männerhosen erschien, verschlug es der Engländerin den Atem. Sie selbst verbat sich jedwede Kritik an ihrer Krinoline, die kurz darauf der Maultierprobe unterzogen wurde. Da die Lady im Damensattel ritt, kam sie immer wieder ins Rutschen, woraufhin der Treiber die entrüstet schreiende Reiterin packte und wieder nach oben beförderte. Olympe ritt im Herrensitz, was jedoch nicht viel bequemer war, weil ihr der Sattel hinten das Kreuz lädierte und sich vorne in ihren Bauch bohrte. Aber sie blieb wenigstens oben. Am Ziel angelangt, gab die Engländerin zu, dass Olympe Recht gehabt hatte, und verzichtete auf die Kletterei.

Emily Beaufort schildert, was der Dame entging:

Eine Frau, die diese Prozedur in Würde überstehen möchte, hat keine andere Wahl, als sich in die Hände der ihr persönlich zugeteilten drei Araber zu begeben ... Sie wissen besser als wir, wie man die Röcke rafft, damit sie uns beim Klettern nicht behindern, und sie verstehen sich darauf, uns mit ziemender Anmut und Schicklichkeit über die höchsten Stufen zu heben. Ich rate meinen Landsmänninnen dringend, dabei mitzumachen – und die Krinoline in Kairo zu lassen. [15]

»Aufbruch zu den Pyramiden« Nr. 8.

Foto: Abdullah Frères, um 1886–1889

Touristen vor der Sphinx,
um 1900

»Nur ein kleines Foto ist
mir von diesem Tag
geblieben ... Es zeigt den
gelehrten Professor mit
seiner Gattin vor dem ein-
drucksvollen Hintergrund
mit Pyramide und Sphinx.«
Mrs R. L. Bensly [16]

Wenn sie oben ankamen, erblickten sie die in den Stein geritzten Namen all derer, die vor ihnen dort gewesen waren, darunter auch den der »schwedischen Nachti-gall« Jenny Lind. »Schämen soll sie sich!«, schrieb Vic-toria Wortley. [17] Aber was nach oben gestiegen ist, muss irgendwann wieder hinunter, so auch Ida Pfeiffer:

Die meisten finden das Abwärtssteigen beschwerlicher als das Hinaufklettern. Bei mir war es umgekehrt. An Schwin-del leide ich nicht, und so stieg ich mit dem Gesicht nach vorn gewendet auf folgende Art sehr schnell und ohne die Hilfe der Araber hinab. Auf den kleinen Stufen sprang ich von der einen zur andern; kam ein drei oder vier Schuh hoher Fels, so setzte ich mich nieder und ließ mich hinabgleiten, und dies alles machte ich so schnell und behände, dass ich lange vor meinem Diener hinabkam. Selbst die Araber bezeigten ihre Freude über meine Gewandtheit und Furchtlosigkeit auf dieser gefahrvollen Passage. [18]

Florence Nightingale, die 1850 Ägypten besuchte, gab offen zu, dass sie sich der allgemeinen Bewunderung für die Pyramiden nicht anschließen könne. Da sie es grundsätzlich ablehnte, Begeisterung zu heucheln, betrachtete sie sich als ein »Opfer der Wahrheit« und gesellschaftliche Außenseiterin. Auch Florence und Rosamond Hill, die Anfang der 1870er Jahre auf dem Weg nach Australien durch Ägypten reisten, bemerkten nur lapidar: »Ein flüchtiger Blick auf Kairo, die Besteigung der großen Pyramide und ein Besuch in Memphis; all das ist zu belanglos, um viele Worte darüber zu verlieren.«[19]

»Levinge Bag«. Der Bettsack, eine Erfindung von Richard Levinge, schützte vor Moskitos und Ungeziefer. Florence Nightingale nahm ihn nach Ägypten mit und erwähnte ihn lobend in ihrem Tagebuch.

Häufige Erwähnung in der Reiseliteratur von Frauen findet die öffentlich zur Schau gestellte Nacktheit der Ägypter. Olympe d'Audouard erzählte z.b. völlig unverblümt, dass ihre arabischen Führer sich unter dem geringsten Vorwand im Adamskostüm vor ihr zeigten. Sie berichtete sogar von einer Defloration, die sie bei einer koptischen Hochzeit zu beobachten Gelegenheit hatte. In einer Mischung aus Horror und Faszination beschrieb sie, wie der Ehemann das Brautzimmer betrat und unter den Augen der anwesenden Frauen das Ritual vollzog. Danach wurde das Indiz auf einem weißen Laken den draußen vor der Tür Wartenden präsentiert.[20]

Eine ebenfalls offenherzige Autorin war Lucie Duff Gordon, die in der Hoffnung, ihre Schwindsucht auszukurieren, von 1862 bis 1869 in Luxor lebte. Die belesene Londonerin hatte in den elitären literarischen Zirkeln mit Tennyson, Dickens und Thackeray verkehrt.

Bevor sie in Ägypten eintraf, hatte sie sich mit ihrer Dienerin Sally Naldrett und einer Ziege in Südafrika umgesehen. Sie schifften sich auf der *St. Lawrence* ein, und wenn es stürmte, ließ Lucie sich an Deck festbinden, um die Naturgewalten hautnah zu erleben. Nach einem Jahr kehrte sie nach England zurück, brach aber bald mit Sally wieder nach Alexandria auf.

Lucie Duff Gordon.
Dronsart, 261

Elephantine Island. Jan 27th. 1868

Marianne North beim Malen auf Elephantine Island in Ägypten. Skizze: R. Phené Spiers, in: North 1893, 132

Nach dem üblichen Schock, der die Ankömmlinge in Alexandria erwartete, fand sie in Kairo den Dragoman Omar, der ihr ständiger Begleiter wurde. Voller Vorfreude traf sie die Reisevorbereitungen für Luxor.

Ihre Briefe aus Ägypten waren zunächst nicht zur Veröffentlichung bestimmt. Sie enthüllen einen weltoffenen Charakter mit Sinn für Humor und einer für die damalige Zeit erstaunlichen Toleranz. In einem Brief an ihren Ehemann äußert Lucie ihre Bewunderung für die Schönheit der jungen Ägypterinnen: »Ich habe mir vorgenommen, bei der nächsten Gelegenheit eine gut aussehende Fellahah zu fotografieren, damit ihr in Europa euch eine Vorstellung machen könnt von dem, was ein richtiger Busen ist. Ich weiß es erst, seit ich hier bin, und kann nur sagen: Es ist die schönste Sache der Welt! Ich sah einer Tänzerin zu, die in einem meisterhaften Spiel ihrer Muskeln zunächst die eine Brust in Bewegung versetzte, dann die zweite, um sie schließlich wie zwei Granatäpfel unabhängig voneinander und ohne äußere Hilfsmittel gleichzeitig zu bewegen.«[21]

Lucie wurde die Vertraute vieler Ägypter, nahm Einfluss auf lokalpolitische Angelegenheiten, erteilte medizinischen Rat und ärztliche Pflege und erhielt Besuch aus Europa, etwa von Edward Lear,

Katherine Petherick und Marianne North. Nichts konnte sie aus der Fassung bringen. Nur dass Sally von Omar schwanger wurde, vergab sie ihr nie.[22]

Am Ende half ihr auch Luxors beständige Wärme nicht mehr: Sie starb im Juli 1869. Mit ihren 1865 und 1875 veröffentlichten Briefen hinterließ sie wertvolle Zeitdokumente, die sich mit der Entwicklung der Niltouristik und des Transportwesens (bis zu den ersten Dampfbooten und der Eröffnung des Suezkanals) befassen, politische und ökonomische Zusammenhänge erläutern und Einblicke in die ägyptische Kultur gewähren. Außerdem übte sie Kritik an den Reiseberichten anderer Frauen. Das Buch *Eastern Life* ihrer Cousine Harriet Martineau lobte sie für die Ortsbeschreibungen, tadelte die Verfasserin aber zugleich für die paternalistische Gesinnung eines Satzes wie:»Wir behandelten sie wie Kinder, und so gehörte es sich auch.«[23]

Andere Reisende, und nicht nur die männlichen, befürworteten sogar die körperliche Züchtigung. Ida Pfeiffer, die sich später in kritischen Situationen stets so besonnen zeigte, ließ sich einmal dazu hinreißen, einen Maultiertreiber mit der Reitgerte zu maßregeln. Dazu heißt es in ihrem Buch *Reise in das Heilige Land* (1844):»Man möge aus solchen kleinen Erlebnissen nur entnehmen, wie man mit diesen Leuten umgehen muss. Nur durch festen Willen kann man ihnen imponieren, und ich bin überzeugt, sie fanden dies Benehmen einer Frau so außerordentlich, dass sie sich dadurch nur umso mehr einschüchtern ließen.«[24]

Um ein anderes, unbekanntes Ägypten zu entdecken, hätten die Reisenden die unwirtliche Libysche Wüste durchqueren oder stromaufwärts nach Nubien segeln müssen. Die Wüstenroute schied aus; keine Frau hätte dieses Wagnis auf sich genommen. Assuan bildete den südlichen Endpunkt der Route, und sonst boten sich noch Abu Simbel und das Wadi Halfa auf der Höhe des zweiten Katarakts an. Von dem Land jenseits dieser Markierungen wusste man nur, dass es lebensgefährlich war, voll todbringender Krankheiten und wilder, unbekleideter Afrikaner. Und wie immer man dorthin gelangen mochte – es war mit Sicherheit kein Ort für eine Lady!

Afrika *Kein Ort für eine Lady?*

BEVOR EMILY BEAUFORT 1859 am zweiten Nilkatarakt gezwungenermaßen kehrtmachte und nach Kairo zurückreiste, ritzte sie zum Beweis, dass auch sie bis zu dieser Stelle gekommen war, ihren Namen in einen Felsen, an dem bereits »eine illustre Gesellschaft von Namen« prangte.[1] Vor ihr war dies nur wenigen Europäerinnen gelungen. Das sollte sich jedoch schon zwei Jahre später gründlich ändern. Von 1861 bis 1864 lockte Nubien vier der bedeutendsten weiblichen Afrikareisenden an: Katherine Petherick, Florence Baker sowie Alexine und Henriette Tinne.

ZENTRALAFRIKA

In ihrem packend geschriebenen Buch *Travels in Central Africa* (1869) schildern Katherine und John Petherick ihre Erfahrungen im Sudan während Johns schwieriger Amtszeit als britischer Konsul. Das Buch sollte v.a. dazu dienen, Petherick gegen den Vorwurf zu verteidigen, er sei in den Sklavenhandel verwickelt und außerdem inkompetent.

Auf dem Weg von Kairo nach Khartum, den die Pethericks mit Dahabijen, den schon erwähnten flachen, zum Segeln wie zum Rudern geeigneten Nilbooten, und auf dem Kamelrücken zurücklegten, litten sie unter sengender Hitze, einem verheerenden Unwetter und einer Skorpionplage. Katherine führte zwar ein zum leichteren Transport in zwei Teilen gefertigtes Klavier mit sich, war ansonsten aber durchaus praktisch veranlagt. Zum Reiten trug sie »gelbe türkische Stiefel, sehr weit und unbequem, lange türkische Hosen, darüber einen braunen Tuchrock oder Unterrock und eine weiße Flanelljacke mit geräumigen Taschen«. Sie versteckte ihren Spiegel, um sich den schrecklichen Anblick zu ersparen.[2]

Als das Paar im Oktober 1861 in Khartum eintraf, waren Captain John Speke und Captain James Grant bereits zu ihrer großen Nilexpedition aufgebrochen. Die Pethericks hatten mit ihnen vereinbart, einen für die beiden Forschungsreisenden bestimmten Hilfs-

Florence Baker.
Abdruck nach: *The Nile Tributaries of Abyssinia*, 1868, in: *Harper's Weekly*, 28. Juni 1873, 561

Afrika. Philips' Handy Atlas, um 1897

transport nach Gondokoro zusammenzustellen. Einige Boote wurden vorausgesandt, doch für die Pethericks selbst gestaltete sich die Abreise schwierig. Erst mussten Vorräte organisiert werden, dann herrschte Gegenwind, und der Nil erreichte den höchsten Pegelstand seit Jahren. Am 20. März 1862 brachen sie schließlich auf, nur um gleich mit einem anderen Boot zu kollidieren. Stürme setzten die Kabinen unter Wasser, und die Boote schlugen immer wieder Leck.

Unterwegs entdeckten sie zu ihrem Entsetzen, dass ihnen eins der vorausgesandten Schiffe, voll beladen mit Sklaven, wieder entgegenkam. Sie befreiten die Sklaven, ohne sich darüber im Klaren zu sein, dass dies sowohl die arabischen als auch die europäischen Händler gegen sie aufbringen und sie erneut dem Verdacht aussetzen würde, in den Sklavenhandel verwickelt zu sein.

Zunächst jedoch hatten sie andere Sorgen. Es war kalt und nass, Moskitos wurden zur Plage, und das Fieber grassierte. Im Juli 1862, als die heiße Jahreszeit begann, zehrten Wechselfieber und Ruhr auch an Katherines Kräften, doch sie führte weiterhin tapfer ihr Reisetagebuch. Ihre Kleidung beschrieb sie so: »Ein kurzer, dicht

gewebter Rock aus grober Baumwolle, le-
derne Gamaschen, kräftige Stiefel, Leinen-
jacke, Lederhandschuhe und Strohhut ...
am Gürtel einen fünfläufigen Revolver in
einem kleinen Beutel.« Der Freund, dem sie
den Revolver verdankte, hatte geschrieben,
es scheine »seltsam, einer Dame eine tod-
bringende Waffe anzubieten, aber Sie werden Tausende von Meilen durch ein Land
reisen, dessen wilde Bewohner noch die
Knöpfe Ihrer Kleider für eine Quelle des
Reichtums halten. Dass Sie sie niemals brau-
chen mögen, das ist (mein) aufrichtiger
Wunsch.«[3]

John und Katherine
Petherick. Petherick 1869, Bd. 1,
Frontispiz

Einen Monat später führte John Petherick das Journal – ein Anzeichen dafür, dass
Katherine zu diesem Zeitpunkt sehr krank
gewesen sein muss. Kurz darauf verkünde-
ten Londoner Zeitungen gar, die Pethericks
seien ertrunken. Das war schlicht falsch, auch wenn die
beiden ständig fieberkrank und dem Tode nahe waren.

Als sie am 15. Februar 1863, vier Monate später
als geplant, die Handelsniederlassung Gondokoro erreichten, fehlte von Speke und Grant noch jede Spur. Während die
Pethericks eine kurze Erkundungstour unternahmen, trafen Speke
und Grant gleichzeitig mit Samuel und Florence Baker in Gondokoro ein. Speke, der sich über die Verspätung des Konsuls ärgerte,
lehnte dessen Vorräte ab und nahm stattdessen die der Bakers an.
Kaum war er nach England zurückgekehrt, warf er Petherick
Pflichtvergessenheit vor und machte sich für die Aufgabe des Kon-
sulats stark.

In den folgenden vier Monaten kämpften die Pethericks immer
wieder gegen Typhus und Malaria. Auf dem anstrengenden Rückweg wollte Katherine, die die ganze Zeit voller Elan gewesen war,
sich nur noch hinlegen und sterben. Immerhin schafften sie es bis
Assuan, wo sich Katherine vollständig erholte. In Kairo erfuhren sie,
dass Speke sich – vermutlich versehentlich – mit einem Jagdgewehr
erschossen hatte.

In den Berichten, die der vierzigjährige Endeckungsreisende

Die Bakers erwarben
Kamele, die angeblich
»wie geschaffen für eine
Dame« waren.[4]
Émile Bayard, in: Tour du monde 21,
1870/71, 129, nach: The Nile Tributaries
in Abyssinia

Samuel Baker zwischen 1861 und 1864 von seinen Expeditionen nach Abessinien und zum Albert Nyanza
(Albertsee) nach London schickte, verschwieg er
wohlweislich seine zwanzigjährige Reisebegleiterin
Florence Barbara Maria Finnian von Sass. Diese Dis-
kretion empfahl sich nicht nur, weil sie unverheiratet
waren: Baker hatte seine Gefährtin zwei Jahre zuvor
auf dem Sklavenmarkt von Vidin auf dem Balkan er-
standen, und seine Familie wusste nichts von ihrer Existenz. Florences Angehörige, Ungarn aus Transsylvanien, waren 1848 bei
einem Massaker umgekommen; Florence hatte als Einzige überlebt
und war nach vielen Umwegen auf dem Sklavenmarkt gelandet.[5]

Ursprünglich hatte Samuel die Quelle des Weißen Nils finden
wollen, doch dann hatte ihm die von der Royal Geographical Society bezahlte Expedition von Speke und Grant einen Strich durch
die Rechnung gemacht. Stattdessen erkundete das Paar nun die
Nebenflüsse des Blauen Nils. Nach einer einjährigen, extrem
schwierigen Reise mit zahllosen Krankheiten und kriegerischen
Zwischenfällen mit Eingeborenen erreichten sie Mitte Juni 1862
Khartum. In Gondokoro berichteten Speke und Grant ihnen von
einer möglichen zweiten Quelle, einem noch unerforschten See,
der später Albertsee heißen sollte.[6]

Die nun folgende Expedition der Bakers war noch spektaku-
lärer als ihr abessinisches Abenteuer. Sie gerieten nicht nur mit

A. D. N.

Koch & Soligny sc

Wenn es eine Sünde wäre, nach Ehre zu streben, wäre
Mr Baker eine der sündigsten Seelen auf dieser Erde.
Es scheint keine anderen Gründe für seine gefahrvolle
Unternehmung gegeben zu haben, wohl aber einen gewich-
tigen Grund, warum er sie hätte unterlassen sollen – er
war verheiratet, und auf den ersten Blick scheint eine Frau
für den Abenteurer auf seinen Reisen durch unbekannte
Gebiete, Horden von Barbaren, Krankheit, Mühsal,
Gefahr und Tod eher eine Last zu sein denn eine Hilfe …
Doch so, wie sich eine vermeintliche Schwäche plötzlich
in Stärke wandelt, so wurde Mrs Baker zu einer Hilfe statt
zu einem Hindernis.[7]

Samuel und Florence
Baker. Henriette Tinne
nannte Florences afrikanische Kleidung »männ-
lich«, doch auf Radierun-
gen scheinen ihr leicht
geraffter Rock und ihre
Stiefel ihre einzige Kon-
zession an das Abenteu-
rerleben zu sein. A. de Neuville,
in: Tour du monde 15, 1867, 9

Eine Willkommens-zeremonie. Tour du monde *übernahm diese* Illustration aus Bakers The Albert Nyanza, *wobei das Ereignis über-trieben dargestellt wurde. Florence ist mit Krinoline und Fächer hier äußerst fehl am Platz.* A. de Neuville, in: Tour du monde 15, 1867, 37

Afrikanern in Konflikt, sondern auch mit Sklaven-händlern, die in ihnen eine Bedrohung für ihr lukra-tives Geschäft sahen. Außerdem zeigte sich, dass ihre bisherigen Krankheiten nur ein Vorgeschmack gewe-sen waren: Florence kam dem Tod so nahe, dass Sa-muel Anweisung gab, ein Grab für sie auszuheben.[8]

Sie erreichten ihr Ziel im März 1864; ein halbes Jahr später bereiteten sie sich auf den anstrengenden Rückmarsch vor. Da sie in Gondokoro, anders als er-hofft, keine Vorräte vorfanden, kehrten sie auf einem Boot nach Khartum zurück, das Pestkranke befördert hatte.[9] Über Kairo reisten sie heim nach London.

Samuel hatte Florence unterwegs immer als Mrs Baker ausge-geben, und als sie Ende 1865 England erreichten, stand sein Ent-schluss fest, sie still und heimlich zu heiraten. So konnte er sich in seinen Büchern *Der Albert Nyanza* (1866/1867) und *Die Nilzuflüsse in Abyssinien* (1867/1868) offiziell zu ihr bekennen.

Die Royal Geographical Society feierte die beiden Forschungs-reisenden, und Samuel wurde in den Ritterstand erhoben. Anfang 1870 reisten Sir und Lady Baker erneut nach Zentralafrika, wo sie bis Mitte 1873 im Auftrag von Khedive Ismail den Sklavenhandel bekämpften. Es sollte ihre letzte Afrikareise sein. Florence ge-wöhnte sich schnell an das Leben in England, während Samuel ver-geblich von einer Rückkehr nach Afrika träumte.

Das afrikanische Abenteuer von Alexine (Alexandrine) Tinne und ihrer Mutter Henriette (oder Harriet) ist der Stoff, aus dem

Legenden gewoben werden. Die beiden Niederländerinnen brachen 1862 – die Tochter war 26, die Mutter 63 Jahre alt – gemeinsam mit Henriettes unerschrockener Schwester Adriana van Capellen zu einer Nilexpedition auf. Wie alle Besucher dieser Region wurden sie einerseits für ihren Mut bewundert; andererseits warf man ihnen vor, die Erforschung Afrikas zu einem Wochenendausflug herabzuwürdigen. Außerdem beneidete man sie um ihren unermesslichen Reichtum, dank dem sie ihre Expedition besser auszurüsten vermochten als viele andere Forscher.

Alexine war die Tochter und Erbin eines Zuckerbarons und wie ihre Mutter eine passionierte Globetrotterin. Ab 1845 bereisten Mutter und Tochter Europa, Ägypten (dort fuhren sie gleich zweimal den Nil hinauf) und das Heilige Land. Anfang 1862 waren ihre Pläne für eine weitere Nilfahrt abgeschlossen, die sie tief ins Herz Afrikas führen sollte.

Im Januar 1862 verließen die drei Frauen Kairo in drei Dahabijen. Mit an Bord gingen ihr ägyptischer Koch Halib, der sie seit 1857 begleitete, der Janitschar Osman Aga, ebenfalls seit den Ägyptenreisen 1856 dabei, außerdem zwei ägyptische und mehrere holländische Diener, zahlreiche Wächter sowie Flora und Anna, die europäischen Dienstmädchen der Tinnes. Sie führten ein Pferd, einen Esel, fünf Hunde und bergeweise Gepäck mit sich, einschließlich einer Kameraausrüstung und Lebensmitteln für ein Jahr. In Korosko, etwa auf halber Strecke, verließen sie die Boote und setzten die Reise über Land fort. 102 Kamele und unzählige Esel transportierten ihre Sachen. Im April erreichten sie schließlich Khartum, wo ihnen ihre männlichen holländischen Dienstboten abtrünnig wurden.

Für die nächste Etappe kauften sie eine Dahabije und ein Vorratsboot. Außerdem charterten sie für einen Teil der Strecke Khartums einziges Dampfschiff. Nach vielen Schwierigkeiten gelangten sie nach Djebel Dinka, einem Umschlagplatz der Sklavenhändler. Henriette reiste mit Halib, der einen Arzt brauchte, zurück nach Khartum, um sich dort um Reparaturen und neuen Proviant zu kümmern. Auch die Bakers hielten sich in Khartum auf, doch man ging sich aus dem Weg, weil Samuel immer noch verärgert darüber war, dass die Tinnes den Dampfer reserviert und so seine Pläne durchkreuzt hatten.[10]

Nach Henriettes Rückkehr durchquerten die Frauen den Sudd, einen Flussabschnitt, der durch seine dichte Vegetation häufig un-

Alexine (links) und
Henriette Tinne.
Émile Bayard, in: *Tour du monde 22,*
1870/71, 293 u. 292

passierbar war. Alexine und einige Mannschaftsmit-
glieder erkrankten. Kurz vor Gondokoro starb Osman
Aga bei dem Versuch, einen Bootsunfall zu verhindern.[11] Diese Tragödie war der Auftakt einer ganzen
Reihe von Katastrophen.

Am 30. September 1862 erreichte die Expedition Gondokoro.
Einen Monat später hatte Adriana van Capellen genug und kehrte
mit einigen Ägyptern nach Khartum zurück. Unterwegs begegneten sie den Bakers, die gerade zu ihrer Nilexpedition aufgebrochen
waren. Samuel schrieb später, er habe eine Salve abgefeuert, und sie
hätten sich mit Taschentüchern zugewunken. Damals habe er nicht
ahnen können, dass »fast die ganze Gesellschaft ein so furchtbares
Verhängnis« erwartete.[12]

Alexine organisierte eine zweite Expedition, die am 5. Februar
1863 in südwestliche Richtung zum Bahr al-Ghazal aufbrach. Diesmal waren die deutschen Wissenschaftler Hermann Steudner und
Baron von Heuglin sowie der niederländische Baron d'Ablaing mit
von der Partie. Adriana blieb in Khartum.[13]

Ein paar Tage später schrieb Samuel Baker an John Petherick:
»Die holländischen Damen mit dem Dampfer sind zum Bahr al-
Ghazal aufgebrochen, mit der Absicht, Mundo zu erreichen und
zum Äquator zu gelangen. Sie haben ein großes Gefolge bei sich.

Die Tour kommt allmählich in Mode: Man sollte eine Gastwirtschaft am Äquator eröffnen, wo Reisende auf ein Bier einkehren können.«[14] Baker warf den Tinnes außerdem vor, mit ihrem vielen Geld die Preise verdorben zu haben; man kann sich darüber streiten, ob dieser Vorwurf berechtigt oder ob Baker einfach nur neidisch war.

Der Bahr al-Ghazal.
E. Tournois, nach einer Radierung aus
Plantae Tinneanae, in: *Tour du monde* 22,
1870/71, 292

Unterdessen waren Speke und Grant nach Khartum zurückgekehrt, wo sie auf Adriana van Capellen trafen. Die beiden Forscher warnten sie vor den unkalkulierbaren Gefahren, denen ihre Schwester und ihre Nichte sich ihrer Meinung nach aussetzten. Sie sollten Recht behalten: Als die Expeditionsteilnehmer am 29. März 1864 schließlich in Khartum eintrafen, waren sie betrogen worden, in einen Hinterhalt geraten und fälschlich des Sklavenhandels beschuldigt worden. Sie hatten gehungert, und Krankheiten hatten ihre Reihen aufs Grausamste gelichtet. Doch sie hatten den Bahr al-Ghazal trotz allem erreicht und die Pethericks getroffen, die ihnen geholfen hatten, ihre zur Neige gegangenen Vorräte aufzustocken.[15]

Bei einer kleinen Handelsniederlassung machten sie Halt, um das Ende der unmittelbar bevorstehenden Regenzeit abzuwarten. Während Alexine noch einen geeigneten Platz für ihr Camp suchte, erkrankte die bis dahin unverwüstliche Henriette schwer. Sie starb am 22. Juli. In ihrer Verzweiflung beschloss Alexine, nach

Khartum zurückzukehren, auch wenn dies bedeuten sollte, alles aufzugeben, worauf sie so lange hingearbeitet hatte. Doch da das Wetter immer schlechter wurde, kostete selbst das Aufgeben viel Zeit. Einen Monat später waren sie noch immer im Camp.[16]

Währenddessen sorgte sich die in Khartum zurückgebliebene Adriana weiter um Schwester und Nichte. Da sie schon seit geraumer Zeit nichts mehr von ihnen gehört hatte, beschloss sie, Vorräte zu schicken. Dieser Transport erreichte Alexine und ihre 450 Mann starke Entourage im Januar 1864.[17]

Die kranke Adriana van Capellen erlebte gerade noch die Rückkehr ihrer Nichte. Katherine Petherick hatte ein paar Monate zuvor notiert: »Ich mache mir Sorgen um die gute Miss Von Capellan (sic): dies ist kein Ort für sie; für mich ist sie die größte Heldin, die ich je gekannt habe. Ohne Familie und Verwandte verzehrt sie sich in Khartum in langem, einsamem Warten nach der Rückkehr ihrer Lieben.«[18]

Mit den sterblichen Überresten ihrer Mutter, ihrer Tante und zweier langjähriger Dienstmädchen brach Alexine im Juli 1864 nach Kairo auf. Drei Jahre später rüstete sie sich zu einer Sahara-Expedition.

NORDAFRIKA

Mit einer größeren Reisegruppe, zu der auch die niederländische Besatzung ihrer Jacht nebst deren Frauen sowie zahlreiche Kamele, Pferde und Treiber gehörten, zog Alexine Tinne Anfang 1868 von Algier aus südwärts zur Oase von Touggourt. Schlechtes Wetter und Streitereien unter den Seeleuten bereiteten ihrer Expedition ein vorzeitiges Ende. Am 30. Januar 1869 brach sie erneut Richtung Sahara auf. Diese – wieder sehr große – Karawane reiste unter einem günstigeren Stern, was u.a. daran gelegen haben mag, dass Alexine diesmal nur zwei niederländische Seeleute mitnahm. Im März erreichten sie die Stadt Mursuk, wo Alexine schwer erkrankte. Am 1. August 1869, nur zwei Wochen nach ihrer Genesung, wurde sie erschossen.[19]

Die Berichte über diesen Mord sind verworren und widersprüchlich. Wahrscheinlich musste Alexine sterben, weil Mitglieder

ihrer Karawane mit denen einer anderen in Streit geraten waren. Als sie eingriff, wurde einer ihrer Seeleute
erstochen, und sie verlor eine Hand. Kurz darauf fielen die tödlichen Schüsse. Die Karawane wurde ausgeraubt, und die Überlebenden machten sich mit ihrer
tragischen Geschichte auf den langen Weg zurück.[20]

*Alexine Tinne als
Hausherrin in Algier.*
Émile Bayard, in: *Tour du monde* 22,
1870/71, 301

   Bis zu diesem Zeitpunkt hatte Libyen nur wenige reisende
Frauen anzulocken vermocht. Die erste, die ich finden konnte, war
eine gewisse Miss Tully, die die Schwester von Richard Tully, dem
Konsul in Tripolis, gewesen sein und ein Buch mit dem Titel *Narrative of a Ten Years' Residence at Tripoli in Africa* (1816) verfasst haben
soll. Obwohl sie im Vorwort mit Lady Montagu verglichen wird,
ist ihr Reisebericht, anders als Montagus Schriften, distanziert und
die Autorschaft zweifelhaft. Bemerkungen über Architektur, Kleidung und Gewohnheiten der königlichen Familie, Kaffeehäuser,
Klima, Seuchen, Hungersnöte, Harems und den guten Ruf des
Konsuls füllen die Seiten, aber wir erfahren wenig darüber, wie
sie tatsächlich gelebt hat. Offenbar hielt sie sich von 1783 bis zum
Bürgerkrieg 1793 in Tripolis auf. Ebensogut aber könnte Miss Tully

eine reine Fantasiegestalt gewesen sein, geschaffen von einem anonymen Autor.

Im Gegensatz zu Libyen war der Maghreb – Tunesien, Algerien und Marokko – fruchtbar, leicht zugänglich und ein begehrtes Ziel schon der Phönizier und Römer gewesen. Aufgrund ausgedehnter unbewohnbarer Gebiete beschränkte sich die Kolonisierung jedoch auf die Küstenregionen. Bis 1844 kontrollierte Frankreich einen Großteil des wertvollen Landes und ermutigte französische Familien, sich im Maghreb niederzulassen, und auch Spanien und England waren in der Region vertreten. Dennoch strömten weibliche Reisende nicht gerade in Scharen herbei.

Lady Montagu scheint die erste Frau gewesen zu sein, die über Nordafrika schrieb. Sie besuchte Tunis im Juli 1718 und plauderte mit Karthagerinnen, wusste jedoch wenig zu berichten, das nicht beleidigend war. Prinzessin Karoline segelte, beflügelt von der Idee, versklavte Christen zu befreien, im April 1816 nach Tunis. Es gelang ihr immerhin, in Karthago zu picknicken, bevor Lord Exmouth, der selbst in Sachen Sklavenbefreiung unterwegs war, sie des Landes verwies.[21]

1756 wurde das Schiff, mit dem Elizabeth Marsh von Gibraltar nach England fuhr, von Piraten geentert. Sie und ihre Mitpassagiere, unter denen sich auch ein gewisser James Crisp befand, den sie aus Sicherheitsgründen als ihren Ehemann ausgab, wurden zunächst nach Salé und dann mit Maultieren nach Marrakesch gebracht und dort gefangen gehalten. Die strapaziöse Reise und die Lebensbedingungen, die ungewisse Zukunft und die grausame Trennung von ihrer Familie machten es ihr unmöglich, das Einzigartige dieser Erfahrung zu würdigen. Als sie einige Monate später befreit wurde, heiratete sie Mr Crisp und verfasste ein Tagebuch über ihre Prüfungen.[22]

Berichte von Französinnen über Nordafrika sind nicht so häufig, wie man aufgrund des französischen Engagements in dieser Region vermuten könnte. Auch Aurélie Picard, die von 1871 bis zu ihrem Tod 1933 in Algerien lebte, hinterließ keine Reisebeschreibung, aber ihre Geschichte beschäftigte die Fantasie von mindestens drei Biografen. Picard wuchs in einer französischen Familie der unteren Mittelschicht auf und träumte davon, eines Tages reich zu werden. Als sie in Bordeaux dem korpulenten, aber exotischen und wohlhabenden algerischen Scheich Sidi Ahmad al-Tijani ins Auge

»Besuch englischer Damen im Haus eines Mohren«.
J. B. Burgess, in: *ILN*, 20. Februar 1875, 173

fiel, hielt sie ihre Chance für gekommen. Gegen den Widerstand ihrer Familien und der Regierungen heirateten die beiden 1871, und Aurélie folgte ihrem Mann zunächst nach Algier, wo sie verhältnismäßig luxuriös lebten, und später in sein einsames Lehmhüttendorf Aïn Madhi. Dort fackelte sie nicht lange: Sie schickte die beiden Frauen des Scheichs fort★ und schaffte französisches Essen und Mobiliar herbei. Außerdem lernte sie Arabisch, machte sich mit den komplizierten Regeln der Sufi-Bruderschaft ihres Mannes vertraut und führte die Haushaltskasse.[23]

1883 heuerte sie mit Unterstützung der Regierung Hunderte von Handwerkern an, die ihr dort ein Haus bauten, wo später das Oasendorf Kourdane entstand. Ferner besaß sie ein Haus in Algier, in dem sie ihre Mutter unterbrachte. Ihr Glück blieb jedoch nicht ungetrübt: Der Reichtum, den sie anhäufte, nährte den Verdacht, sie werde vom französischen Geheimdienst bezahlt. Als im April 1897 auch noch ihr Mann starb, heiratete sie dessen Bruder – ein ökonomisch vorteilhafter Akt, der ohne wechselseitige Neigung

---

★ Eine dritte entdeckte sie erst, als diese sieben Jahre später einen Sohn gebar. Sie eskortierte die Frau persönlich aus der Stadt und zog Ali als ihren Stiefsohn auf.[24]

vollzogen wurde. Nach dem Tod ihres zweiten Mannes 1911 zog Aurélie Picard nach Algier, um ihre todkranke Mutter und ihren an Krebs leidenden Stiefsohn zu pflegen. Nachdem beide gestorben waren, kehrte sie zunächst nach Frankreich zurück. Da sie sich jedoch mit ihrer kalten und fremd gewordenen Heimat nicht mehr recht anfreunden konnte, ging sie schließlich zurück nach Algerien.[26]

Die gebürtige Schweizerin Isabelle Eberhardt hingegen zerbrach an diesem Land. Ihr geheimnisumwittertes, unstetes Leben ist aus vielen Blickwinkeln untersucht worden. Dass sie sich häufig als algerischer Mann ausgab und Si Mahmoud nannte, hat besonders Orientalisten und Sexualforscher fasziniert. Isabelle Eberhardt, die schon als Kind gern Jungenkleider und kurze Haare trug, sprach außer Russisch und Französisch fließend Arabisch und betrachtete sich als Muslimin.[27]

Im Mai 1897 fuhr sie zum ersten Mal nach Algerien, zusammen mit ihrer gebrechlichen 75-jährigen Mutter, Mme Nathalie de Moerder, die zum Islam übertrat und Ende 1897 starb. Von nun an reiste die ebenso leidenschaftliche wie ruhelose Isabelle, häufig als Mann verkleidet, zwischen Algerien und Frankreich hin und her.[*] Dass die Algerier sie als Si Mahmoud zu akzeptieren schienen, halten Biografen eher für einen Ausdruck der Höflichkeit als für einen Beweis ihrer Leichtgläubigkeit.[28]

Im Sommer 1900 lernte Isabelle den 24-jährigen Spahi-Offizier Slimène Ehnni kennen, den sie später heiratete, und im November wurde sie in die Moslembruderschaft Kadriya eingeführt. Sie schor sich den Kopf, trug arabische Kleidung und lebte sehr einfach. Statt für Nahrungsmittel gab sie das wenige Geld, das sie hatte, lieber für Marihuana und Absinth aus. Von Natur aus schlank, magerte sie nun gefährlich ab.[29]

Französische Kolonialbeamte verdächtigten sie der Spionage, andere hielten sie für neurotisch und »triebhaft«. Hauptmann Gaston Cauvet vom Arabischen Büro unterstellte ihr, sie hielte sich wohl v.a. deshalb

»Ich möchte schlafen, in der kühlen Frische und der tiefen Stille, unter den schwindelerregend auf mich einstürzenden Sternen, mit dem grenzenlosen Himmel als Dach und der feuchten Erde als Bett …, mit dem sanften, traurigen Gefühl meiner absoluten Einsamkeit und der Gewissheit, dass *nirgendwo auf dieser Welt* auch nur ein Herz für das meinige schlägt, dass auf keinem Flecken dieser Erde auch nur ein Menschenwesen um mich weint oder auf mich wartet.«
Isabelle Eberhardt[25]

---

[*] Bei ihrer Rückkehr nach Marseille 1901 gab Eberhardt sich als »Pierre Mouchet« aus.[30]

in El Oued auf,»um ungehindert ihre ausschweifenden Neigungen
und ihre Vorlieben für Eingeborene in einem Ort fernab von
Europäern befriedigen zu können«.[31]

Im Februar 1901 wurde in Behima ein Mordanschlag auf sie verübt. Nachdem sie sich von der Attacke erholt hatte, wurde sie aus
Algerien ausgewiesen und kehrte nach Marseille zurück. Drei Monate später wurde sie aufgefordert, in Algerien gegen den mut-
maßlichen Attentäter auszusagen. Sie beauftragte Slimène, ihr für
ihren Auftritt im Gerichtssaal europäische Kleidung zu kaufen; den
üblichen Putz, schrieb sie, könne sie sich allerdings nicht leisten:

> Da sieht man wieder, dass Du absolut keine Ahnung hast, wie viel es
> kostet, sich nicht einmal gut, aber doch wenigstens passabel als Fran-
> zösin zu kleiden: Ich brauche eine Perücke, denn ein falscher Zopf
> würde bei meinem geschorenen Kopf nicht genügen, und sie allein
> kostet schon zwischen fünfzehn und zwanzig Francs, einen Hut, Un-
> terwäsche, Korsett, Petticoat, Kleid, Strümpfe, Schuhe, Handschuhe
> usw. Ich werde mich nur bereit erklären, mich nicht als Araber zu
> kleiden.[32]

Nach dem Prozess wurde sie erneut ausgewiesen, kehrte jedoch im
Januar 1902 nach Algerien zurück, wo sie General Lyautey kennen
lernte, einen der Architekten des kolonialen Afrika, der ihre pro-
funde Landeskenntnis zu schätzen wusste. Offiziell war sie von nun
an in seinem Auftrag unterwegs, um über den Süden Orans zu berichten. Bei einer dieser Reisen wurde sie so krank, dass sie sich
einige Tage lang im Krankenhaus von Aïn Sefra behandeln lassen
musste. Am 21. Oktober 1904, kurz nachdem sie das Krankenhaus
verlassen hatte, begrub eine Sturzflut die Unterstadt unter Schlamm
und Geröll. Die erst 27 Jahre alte Isabelle Eberhardt ertrank in den
reißenden Fluten.[33]

WESTAFRIKA

Es waren die Portugiesen, die Westafrika im 15. Jahrhundert ins
Blickfeld der Europäer rückten: Auf der Suche nach einem Seeweg
um Afrika herum kartografierten sie als Erste die Westküste des
Kontinents. Als sie dann dort gemeinsam mit den Engländern,
Franzosen und Spaniern Siedlungen errichteten, wurde Westafrika
systematisch vermessen und erforscht. Dieses neue Wissen zeitigte

eine ebenso unvorhergesehene wie grausame Konsequenz: Der Sklavenhandel, der bis dahin auf Afrika beschränkt gewesen war, dehnte sich bis nach Europa und in die Kolonien der Neuen Welt aus. Seit Beginn des 16. Jahrhunderts hatte man Sklaven nach Amerika transportiert. Ende des 18. Jahrhunderts beschlossen viele der Sklaven, die während des amerikanischen Unabhängigkeitskrieges hatten fliehen können, ins Land ihrer Vorfahren zurückzukehren. Zu diesem Zweck wurde auf Betreiben britischer Abolitionisten die Provinz Sierra Leone, auch »Freiheitsprovinz« genannt, geschaffen. Die Sterblichkeitsrate unter den Siedlern, die sich über das karge Land verteilten, war hoch. Anfang 1791 steuerte ein Schiff Sierra Leone an. An Bord befand sich die 25-jährige Anna Maria Falconbridge aus Bristol mit ihrem Ehemann Alexander, einem Chirurgen, der auf Sklavenschiffen gearbeitet hatte und nun eine Hilfsmannschaft leitete. Ihr Buch *Narrative of Two Voyages to the River Sierra Leone, During the Years 1791–2–3* (1794) ist möglicherweise der erste Bericht über Sierra Leone aus der Feder einer Engländerin. Überraschend unverblümt geschrieben, enthält er für die damalige Zeit sicher schockierende Details über die grauenhaften Zustände in einem Sklavenlager und über Engländerinnen, die mit befreiten Sklaven zusammenlebten. Mrs Falconbridge beschönigte außerdem weder das aufbrausende Temperament ihres Ehemanns noch seinen Hang zur Trunksucht – Laster, die ihn schließlich seinen Posten kosten sollten. Die Falconbridges wurden Ende 1792 zurückbeordert, aber bevor sie nach England heimkehren konnten, trank der an Fieber erkrankte Alexander so exzessiv, dass er ins Delirium fiel. Er starb am 28. Dezember 1792.

Keine zwei Wochen später heiratete Anna Isaac DuBois, einen weißen Loyalisten aus North Carolina. Im Juni kehrte das Paar auf einem Sklavenschiff über Jamaika nach England zurück. Anna war angenehm überrascht zu sehen, wie gut die Sklaven behandelt wurden. Sie bekamen genug zu essen, und ihre geräumigen Quartiere waren sauber. Vielleicht zeigte sich der Kapitän von seiner besten Seite, weil er wusste, dass Anna an einem Buch schrieb. Wenn dem so war, zahlten sich seine Anstrengungen aus: Beflissen verlor sie später ein paar Worte über die Segnungen der Sklaverei.[34] Die folgenden Jahre brachte sie mit dem Versuch zu, Gelder einzutreiben,

die man ihr und ihrem verstorbenen Mann schuldete. *Blick auf Freetown.*
Ihr Buch war Bestandteil dieser Kampagne. Mehr ist A. de Bar, in: *Tour du monde 26,*
über seine Verfasserin leider nicht in Erfahrung zu 1873, 356
bringen.

Die Gewässer vor der senegalesischen Küste wurden 1816 zum
Schauplatz des Schiffbruchs der *Medusa,* eine Tragödie, die Théo-
dore Géricault auf seinem berühmten Gemälde festhielt. An Bord
war auch die etwa zehnköpfige Familie Picard.★ Was sie durchstehen musste, erfuhr die Öffentlichkeit aus dem Bericht von Mlle
Picard (die später Mme Dard hieß) und den Schilderungen zweier
Soldaten namens Savigny und Corréard.

Die Picards segelten in einem Konvoi aus vier Schiffen von
Rochefort nach Westafrika. Eines dieser Schiffe war die *Medusa,* die
rund 150 Soldaten transportierte, auf einem anderen befand sich der
französische Gouverneur mit Familie. Ungefähr unter dem Wende-
kreis des Krebses gestand der Kapitän, dass er keine Ahnung hatte,
wo sie sich befanden. Ein Hochstapler, der vorgab, mit den Gewäs-
sern vertraut zu sein, übernahm das Steuer und ließ die *Medusa*
auf Grund laufen. Die an Bord befindlichen Soldaten, unter ihnen
Savigny und Corréard, wurden mit einem armseligen Sack voll
durchnässtem Zwieback auf ein zerbrechliches Rettungsfloß gesetzt. Eins der anderen Schiffe sollte das Floß ins Schlepptau nehmen, und nach inständigen Bitten gelang es den Picards, denen der

---

★ Ich habe keinerlei Hinweis auf eine Verwandtschaft mit Aurélie Picard gefunden.

Gouverneur nicht hatte helfen wollen, an Bord dieses Schiffes zu kommen. Wie gelähmt vor Entsetzen mussten sie mit ansehen, wie es das Floß dem Untergang preisgab. Dass Savigny und Corréard überlebten, grenzte an ein Wunder. Das Schiff der Picards landete schließlich an einem steinigen Küstenabschnitt vor St. Louis, wie der Senegal auch genannt wurde. Die Passagiere bildeten eine zerlumpte Karawane und marschierten los. Weil die Picard-Frauen und -Kinder nur langsam vorankamen (sie hatten ihre Schuhe bei der Landung verloren), schlugen Mitglieder der Gruppe vor, sie zurückzulassen. Glücklicherweise nahm ein mitfühlender Offizier sie unter seine Fittiche. Schließlich stießen sie auf eine kleine Gruppe von Arabern, die ihnen Geleitschutz gaben.

Die Picards ließen sich in St. Louis nieder – und kamen vom Regen in die Traufe: Im November starb Mme Picard, ihr Mann verlor seinen Anwaltsposten und scheiterte wenig später auch als Kaufmann. Danach versuchte er sich als Bauer auf der Insel Safal (Sal), auf der ein höchst ungesundes Klima herrschte. »Wir waren die bedauernswertesten Geschöpfe auf dem ganzen Erdkreis«, schrieb Mlle Picard und bedauerte, wie schon so oft, »dass wir nicht mit dem Schiff gesunken sind«.[35] Später fiel das jüngste Kind der Picards dem Fieber zum Opfer, und im August 1819 starb auch M. Picard. Doch dann nahte Rettung in Gestalt von M. Dard, der ein alter Freund der Familie und der Direktor der französischen Schule war. Er adoptierte die zerrissene Familie, heiratete Mlle Picard und nahm sie mit zurück nach Frankreich.

74 Jahre später packte Mary Kingsley ihre Koffer und bestieg einen Dampfer mit dem Ziel Sierra Leone. Bis zu ihrem dreißigsten Lebensjahr hatte sie sich ausschließlich um ihre zunehmend pflegebedürftigen Eltern, dann um ihren faulen, undankbaren Bruder gekümmert. Alles, was sie wusste, hatte sie sich im Selbststudium aneignen müssen. Nun war sie unterwegs zu einer der verrufensten und gefährlichsten Regionen der Welt, um dort »Fisch und Fetisch« zu erforschen.[36] Ohne Hängematten, Zelte oder Träger unternahm sie in zwei Jahren zwei große Exkursionen, bei denen sie sich als Händlerin ausgab – auf den ersten Blick ein völlig absurdes Unterfangen.

Tatsächlich war Mary aber umfassend auf diese Unternehmungen vorbereitet. Schon ihr Vater war ein passionierter Reisender gewesen, der bereits wenige Wochen nach der Hochzeit mit seiner hochschwangeren Köchin wieder aufgebrochen war.[37] Nach seiner Rückkehr hielt er sich gerade lange genug zu Hause auf, um ein weiteres Kind – Marys Bruder Charley – zu zeugen.[37]

Da ihr jede Schulbildung versagt blieb, hielt Mary sich an die riesige Bibliothek ihres Vaters. Sie verschlang alles: Klassiker, Philosophie, Ethnografie, Naturgeschichte

Mary Kingsley.
Foto: A. G. Dew-Smith, in: Edward Clodd: *Memories*, London 1916, Frontispiz

und Reiseerzählungen. Die Lektüre der großen Afrikaforscher Richard Burton, Paul Du Chaillu und Pierre de Brazza weckten und nährten ihr Interesse an diesem Kontinent.[38]

Nach dem Tod ihrer Eltern kümmerte sie sich zunächst um ihren Bruder, der zu dieser Zeit nur noch gelegentlich zu Hause auftauchte. Ihre erste Flucht vor dem Schicksal der ewigen Haushälterin – eine Reise zu den Kanarischen Inseln – fiel in das Jahr 1892. Nach einem flüchtigen Blick von dort hinüber zur afrikanischen Küste wusste sie, dass ihr nächstes Ziel Afrika heißen würde. Ein Jahr später ging sie an Bord der *Logos,* eines von Kakerlaken wimmelnden Handelsschiffes, auf dem man sie mit Berichten über Fiebertote unterhielt. Von St. Paul de Loanda (Luanda) in Angola aus arbeitete sie sich nach Norden vor: Sie durchquerte die Freie Republik Kongo, Französisch-Kongo und Kamerun bis nach Old Calabar.[39]

Im Januar 1894 traf sie, schwer beladen mit Fisch- und Insektenpräparaten, Fetischen und fotografischen Platten, wieder zu Hause ein. Sie veröffentlichte einige von ihrem Vater begonnene Schriften unter dem Titel *Notes on Sport and Travel,* lernte den

»Das Klima ist ungesund, deshalb nimmt der gewöhnliche Engländer seine Frau nicht gerne mit an die Küste.« Mary Kingsley [40]

Der Fluss Ogooué in Gabun. A. de Bar, in: *Tour du monde* 31, 1876, 273

von ihr sehr verehrten Fischkundler Albert Charles Günther kennen und begann mit den Vorbereitungen zu ihrer zweiten Expedition nach Westafrika.[42] Im Dezember 1894 war es so weit. Diesmal hieß ihr Ziel Gabun, wo sie, wieder als Händlerin getarnt und mit Zahnbürsten, Taschentüchern und Tabak im Gepäck, mit einem Boot den Ogooué hinauffuhr, um die wilden Stämme der Fang tief im Urwald zu studieren. Sie erlernte den Umgang mit einem Kanu und war vermutlich die erste Weiße, die den gefürchteten Mount Cameroon bezwang.[43]

Nach ihrer Rückkehr nach England im November 1895 begann Kingsley mit der Arbeit an ihrem Buch *Die grünen Mauern meiner Flüsse*, das im Januar 1897 erschien. Die im Original 630 Seiten starke Abhandlung mit etlichen Anhängen war außerordentlich erfolgreich, was nicht zuletzt an ihrem selbstironischen, fast übermütigen Ton gelegen haben dürfte. Kingsley selbst nannte ihr Buch einen »Wortsumpf«. Der *Daily Chronicle* schrieb: »Mary Kingsleys Stil hat etwas Drolliges: So unwiderstehlich komisch ist ihre Art, die Dinge zu betrachten, so freundlich und liebevoll und durch und durch fraulich, dass der gewichtige Band, der vor uns liegt, wohl jedem gefallen muss.« *Nature* erklärte feierlich, das Buch liefere »ein einzigartiges, lebendiges Bild des westafrikanischen Lebens von einer Autorin, deren

»Afrika ist nächtens ein gefährlicher Ort, sowohl für einen Schamanen, der an all seine Walddämonen glaubt, als auch für eine Dame, die sich eher vor den leibhaftigen Dämonen fürchtet.«
Mary Kingsley[41]

Perspektive so unparteiisch ist, wie man es sich nur wünschen kann«.[44] 1899 folgte das nicht minder ambitionierte Werk *West African Studies.* Mary Kingsleys Persönlichkeit war sehr widersprüchlich: So schlecht es ihr in England ging – sie litt u. a. an Rheuma und Migräne –, so sehr blühte sie auf, sobald sie den von Tropenkrankheiten verseuchten afrikanischen Boden betrat. Sie sammelte wertvolles ethnografisches und zoologisches Material – mehrere

»Westafrika wird vermutlich nie ein angenehmer Ort sein, an dem man die Wintermonate verbringt, oder ein Erholungsgebiet wie die Alpen oder Italien, wo ermattete Dichter und Maler neue Kräfte sammeln.« Mary Kingsley[47]

Fischarten wurden nach ihr benannt –, behauptete jedoch, ihr Werk sei unmaßgeblich und voller Irrtümer. Trotz des heißen, feuchten Klimas trug sie stets viktorianische Korsetts und lange, dicke Röcke, in denen sie auch Flüsse durchwatete. Sie war das Produkt eines konservativen Zeitalters, und doch verteidigte sie den Alkoholverkauf an Afrikaner, befürwortete die Polygamie und verurteilte die Aktivitäten der Missionare. Sie war unabhängiger als manche westliche Frau heute, zog aber öffentlich über Feministinnen her. Wenn sie von sich sprach, bezeichnete sie sich oft als Mann. So schrieb sie in *West African Studies:* »Ich bin kein Mann des Wortes, nur ein Schüler Westafrikas« und »Ich bin kein Händler von Natur aus«.[45]

Außerdem war sie scheu und linkisch, und doch vermochte sie mit Vorträgen über ihre aufregenden Erfahrungen mühelos bis zu zweitausend Menschen zu fesseln. Sie sprach vor der Royal Scottish Geographical Society und war immerhin anwesend, als ein männlicher Vertreter ihren Vortrag vor der Liverpooler Geographical Society hielt. Die Royal Geographical Society in London hingegen, zu der Frauen damals noch keinen Zutritt hatten, zog es vor, sie einfach zu ignorieren.[46]

Mary Kingsley kehrte nicht mehr in ihr geliebtes Westafrika zurück. Stattdessen schiffte sie sich im März 1900 auf der *Moor* nach Kapstadt ein, um im Burenkrieg verwundete Soldaten zu pflegen. Doch die damit verbundenen Strapazen waren sogar für eine Frau wie Mary Kingsley zu viel: Sie starb am 3. Juni 1900 an den Folgen einer Typhusinfektion und wurde auf See bestattet.

Von Arabien nach Persien
Der Reiz der Gefahr

DIE BEIDEN REITER STIEGEN AB und banden ihre Pferde an einem Busch fest. Ringsherum lag die Wüste in einer endlosen Folge niedriger Felshügel mit verstreuten, knorrigen, windgepeitschten Sträuchern. Gerade hatten sie sich niedergelassen, als ein dumpfes Geräusch die Stille zerriss und einer der beiden aufsprang:»Lauf zu deiner Stute! Das ist ein *ghazu!*« Anne und Wilfrid Blunt wurden von Beduinen attackiert. Ein Speerhieb streckte Anne zu Boden, während Wilfrid die eigene Flinte auf den Kopf geschlagen wurde. Anne schrie auf Arabisch:»Ich stehe unter Protektion.« Als die Roala-Beduinen erkannten, dass sie sich an einer Frau vergriffen hatten, hielten sie inne, und kurz darauf saßen die Verfolger mit den Verfolgten friedlich beieinander.[1]

Es war im Januar 1879. Anne und Wilfrid Blunt durchquerten die arabische Nejd-Wüste. Ein Jahr zuvor hatten sie Syrien bereist und waren nach einem kurzen Intermezzo in England in Damaskus eingetroffen. Eine Woche später, am 13. Dezember, machten sie sich auf den Weg nach Südarabien. Flache grüne Ebenen wechselten mit unwirtlichen, steinigen Wüstenzonen ab, und heftige Sandstürme erschwerten das Vorankommen. In der Nähe von Kaf im heutigen Saudi-Arabien stürzte Anne und verstauchte sich das Knie. Nach dem Überfall durch die Roalas erreichten sie Al Jawf und gelangten nach Hail, wo ihnen der Emir Mohammed ibn Rashid Gastfreundschaft gewährte. Nach einer Woche zogen sie mit einer persischen Pilgerkarawane weiter nordwärts nach Meshhed Ali (An-Najaf). Die Reise war beschwerlich und eintönig, ihre Vorräte gingen zur Neige, und sie ärgerten sich über den Karawanenführer, der die Reisenden mit saftigen Nachforderungen bedrängte. Aber sie erreichten ihr Ziel und setzten die Reise durch Persien nach Indien fort. Ihre Erfahrungen fasste Anne in dem Buch *A Pilgrimage to Nejd* zusammen, das, wie auch ihr erstes, von Wilfrid herausgegeben wurde.

Anne und Wilfrid Blunt. Auf die Frage, ob sie sich bei dem Überfall gefürchtet habe, erwiderte Anne Blunt:»Meine Gefühle sind eine Sache, aber ich wäre niemals so töricht, meine Angst zu zeigen.«[2]

G. Vuillier, in: *Tour du monde* 43, 1882, 1

Anne Blunt wird Opfer eines ghazu. *Ein Beduine zwingt sie mit dem Speer zu Boden, während Wilfrid durch einen Schlag mit seiner eigenen Flinte außer Gefecht gesetzt wird.*
G. Vuillier, in: *Tour du monde* 43, 1882, 13

Im Gegensatz zu den Ländern der Levante lagen Arabien, Persien und Mesopotamien außerhalb des europäischen Einflussbereichs, und die Freizügigkeit reisender Frauen unterlag rigorosen Kontrollen. Die dünn besiedelte, unwirtliche Region mit ihren klimatischen Extremen hielt die meisten Frauen auf Abstand. Ungeachtet dessen weckten diese Länder sporadisch das Begehr britischer, französischer, russischer oder türkischer Machthaber – und nicht zuletzt auch das Interesse von Reiselustigen.

Mesopotamien, der heutige Irak, war über Syrien oder den Persischen Golf zugänglich. Als die Blunts im Jahr 1878 in Bagdad eintrafen, hatten sie den Eindruck einer unschönen Stadt, die wie ein »verschrumpelter Nusskern« aussah.[3]

Ida Pfeiffer äußerte sich ebenfalls enttäuscht. Sie kam 1848 nach Bagdad. Von Bombay aus war sie mit dem Schiff über Maskat nach Basra gereist. 18 Tage und Nächte hatte sie mit Gallenfieber auf Deck verbracht, während die Pocken im Zwischendeck drei Menschenleben forderten. In Basra folgte sie dem Tigris auf einem

anderen Dampfer stromaufwärts. Für ihre Streifzüge *Westasien.*
durch Bagdad hüllte sie sich in ein großes Einschlage- *Philips' Handy Atlas, um 1897*
tuch aus Leinen, *isar* genannt. Da sie wegen der Hitze
keinen Gesichtsschleier ertrug, wählte sie einen Fes, den sie mit
einem Tuch umwickelte, sodass ein Turban entstand.[4]

Ida Pfeiffer war einerseits schockiert über die nicht näher erläu-
terte Sitten- und Anstandslosigkeit in den Harems und Bädern von
Bagdad, andererseits lobte sie die irakische Gastfreundlichkeit – eine
Reiseerlaubnis wurde unbürokratisch erteilt, man lud sie zum Essen
ein und bereitete ihr ein Nachtlager. Im Juni schloss sie sich einer
Karawane an, um »wie der ärmste Araber« in 14 Tagen bei glühender Hitze nach Mosul zu reisen. Nach einem Abstecher zu den
Layard-Grabungen in Nimrud bereitete sie ihre Reise nach Täbris
vor: »Mit etwas beängstigtem Gefühle trat ich diese Reise an
und getraute mir kaum, auf einen glücklichen Ausgang zu hoffen.
Deshalb sandte ich auch von hier meine Papiere und Schriften
nach Europa, dass, wenn ich ausgeraubt oder getötet würde, doch
wenigstens mein Tagebuch in die Hände meiner Söhne gelangen
möchte.«[5]

»Herumziehende Tataren-
horden«. Zeichnung
von Ida Pfeiffers Reise
durch Mesopotamien.
Pfeiffer 1850, 209

In Sauh-Bulak wurde sie aufgehalten, weil der
örtliche Kaufherr sie nicht weiterreisen lassen wollte.
Er erklärte ihr, dass keine Karawane losziehen werde
und eine allein reisende Frau in dieser Gegend »des
Totschießens oder Halsabschneidens gewärtig sein
könne«. Schließlich mietete sie einen Führer und ein
Pferd und gelangte nach rund achtzig Kilometern in das Dorf
Oromia, wo sie bei den Missionaren logierte und die nächste Etappe
organisierte. Bei ihrer Ankunft in Täbris erkundigte sich ein be-
sorgter Europäer:

> »Wie kamen Sie *allein* hierher? Hat man Sie ausgeraubt? Sind Sie
> von Ihrer Gesellschaft getrennt worden und nur allein davongekom-
> men?« … Er meinte, es grenze ans Fabelhafte, dass es einer Frau habe
> gelingen können, allein, ohne Sprachkenntnis durch solche Länder
> und solche Völker zu dringen. Auch ich konnte Gott nicht genug
> danken für den augenscheinlichen Schutz, den er mir auf dieser
> Reise gewährt hatte – ich fühlte mich so fröhlich und heiter: es war
> mir, als sei mir das Leben ein zweites Mal geschenkt worden.[6]

Die anschließende Erkundung des asiatischen Russland wurde ihr durch unangenehme Begegnungen mit dreisten Trunkenbolden verleidet. Zu allem Überfluss erregte sie den Argwohn zweier übereifriger Wachposten, die sie unterwegs anhielten und in eine Poststation entführten. Nach einer anstrengenden Nacht in der Poststube klärte sich das Missverständnis auf, und sie machte sich in westlicher Richtung davon. Als Ida Pfeiffer unterwegs von den Revolutionswirren in Österreich erfuhr, trat sie jedoch im Oktober 1848 vorzeitig die Heimreise an.

Jane Dieulafoy schlüpfte für ihre Persienreise in eine Reitmontur, um sich die Qualen des Tschadors zu ersparen. Die zierliche, knabenhafte dreißigjährige Französin wirkte in ihrer Jünglingsrolle sehr überzeugend. Mit ihrem Ehemann, dem Ingenieur Marcel Dieulafoy, führte sie von 1881 bis 1882 in der Gegend zwischen Schwarzem Meer und Persischem Golf archäologische Untersuchungen durch. Von 1884 bis 1886 leiteten sie Grabungen in Susa. Jane Dieulafoy veröffentlichte in *Tour du monde* (1883 bzw. 1887) zwei Artikel, in denen sie ihre Erlebnisse und Eindrücke in aller Ausführlichkeit lebendig und anschaulich vermittelte.

Ihre Expeditionstauglichkeit hatte Jane bereits als Zwanzigjährige bewiesen, als sie ihrem frisch angetrauten Offiziersgatten an die deutsch-französische Kriegsfront folgte. Danach hatten sie Spanien, Marokko, Algerien und Oberägypten bereist.[7]

Die erste Persienreise führte das Paar über Täbris und Isfahan nach Shiraz und weiter durch Mesopotamien nach Bagdad. Sie übernachteten in fensterlosen, feuchten Kammern einfacher Karawansereien und führten nur die allernötigsten Dinge mit. Frei von überflüssigem Ballast zogen sie von Ort zu Ort, machten Notizen, fotografierten, sammelten Informationen über potenzielle Ausgrabungsstätten und verhandelten mit den Verwaltungsbeamten. Schließlich besichtigten sie die Grabungen in Susa, die William Loftus 1851 begonnen hatte.

In Kashan löste Jane mit ihrer Kamera im Basar einen Aufruhr unter den Einheimischen aus. Um das

Jane Dieulafoy. Dronsart, 54

Gesicht zu wahren, beschwerte sich Marcel sofort beim Gouverneur über deren unbotmäßiges Verhalten. Und die Gouverneursgattin lieh sich den Schleier ihrer Dienerin und besuchte unerkannt den Basar, sodass Jane das gewünschte Foto machen konnte.

Erschöpft verließen die Dieulafoys im Jahr 1882 Persien. Aber schon nach sechs Monaten packte sie neuer Tatendrang und eine unbezähmbare Neugier auf die Schätze, die noch in den Hügeln von Susa schlummern mochten. Nach langwierigen Verhandlungen reisten sie Ende 1884 von Marseille per Schiff durch den Suezkanal nach Aden. Dort setzten sie die Reise nordwärts durch den Persischen Golf bis zur Mündung des Karun fort. Von Frankreich nach Susa benötigten sie 71 Tage.

In kürzester Zeit hatten sie genügend Arbeiter bei-
sammen, und bald darauf legten sie eine mit einem
Löwen verzierte Fußbodenkeramik frei. Im Frühling
kehrten sie nach Frankreich zurück; ungeachtet des
offiziellen Protests der persischen Regierung trafen
sie jedoch bald wieder in Susa ein, um die Grabungen
fortzusetzen und das Land zu erkunden. In dieser Zeit
stießen die Arbeiter auf bedeutsame Wandverkleidun-
gen mit farbigen Ziegelreliefs aus der Zeit der Achai-
meniden. Ab 1886 war das Paar wieder in Frankreich.
Von 1900 bis 1907 berichtete Jane in *Tour du monde*
über ihre Spanienreisen.

*Jane Dieulafoy verteidigt
ihr kostbares Reisegepäck:
»Ich habe 14 Kugeln, für
jeden von euch eine und
noch sechs dazu!«* [8] Tafani,
nach einer Zeichnung von Marcel Dieulafoy,
in: *Tour du monde* 55, 1887, 35

Jane Dieulafoy (links),
ihr Ehemann und zwei
Wissenschaftler mussten
wegen Unwetters zwei
Tage im Zelt ausharren.
Myrbach, in: Tour du monde 55, 1887, 25

In *Journeys in Persia and Kurdistan* (1891) schrieb Isabella Bird über ihre Reise im Jahr 1890 nach Persien und in da ur vage eingegrenzte Kurdistan, das sich über Teile der Türkei, Syriens, Irans und Iraks erstreckte. Sie reiste entweder allein oder in Begleitung von Major Herbert Sawyer (kurz M genannt), der in geheimer Mission für sein Land unterwegs war. Die freiheitsliebende Isabella Bird musste seine Begleitung notgedrungen akzeptieren, da sie wohl als Frau nicht weit gekommen wäre. Sie besuchte die Städte Teheran und Qom und erkundete dreieinhalb Monate lang die Bakhtiari-Berge im zentralen Hochland von Persien.

Um nach Teheran zu gelangen, schloss sie sich im Januar in Bagdad (das Isabella gut gefiel) einer Karawane an; mit dabei waren Sawyer und Isabellas opiumsüchtiger Diener Hadji Hussein. Sie befestigte zwei Taschen an ihrem Gürtel, eine für den Revolver und das Teegeschirr, die andere für das Milchkännchen und Datteln. Zur Ausrüstung gehörten ein Korkhelm, eine Gesichtsmaske, ein »amerikanischer Bergsteigeranzug«, eine Überjacke sowie ein Paar Lederstiefel. Sie übernachteten in kalten, feuchten, verdreckten Karawansereien und kämpften sich durch verschneite, windgepeitsche Einöden; ein Unfall verlief für alle Beteiligten, die Maultiere und die Ausrüstung gottlob glimpflich.[9]

Die 59-jährige Isabella Bird war durch ein chronisches Wirbelsäulenleiden behindert. Sie ritt zunächst ein Maultier und musste wegen der unerträglichen Schmerzen unterwegs auf ein Pferd umsatteln. Noch nie zuvor hatte Isabella eine so strapaziöse Reise unternommen, doch sie bewältigte alles mit einer beispiellosen Disziplin und Willensstärke.

»Ich sehe endlose Schwierigkeiten vor mir und befürchte, dass nun ich als Begründung für den Spruch ›Eine Frau sollte nicht allein durch Persien reisen‹ herhalten muss.«
Isabella Bird[11]

Obwohl sie sich öffentlich nie ohne Schleier zeigte, wurde sie selbst in den größeren Städten wie Kermanshah und Isfahan verhöhnt und beleidigt. Und wenn sie irgendwo ihr Lager aufgeschlagen hatte, strömten die Kranken herbei, die ihre entzündeten Augen, ihr Rheuma, ihre Schwerhörigkeit und sogar ihre Impotenz mit Hilfe von Isabellas Medizin zu heilen hofften. Isabella verteilte großzügig das Wenige, was sie besaß, und geizte nicht mit ihrer Zeit; dennoch wurde sie mehrmals ihrer Habe, ihrer Pferde und ihres Geldes beraubt. Einmal mussten die Dorfbewohner ihr auf Anordnung des Stammesführers das gestohlene Geld gemeinsam ersetzen.

Trotz alledem nahm Isabella viele schöne Erinnerungen mit nach Hause. Ihr persischer Dragoman Mirza Yusuf wurde ihr ein unersetzlicher Gefährte. Sie genoss ihre Freiheit in vollen Zügen, und am Ende der Reise, im türkischen Trapezunt, mochte sie sich von ihrem geliebten persischen Reitpferd »Boy« gar nicht mehr trennen. Im Dezember 1890 sinnierte sie dort beim Anblick des Schwarzen Meeres: »Asien hat mich so sehr in seinen Bann geschlagen, dass ich auf der Stelle kehrtgemacht hätte, um die verschneiten Plateaus Armeniens und das wilde Bergland von Kurdistan wiederzusehen.«[10]

Madame Dieulafoy. — Dessin de É. Bayard, d'après une photographie.

Schafe im Wolfspelz

VIELE GLOBETROTTERINNEN FANDEN ES PRAKTISCH, sich als Männer zu verkleiden, v.a. in Ländern, in denen Frauen das Reisen verboten war. Außerdem eignete sich Männerkleidung bestens, um Berge zu erklimmen, zu reiten und andere körperliche Herausforderungen zu bewältigen. Doch so zweckdienlich Männerkleidung auch sein mochte – sie galt, zumindest bei manchen Frauen, als widernatürlich. Französinnen gingen mit dem *cross-dressing* weit ungezwungener um als ihre englischen Geschlechtsgenossinnen – was angesichts ihres Vorbildes George Sand, der Pionierin in Sachen Männerkleidung, nicht verwundert. Möglicherweise dachte Mary Seacole an George Sand, als sie schrieb:»Diese französischen Schriftstellerinnen, die die Privilegien der Männer genießen, ohne deren Verantwortung zu tragen, wären entzückt über ihre Jüngerinnen, die ihre Prinzipien in den Straßen von Cruces (Panama) in die Tat umsetzen.«[1]

Frauen wie Catalina de Erauso, Jeanne Baret und Rose de Freycinet aber trugen lange vor George Sand Männerkleidung. Die gebürtige Spanierin Erauso, auch unter dem Namen»La Monja Alférez« (Nonnenleutnant) bekannt, lebte im 17. Jahrhundert und führte in jeder Hinsicht ein Männerleben – änderte ihren Vornamen in Antonio, legte sich Frauen als Geliebte zu und reiste als Offizier nach Peru, Chile und Argentinien. Schließlich entdeckte man ihr wahres Geschlecht, und die Zweideutigkeit ihrer neuen Identität machte sie zur Ausgestoßenen.[2]

Jeanne Baret arbeitete als»männliche«Hausangestellte für den Naturforscher Philibert Commerson und begleitete ihn 1766 als Diener auf Bougainvilles Erdumsegelung. Falls Commerson wusste, dass dieser 26-jährige Er eine Sie war, ließ er sich nichts anmerken. Obwohl unter den Matrosen Gerüchte kursierten – schließlich war Baret bartlos und zierlich –, flog der Schwindel erst in Tahiti auf: Die Tahitianer identifizierten sie im selben Moment als Frau, in dem sie von Bord ging. Von da an wurde

LINKS: *Jane Dieulafoy, als Reiter gekleidet.* Émile Bayard, in: *Tour du monde 4, 1883,137*

OBEN: *Catalina de Erauso.* Cortambert, 15

sie von den Matrosen nicht länger wie einer der ihren behandelt, doch sie blieb Commersons Assistentin und wurde eine fähige Botanikerin.[3]

Rose de Freycinet, die Ehefrau von Louis Claude Desaules de Freycinet, legte Männerkleidung an, um sich 1817 auf die Fregatte ihres Mannes zu schleichen, da Frauen das Betreten von Schiffen der französischen Marine untersagt war.[4] Auch Olympe d'Audouard, Adèle Hommaire de Hell und Maria de Ujfalvy-Bourbon waren stolz auf ihre Hosen. Im 19. Jahrhundert jedoch verbot ein französisches Gesetz Frauen, in der Öffentlichkeit Männerkleidung zu tragen, es sei denn, gesundheitliche Gründe machten dies erforderlich – offensichtlich eine wachsweiche Bestimmung, die zur Folge hatte, dass u.a. Jane Dieulafoy einen entsprechenden Antrag stellte und eine *permission de travestissement* erhielt.[5]

Isabel Burton wusste die Freiheit zu schätzen, die sie während ihres Aufenthaltes in Syrien durch das Tragen von Männerkleidung genoss:»So angezogen, konnte ich … all die Orte betreten, die zu sehen Frauen als nicht würdig erachtet werden. Meine Hauptschwierigkeit war, dass ich meine Toilette immer mitten in der Nacht machen musste.« Hin und wieder löste sie Panik im Harem aus, wenn sie ihn versehentlich in Männerkleidung betrat.[6]

Laurence Hope verkleidete sich als Paschtunen-Junge, um bei ihrem Mann bleiben zu können. Isabel Gunn erhielt aufgrund ihrer Verkleidung eine Arbeitsstelle bei einem Handelsposten der kanadischen Hudson's Bay Company. Dr. James Miranda Stuart Barry, eine Ärztin aus Edinburgh, diente als Mann im Krimkrieg und wurde später in Nordkanada Generalinspekteur für Krankenhäuser. Isabelle Eberhardt trug schon als Kind Jungenkleidung und »verwandelte« sich später in einen algerischen Mann, legte sich einen Männernamen zu, trug Männergewänder und nahm an religiösen Ritualen teil, die muslimischen Männern vorbehalten waren.

Ida Pfeiffer hatte man geraten, sich für ihre Reise ins Heilige Land als Mann zu verkleiden, doch ein Blick in den Spiegel genügte, um ihr klar zu machen, wie lächerlich sie aussehen würde. »… meine kleine, magere Gestalt (hätte) wohl für einen Jüngling, mein ältliches Gesicht aber für einen Mann gepasst«, schrieb sie. Sie blieb bei ihrer »einfache(n) europäische(n) Tracht, die aus Bluse und

Beinkleidern bestand«, und wurde unterwegs mit Respekt behandelt, obwohl viele Frauen ihre praktische Kurzhaarfrisur seltsam fanden.[7] Frauen, die das Tragen von Männerkleidung für unter ihrer Würde hielten, hatten für solches Verhalten nur Geringschätzung übrig. Emily Beaufort kritisierte eine Amerikanerin, die versucht hatte, die Mönche des griechisch-orthodoxen Männerklosters Mar Saba bei Bethlehem zu täuschen. Sie »betrat das Kloster in Männerkleidung und verbarg ihre Hände in den Taschen, als sie die Anlage besichtigte, doch beim Kaffee wurde offenbar, dass sie eine Frau war, und die zu Recht gekränkten Mönche warfen sie auf der Stelle hinaus. Von dem Vertrauensbruch, den sie beging, ganz zu schweigen – tröstlich ist der Gedanke, dass sie zwar für einen Mann gehalten, aber bestimmt nicht mit einem Gentleman verwechselt wurde.«[8]

Zahlreiche Frauen gaben sich als »Eingeborene« aus, v.a. im Nahen Osten, wenngleich nur wenige tatsächlich glaubten, andere damit täuschen zu können. Hester Stanhope begab sich als Araber verkleidet in das Kloster Mar Antonius, das Frauen nicht betreten durften. Sie ritt auf ihrem Esel auf das Gelände und besichtigte es. Die Mönche wurden hysterisch – und prophezeiten aufgeregt, jede Frau, die die Schwelle ihres Klosters überschreite, werde gemäß einer Legende einen »schrecklichen Unfall« erleiden. Doch nichts geschah. Wahrscheinlich führte das Ganze nur dazu, dass männliche Mitglieder von Stanhopes Reisegruppe ihr folgten, um dafür zu sorgen, dass die Mönche sie nicht angriffen. Anne Blunt trug Beduinenkleidung, ebenso Jane Digby el-Mezrab, wobei Letztere sich das Recht dazu durch ihre Anpassung an die syrischen Lebensverhältnisse wahrlich verdient hatte.

Harriet Martineau hatte ihre Zweifel, ob man mit orientalischer Kleidung irgendetwas anderes erreiche, als sich lächerlich zu machen. »Eine Engländerin«, behauptete sie, »wird es auf der Reise durch ein orientalisches Land niemals schaffen, wie eine Orientalin auszusehen; und es wird ihr keinen Respekt einbringen, ohne triftigen Grund irgendeine Eingeborenensitte anzunehmen, sondern nur den Eindruck erwecken, sie schäme sich für ihre Herkunft und ihr Wesen.«[9]

Indien
Der Schock ist vergessen

ALS WIR ELIZA FAY VOR EINIGER ZEIT verlassen haben, stand sie gerade im Begriff, zusammen mit ihrem Ehemann Anthony ein Schiff nach Indien zu besteigen, und blickte sorgenvoll in die Zukunft. Umherziehende Wegelagerer hatten europäische Reisende ausgeplündert. Als das Paar heil in Suez ankam, berichtete Eliza Fay, man habe ihnen alles abgenommen. Bei der Einfahrt in Calicut im November 1779 wurde das Schiff sogleich von den Booten des britenfeindlichen Hyder Ali umringt. Eine Passagierin namens Mrs Tulloh, die stets ein »brennendes Verlangen nach einer bestimmten Art von Abenteuern« verspürte, schaffte flugs ihren Sessel an Deck, um nichts zu verpassen. Sie behauptete später, das »sei das beste Mittel, einem Schiffbruch zu entgehen«.[1]

Da der britische Konsul bereits abgereist war, hielten es die Fays für sicherer, vorerst auf dem Schiff zu bleiben. Es kursierten Gerüchte über einen bevorstehenden Angriff der Briten auf Calicut. Plötzlich erschienen Sepoys (Soldaten der Kolonialarmee) an Bord, deren Anführer, ein ehemaliger Bandit, im Dienst des Hyder Ali stand. Unter dem Vorwand, den Passagieren Schutz zu gewähren, ließ er sie ausplündern. Eliza besaß noch drei kostbare goldene Uhren, die sie in ihrem Haar versteckte. Um das verräterische Ticken zu unterbinden, hatte sie die Uhrwerke mit Nadeln blockiert.

Die Passagiere wurden von Bord getrieben und in eine ausgeraubte englische Fabrik geschafft. Da die Entführer Lösegeld verlangten, legten die Fays alles zusammen, was sie noch besaßen; es reichte für den Freikauf und zwei auf Mannspersonen ausgestellte französische Reisepässe. Eliza kleidete sich in eine Jacke aus dichtem Baumwollgewebe, gestreifte lange Hosen, eine Nachtmütze, einen »todschicken Hut« und lieh sich ein Paar Schuhe von Anthony, der später behauptete, sie habe wie ihr Vater ausgesehen.[2] Trotz der cleveren Maskerade scheiterte der Fluchtversuch. Jetzt wurde noch mehr Lösegeld verlangt. Aber am 21. Januar 1780 waren sie endlich auf dem Weg nach Kalkutta.

»Ein Nachmittag im Himalaya«. Rechts zwei Frauen im dandy.
Graphic, 25. September 1880, Titelseite

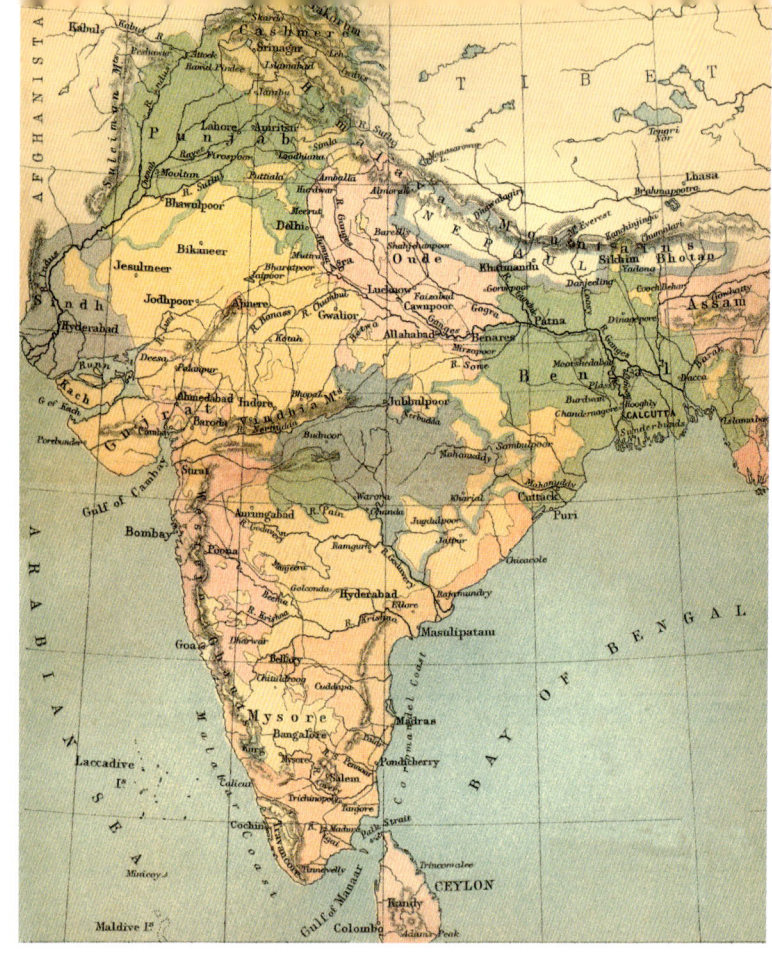

Indien.

Philips' Handy Atlas, um 1897

Wenn Anthony Fay auf Reisen war, glänzte er durch die Fähigkeit, in kritischen Situationen stets das Falsche zu tun. Eliza hielt es zehn Jahre lang mit ihm aus und verließ ihn, nachdem er sich in jedweder Hinsicht in Misskredit gebracht hatte. Danach schrieb sie ihr Buch *Original Letters from India: Containing a Narrative of a Journey Through Egypt, and the Author's Imprisonment at Calicut by Hyder Ally: 1779–1815* (1817), investierte in die falschen Unternehmen, reiste noch zweimal nach Indien und einmal nach New York. Im Jahr 1816 starb sie im Alter von sechzig Jahren in Kalkutta.

Indien exportierte damals schon seit mehreren hundert Jahren Baumwolle, Seide, Schmuck, Heilkräuter und Gewürze über die Levante nach Europa. Nachdem Vasco da Gama 1498 den Seeweg nach Indien um das Kap der Guten Hoffnung entdeckt hatte, konnte Portugal sein Handelsmonopol in Indien etablieren, das im Jahr 1600 von den Niederländern gebrochen wurde. Nun drängten auch andere europäische Länder auf den Weltmarkt und grün-

deten die Ostindischen Kompanien, z.B. die Briten die East India
Company und die Franzosen die Compagnie des Indes Orientales.
Handelsrivalitäten führten zu kriegerischen Konflikten zu Lande
wie zur See. Erschwerend kam hinzu, dass Indien noch nicht zent-
ral regiert wurde. Die oft sehr zähen Unterhandlungen mit einzelnen Herrschern lösten weitere bewaffnete Auseinandersetzungen
zwischen Europa und Indien aus.

In den 1680er Jahren gründeten die Briten Faktoreien in Bombay (Mumbai), Madras und Kalkutta, und die Franzosen ließen sich
in Pondicherry und Chandernagore nieder. Ab 1765 wurde die
Verwaltung Indiens der britischen Krone unterstellt. Jetzt strömten
britische Soldaten und Beamte ins Land, die anfangs noch zu wenig verdienten, um Familien zu gründen. Doch schon bald gab es
in Kalkutta einen Heiratsmarkt, der die Interessenten mit einem
ständigen »Nachschub an hoffnungsvollen unverheirateten Hei-
ratskandidatinnen« lockte.[3] Die angesichts der niedrigen Lebens-
haltungskosten wahrhaft fürstlichen Gehälter erlaubten einen Lebensstil, von dem ein Brite im Mutterland nur träumen konnte.

Maria Graham, die später auch über Südamerika berichtete,
lebte von 1809 bis 1811 in Indien. In ihrem Buch *Journal of a Residence in India* (1812) kritisierte sie ihre Landsmänninnen unverblümt
als »unfein, übertrieben putzsüchtig und, abgesehen von wenigen
Ausnahmen, sehr ungebildet und ordinär«.[4] Mit dieser pauschalen
Kritik hatte sie immerhin insofern Recht, als das Gros der angloindischen Frauen jedes Interesse an der Kultur ihrer Wahlheimat
vermissen ließ. Sie blieben strikt unter sich, schotteten sich gegen
alles ab, was sie außer Hitze, Krankheit und Ungeziefer an die
indische Kultur erinnern konnte. Die Abneigung beruhte auf Ge-
genseitigkeit. Kastenbewusste Hindus und auch die Sikhs lehnten
den Umgang mit europäischen Frauen ab.

Fanny Parks gehörte zu den Ausnahmen, die in beiden Kulturen verkehrten. 1822 kam sie mit ihrem Ehemann Charles Parks,
einem Angestellten der Ostindischen Kompanie, nach Kalkutta.
Vier Jahre später wurde er nach Allahabad versetzt, von wo er sich,
abgesehen von einer kurzen Tour nach Cawnpore (Kanpur) und
einem Urlaub am Kap, bis zu seiner Pensionierung 1846 nicht mehr
wegrührte. Fanny reiste des Öfteren allein oder schloss sich einer
Reisegruppe an. In ihren zweibändigen Reisebericht *Wanderings of
a Pilgrim in Search of the Picturesque* (1850) streute sie auch Wörter

CURRY & RICE

(ON FORTY PLATES)

OR

THE INGREDIENTS OF SOCIAL LIFE

AT

"OUR STATION" IN INDIA

BY CAPT.ᴺ GEO. F. ATKINSON.

LONDON,

JOHN B. DAY, LITHOGRAPHER, PRINTER & PUBLISHER,

3, SAVOY STREET, STRAND.

aus dem Hindustanischen ein. Sie beherrschte diese Sprache so gut, dass sie als Dolmetscherin fungierte. Da ihr Name auf dem Einband in persischer Schrift erschien, schrieb man die Autorschaft zunächst einem Anonymus zu.

Zur gleichen Zeit hielten sich Isabella Fane und Emily Eden in Indien auf. Im Unterschied zu Parks, die sich v.a. für den Haremsalltag in den indischen Zenanas interessierte, schilderten Fane und Eden die Lebensart der durchschnittlichen Britin in Indien. In der kühleren Jahreszeit besuchten sie sich gegenseitig, informierten sich über die aktuelle Mode in فاني پاركس Europa und organisierten verschwenderische Dinnerpartys. Den Rest des Jahres hatten sie vollauf mit der Hitze, der Ruhr und den Moskitos zu tun. Ein britischer Haushalt erreichte oft einen beträchtlichen Umfang. Allein Isabella Fane beschäftigte 67 Dienstboten. Jede Frau hatte eine Zofe und jede Zofe ihrerseits eine Dienerin. Im Oktober, wenn die Temperaturen den Höchststand erreichten, zog der gesamte Hausstand nach Simla im Bergland von Kaschmir, wo die kühle Brise das Leben erträglicher machte.

Isabella Fane, illegitime Tochter des indischen Oberbefehlshabers Henry Fane★, führte ihrem Vater den Haushalt und saß somit an der Quelle, um die schmutzige Wäsche der angloindischen Gesellschaft zu waschen. Ihre Briefe triefen nur so von Sarkasmus, Beleidigungen und respektlosen Kommentaren. Über die Schwestern Fanny und Emily Eden lästerte sie: »Beide reden viel, beide sind alt, beide sind hässlich, und beide stinken wie Sch…!« Auch die entblößte Brust des Radscha von Bharatpur hinterließ einen unauslöschlichen Eindruck: »Diese schwabbelnden Fettmassen würde die dickste Frau nicht auf die Waage bringen. Die *Hälfte* mag noch angehen, um darauf stolz zu sein, aber alles auf einmal, das wäre mein Unglück!« Gnadenlos kommentierte sie jedes noch so intime, jedes noch so makabre Ereignis. Als sie im Februar 1836 eine Schiffstour auf dem Ganges machte und Leichen im Wasser treiben sah, berichtete sie: »Ich befriedigte meine (löbliche!!) Neugier beim Anblick vieler schöner Exemplare – auf der Rückfahrt

Curry & Rice von Captain George F. Atkinson zeigte angloindische Lebensart in Reinkultur, hier eine junge Frau im Damensattel mit ihren Dienern und einem Offizier im Hintergrund (undatiert).

★ Isabellas Vater ließ sich nie von seiner ersten Frau scheiden, sodass ihre Mutter ledig blieb (sie kehrte nach England zurück), was Isabellas gesellschaftliche Position anscheinend nicht beeinträchtigt hat.[5]

schwamm unter meinem Kabinenfenster eine besonders stattliche, rundum intakte männliche Leiche vorbei.«[6]

Isabella, die einen Heiratsantrag gewiss nicht ausgeschlagen hätte, war zutiefst verletzt, als ihr langjähriger Reisegefährte, der Witwer Beresford, ihre Cousine heiratete. Mit einem aus dem aktiven Berufsleben ausgeschiedenen Vater und einer abwesenden Mutter war die 34-Jährige die Außenseiterin der von ihr verspotteten Gesellschaft. Sie kehrte nach Europa zurück, wo sie bis zu ihrem Tod 1886 vorwiegend in Frankreich lebte.[7] Bei allem Spott mochte Isabella Fane die Eden-Schwestern im Grunde dennoch. Emily berichtet in ihrem Buch *Up the Country* (1866) von ihren Reisen nach Kaschmir, die sie 1837 und 1840 mit Fanny und ihrem Bruder, Generalgouverneur Lord Auckland, unternahm. Mit großem Gefolge gingen sie im Oktober 1837 in Kalkutta an Bord, um auf dem Ganges nach Benares zu gelangen. Von dort reisten sie weiter – mit Pferden, Elefanten, Maultieren, zu Fuß oder mit diversen Tragevorrichtungen. Sie übernachteten im Zelt oder in Regierungsgebäuden. Von Patna aus, wo sie die Opiumfabriken besichtigten, ging es über Dinapore nach Benares (Varanasi), Allahabad, Fatehpur und Cawnpore, wo sie Einblick in die grauenvollen Auswirkungen des Hungers bekamen, dann über Lucknow und Delhi nach Simla. Die äußerst eigenwillige Schreibweise der Ortsnamen wurde von der Autorin nie korrigiert. Ebenso wie Fane pflegte sie ihre Berichte mit pikanten Kommentaren zu versehen, was ihre Leserin Lucie Duff Gordon dazu veranlasste, das Buch als eine »Posse über die Sitten und Gebräuche eines fremden Landes« abzutun.[8]

Gleichwohl war Emily Eden realistisch genug zu erkennen, dass der exzessive, frivole Lebensstil der Europäer in Simla für die Einheimischen eine Provokation sein musste. »Manchmal frage ich mich, was sie davon abhält, uns den Hals abzuschneiden; mehr ist darüber nicht zu sagen.« Andererseits empfand sie den Hochmut der Sikhs gegenüber den britischen Frauen als einen Affront. »Diese armen, dummen Geschöpfe wissen nichts von der Überlegenheit der Engländerin. Sie halten uns für das Minderwertigste überhaupt, und das ist ein Fehler.«[9]

Fane und Eden waren die undankbaren Gäste des Maharadscha Ranjit Singh, des Herrschers von Amritsar in Kaschmir. Isabella Fane fand sich 1837 an seiner Tafel ein: »Da ich die Tochter des großen Mannes war, entnahm (Ranjit) mit seinen eigenen Fingern den *Händen* eines anderen einen Happen Wachtelcurry und fütterte mich damit. Ich schützte Genuss vor und erleichterte mich danach in Captain Hays Handschuh, der zu diesem Zweck bereitlag.« Emily Eden berichtete, dass es ihr in einer ähnlichen Situation gelungen sei, sich »zweier geschmorter Wachteln, eines Apfels, einer Birne, einer großen Süßigkeit und mehrerer Granatapfelkerne« zu entledigen.[10] Allerdings muss man ihr ihren empfindlichen Magen zugute halten.

Lady Annie Brassey und ihre Familie »auf der Jagd nach Antilopen mit Geparden in Hyderabad«.
Brassey 1889

In Simla lernte Eden die spanische Tänzerin Lola Montez kennen. Damals hieß sie Eliza James, geborene Gilbert, war 17 Jahre jung und weder Tänzerin noch Spanierin, sondern die frisch gebackene Ehefrau des gut aussehenden Leutnants Thomas James, mit dem ihre Mutter sie bekannt gemacht hatte. Er verführte sie, brannte mit ihr nach Irland durch und heiratete sie. Im September 1839 neigte sich sein Urlaub dem Ende zu, und die jungen Eheleute schifften sich nach Kalkutta ein. Emily, die Eliza bezaubernd fand, erging sich in düsteren Prophezeiungen über die Zukunft des Paars.[11] Aber auf diese beiden kommen wir später zurück.

Für eine Liaison war Simla wie geschaffen. Bei all den einsamen Ehefrauen ohne Männer, Offizieren ohne Ehefrauen und den vielen jungen, ledigen Damen florierten die Geschäfte der Anstandsdamen. Wie Emily berichtete, wurde ein Blick, der zwei Sekunden länger als nötig auf einem Mann verweilte, als Interesse der Dame gedeutet, und ein Tanz kam einem Verlöbnis gleich. Es war sehr unvorsichtig von Anne Blunt, ihren Wilfrid 1789 allein in Simla zurückzulassen. Er fackelte nicht lange und hofierte eine Mrs Batten, mit der er später eine Liaison begann.[12]

Frauen, die in Indien lebten, grenzten reisende Frauen stets aus.

Der Tadsch Mahal.
Pfeiffer 1850, 178

Ida Pfeiffer kam 1847 auf ihrer Weltreise von Hongkong über Singapur nach Ceylon und setzte ihre Reise
nach Madras, Kalkutta und Benares fort. Ihre sieben-
wöchige Etappe von Delhi nach Bombay, die sie allein, nur in Begleitung indischer Treiber und Führer unternahm, war damals noch
etwas sehr Ungewöhnliches. Sie reiste mit dem Ochsenkarren oder
auf dem Kamelrücken und schlief in einfachen Karawansereien
oder im Hause eines Residenten. Als sie im Februar 1848 die Stadt
Runtscha (südlich von Kota) erreichte, schlug sie ihr Nachtlager
notgedrungen auf einer offenen Veranda auf. Später schrieb sie sich
den Unmut darüber vom Leibe. »Die halbe Bevölkerung der Stadt
versammelte sich alsbald um mich und beobachtete mit großer Aufmerksamkeit meine Bewegungen und Handlungen. Ich gab ihr Gelegenheit, das Aussehen einer erzürnten Europäerin zu studieren.«[13]

Marianne North, die Indien von 1877 bis 1879 bereiste, drang
bis in die entlegensten Regionen des Landes vor. Und Constance
Gordon Cumming beantwortete mit ihrem Buch *In the Himalayas
and on the Indian Plains* (1884) die brennende Frage, was eine
Europäerin beim Anblick erotischer Tempelstatuen empfand. In
Allahabad gelangte sie über eine schlecht beleuchtete, schmutzige
Treppe in den Akshai-Bar-Tempel: »Unser Führer … führte uns
durch die dunklen Gänge und spielte den Gastgeber vor den

scheußlichen Götzen in ihren Ni-
schen. Es gab lebensgroße und
auch kleinere, die eine so hässlich
wie die andere, mit Blumen ge-
schmückt und feucht vom geweih-
ten Ganges-Wasser, mit dem man
sie besprengte … All das vermittelte uns den schauderhaften Eindruck fleischlich-sinnlicher Göt-
zenverehrung.« Einige Monate später
dann ein Meinungsumschwung:
»Man gewöhnt sich erstaunlich
schnell an dieses Instrumentarium
der Gottlosigkeit … Der erste
Schock ist vergessen. Diesmal
schien uns das alles völlig in Ein-
klang mit der Natur und dem
Glauben dieses Volkes zu sein!«[14]

*Constance Gordon
Cumming.* Gordon Cumming:
Wanderings in China, Edinburgh:
Blackwood 1888, Frontispiz

In Simla schloss sich Gordon Cumming einem
Captain Graves und dessen Ehefrau für eine dreimo-
natige Tour an die tibetische Grenze an. Immer ent-
lang dem Sutlej-Fluss durchquerten sie einzigartige
Gebirgsregionen, wo sie winzige terrassierte Felder mit weißem
Mohn entdeckten. Gordon Cumming ließ sich tragen, während
»Mrs Graves, die eine vorzügliche Wanderin ist, … die gesamte
Strecke zu Fuß ging, wobei sie des Öfteren in eine wilde Schlucht
abtauchte oder einen steilen Gipfel erklomm, um Stunden später
wieder zu uns zu stoßen und mich mit ihren Beschreibungen all
dieser Orte, die mir nicht zugänglich sind, neidisch zu machen«.[15]
Sie kamen durch ein choleraverseuchtes Gebiet, und Gordon
Cumming erkrankte an einer Kartoffelvergiftung. Als sie schon
glaubte, unter den Zedern des Himalayas entschlafen zu müssen,
zeitigte der Inhalt des unersetzlichen Fläschchens Rhizinusöl seine
erhoffte Wirkung, und sie genas. In Rarung erhaschten sie einen
Blick auf Tibet und traten den Rückweg an. (Wie so viele Orte,
die Cumming besuchte, ist Rarung heute auf keiner Landkarte
mehr zu finden.)
1881 begleitete Marie de Ujfalvy-Bourdon ihren Ehegatten Karl
Eugen von Ujfalvy auf einer anthropologischen Expedition durch

Ein dak gharry. Thomas
W. Knox: *Knox Boy Travellers,* New York:
Harper & Brothers 1881, 419

den Himalaya.[16] Die Zugfahrt von Bombay nach Amballa in der Provinz Punjab verlief zügig und ohne Zwischenfälle. Nachdem sie am 14. Mai abgefahren waren, kamen sie am 12. an, wie es in ihrem Bericht in *Tour du Monde* (1883) aufgrund eines Satzfehlers fälschlich heißt. Dort mieteten sie eine Kutsche, *dak gharry* genannt, und fuhren nach Simla, wo ihnen der Vizekönig eine Sondererlaubnis für die Reise nach Srinagar erteilte. Zwanzig Träger beförderten das Reisegepäck: ein Zelt, Ausrüstungsgegenstände und Gerätschaften. Hinzu kamen die Bediensteten, Reitpferde und deren Pfleger, wobei die Anzahl der Hilfskräfte und der Tiere unterwegs den jeweiligen Erfordernissen angepasst wurde. Eine von Marie adoptierte Gazelle verendete. Mit dabei war ein gewisser Mr Clarke, der für das South Kensington Museum in London (heute Science Museum) Naturalien sammelte. Sie setzten über den Sutlej-Fluss, überwanden Gebirgspässe und durchquerten Ortschaften. Karl Eugen widmete sich auf der gesamten Strecke seiner anthropologischen Feldforschung, indem er die Köpfe der Einheimischen vermaß. Ein Teil der Probanden unterzog sich freiwillig der Prozedur, der Rest eher furchtsam.

Maries bevorzugtes Transportmittel war der *tonjon;* für die Ersteigung einer Hügelburg bevorzugte sie jedoch den *dandy,* so etwas wie eine tragbare Hängematte. Die Träger wählten den kürzesten, steilsten Hang für den Aufstieg und sprangen behände wie die Ziegen von Fels zu Fels, ohne auf ihre lebende Fracht Rücksicht

*Marie de Ujfalvy-Bourdon
in zweckmäßiger Hima-
laya-Kleidung.* G. Vuillier,
in: *Tour du monde* 46, 1883, 393

Nina Mazuchelli, Ver-
fasserin von The Indian
Alps and How We
Crossed Them (1876),
in einem tonjon. Nachdruck in
Thomas W. Knox: Knox Boy Travellers,
New York: Harper & Brothers 1881, 422

zu nehmen. Als sie die Zwischenstation erreicht hatten, verließ Marie das unbequeme Vehikel, und die Träger schoben und zogen sie die restliche Strecke hinauf. Auf dem Rückweg wurden sie von einem Unwetter überrascht, und zu allem Überfluss brach die Nacht herein. Marie saß wieder im *dandy* – wie in einer gefüllten Badewanne –, als ein Windstoß sie und die Träger fast in den Abgrund riss. Aber schließlich kamen sie doch noch heil unten an.[17]

Der nächste Abschnitt führte durch Teeplantagen und Cholera-Gebiete. Die Seuche streckte alle Mitglieder der Gruppe nieder; außerdem befanden sie sich mitten in der Regenzeit. Ein englischer Arzt pflegte sie gesund, aber Marie beklagte sich über seine saftigen Honorarforderungen.

In Srinagar lernten sie den Maharadscha von Kaschmir kennen und schwelgten im Anblick der prächtigen Stadt: Gold in Hülle und Fülle, kostbare Stoffe, Früchte zuhauf und plätschernde Kanäle in paradiesischen Gärten. Mitte August ging es auf Gebirgspfaden nach Skardu in Baltistan und von dort weiter gen Norden bis Askole im Karakorumgebirge.

Da der Karakorum weder auf dem Pferderücken noch mit dem *dandy* zu bewältigen war, mussten sie zu Fuß gehen. Marie ruinierte sich ihre Stiefel und kommentierte trocken, was der Wanderin Leid, sei des Schusters Freud'.[18] Kurz vor der tibetischen Grenze kehrten sie widerstrebend um, denn bald würde das Gebirge wegen des nahenden Winters nicht mehr passierbar sein. Nach einem mehrtägigen Aufenthalt in Srinagar und einem Abstecher zu den Gärten von Shalimar (bei Lahore) reisten sie nach Rawalpindi und von dort mit dem Zug zurück nach Bombay.

Laurence Hope setzte den Gärten von Shalimar in ihrem Gedichtband *Garden of Kama* (1901) ein Denkmal. Wie Isabelle Eberhardt fühlte sich die leidenschaftliche, unkonventionelle Frau, die mit bürgerlichem Namen Adela Florence Cory hieß, zeitlebens als Fremde in ihrer Umgebung. 1881 schloss sie im Alter von 16 Jahren ihre Erziehung in England ab und ging zu ihren Eltern nach Indien. In Lahore, wo sie ihrem Vater bei der Publikation einer

Militärzeitung zur Hand ging, war sie die unabhängige, welterfahrene Außenseiterin. 1889 begegnete sie dem Mann ihres Lebens. Malcolm Nicolson, Oberst der Armee von Bengalen, war ein schillernder Charakter; er sah blendend aus und war doppelt so alt wie sie. Nach der Hochzeit bereiste sie, oft in der Tracht der männlichen Paschtunen, mit ihrem Ehemann den äußersten Nordwesten des Landes. Zurück in ihrem geregelten Alltag, trug sie ihr Haar weiterhin offen und empfing ihre Gäste barfüßig.

Ihre Lyrik spiegelt die tiefe Sehnsucht nach einem abenteuerlichen, in jeder Hinsicht ungebundenen Leben wider. Angeblich hatte sie ein Liebesverhältnis mit einem indischen Prinzen, dem sie ihr Gedicht *On the City Wall* widmete. Als Nicolson im Jahr 1904 starb, folgte sie ihm jedoch zwei Monate später freiwillig in den Tod.[19]

Laurence Hope (Adela Florence Cory). Selected Poems from the Indian Love Lyrics of Laurence Hope, London: William Heinemann 1922, Frontispiz

Viele Europäerinnen, die sich eine Zeit lang in Indien aufhielten, hinterließen persönliche Tagebücher, Briefe und Reiseberichte. Einige von ihnen rebellierten gegen den gesicherten, geregelten Alltag der angloindischen Gesellschaft und versuchten, sich den einzigartigen kulturellen und landschaftlichen Reichtum Indiens aus ihrem eigenen Blickwinkel zu erschließen.

Ozeanien
Treffpunkt der Globetrotterinnen

BEWOHNER DER NÖRDLICHEN HEMISPHÄRE verbinden mit dem Namen Ozeanien das Bild einer Truhe voller Krimskrams. Der Komplex, der sich aus zahlreichen Inseln des Pazifiks zwischen Amerika, den Philippinen und Australien zusammensetzt, hat geradezu entmutigend viele unterschiedliche Gesichter, und nur wenigen Reisenden ist es gelungen, ganz Ozeanien zu erforschen.

AUSTRALIEN *und* TASMANIEN

Mary Ann Parkers *Voyage Round the World* (1795) war vermutlich der erste von einer Frau verfasste Bericht über Australien. Sie reiste mit ihrem Mann John, Kapitän des Kriegsschiffes *Gorgon,* um das Kap der Guten Hoffnung nach Australien und zur Norfolk-Insel. Als er sie gebeten hatte, ihn auf dieser Reise zu begleiten, hatte sie sofort zugestimmt.

Die Überfahrt war erträglich. Nur zwei Besatzungsmitglieder starben, und Mary Ann fand in Mrs King, der Frau des Gouverneurs der Norfolk-Insel, eine »angemessene Begleiterin«. Da Mary Ann des Spanischen mächtig war, spielte sie »General«-Dolmetscherin, wenn sie in Häfen einliefen, in denen Spanisch gesprochen wurde.[1]

Im September 1791 kam das Schiff in Port Jackson nördlich von Sydney an. Mary Ann besuchte Sydney Cove und Paramatta, stellte fest, dass Siedler passable Zukunftsaussichten hatten, und äußerte sich kritisch über die hohen Kosten für die Unterhaltung der Kolonie und die empörend spärliche Bekleidung der »Einwohner von Neusüdwales, seien es Männer oder Frauen«. Sie probierte auch die einheimische Küche: »Oft habe ich Känguru gegessen«, schrieb sie, und »es hat mich so begeistert, als wäre es eine der größten Delikatessen …, auch wenn ich es in letzter Zeit über hatte und ziemlich widerlich fand«.[2]

Für die Rückreise belud man das Schiff mit Kängurus, Opossums »und jeglicher Kuriosität, die dieses Land hervorbrachte«.[3] Es lief im Dezember aus;

»Ein Reiterzug hawaiischer Frauen«. Isabella Bird lernte auf den Sandwich Islands (Hawaii) von geübten Reiterinnen wie diesen das Reiten im Herrensitz. Émile Bayard, in: Tour du monde 26, 1873, 217

Australien, Tasmanien
und Neuseeland.
Philips' Handy Atlas, um 1897

Kapitän Parker starb unterwegs an Gelbfieber, und
Mary Ann ging als Witwe von Bord.

Auch Louisa Anne Meredith, die Autorin von
Notes and Sketches of New South Wales (1844), begleitete
ihren Gatten nach Australien. Allerdings plante sie, sich dort sesshaft
zu machen. Das Paar verließ England im Juni 1839 auf dem Han-
delsschiff *Letitia,* das ohne Zwischenaufenthalt nach Sydney fuhr.
Louisa Annes Hoffnungen auf einen Abstecher nach Madeira und
Teneriffa zerschlugen sich, und so widmete sie sich dem Gesche-
hen an Bord, obwohl die ersten Wochen von Krankheit überschat-
tet waren. Ihre »Skizzen« schildern das Leben und Treiben auf
einem überfüllten Segelschiff auf lebendige und mitfühlende Weise.

Kurz nach der Ankunft in Sydney reiste das Paar nach Bathurst.
Louisa Anne Merediths Beschreibungen von Pflanzen, Insekten und
Landschaften sind ebenso gelungen wie die Schilderungen der
Lebensbedingungen von Aborigines und des sozialen Aufstiegs
ehemaliger Sträflinge, doch was sie über den trostlosen Zustand der
Gasthäuser in Neusüdwales zu Papier brachte, ist einzigartig. Ein
englischer Kritiker schrieb in einer Rezension über ihr Buch, es sei
»ein wahres Vergnügen, eine solche Lady über See und Land zu begleiten«.[4]

Die Merediths logierten in zahlreichen Hotels, u.a. im »Rivulet«. Die frisch gestrichenen Wände ließen darauf schließen, dass es zur gehobenen Klasse gehörte, doch leider war es Schauplatz von »bacchantischen Orgien« und Schlimmerem. Bei der Inspizierung ihres Zimmers fand Louisa Bettlaken vor, die so schwarz waren, dass »ein halbes Dutzend ungewaschener Schornsteinfeger, die 14 Tage lang im selben Bett geschlafen haben, keine dunkleren Spuren hätten hinterlassen können«. Nach viel Genörgel gab die Wirtin ihr sauberere Bettlaken. Louisa bezog die Betten neu und wollte sich gerade zurückziehen, als das Hausmädchen klopfte. »Wenn es Ihnen recht ist, Madam«, sagte sie, »die Missus braucht die Laken, die Sie abgezogen haben, für einen Herrn, der gerade angekommen ist!« Louisa beförderte die schmutzigen Fetzen mit ihrem Sonnenschirm zur Tür hinaus.[5]

Louisa Anne Meredith lebte auch in Tasmanien und Victoria und schrieb weitere Bücher, darunter *My Home in Tasmania during a Residence of Nine Years* (1852), *Our Island Home* (1879) und *Tasmanian Friends and Foes: Feather, Furred and Finned* (1880). Sie starb 1895 in Melbourne.

Ellen Clacy, deren Mädchenname unbekannt ist, reiste 1852 als junge Frau mit ihrem Bruder nach Australien, weil sie von den Goldfeldern gehört hatte. Knapp ein Jahr später kehrte sie mit einem Mr Charles Clacy im Schlepptau und dem Plan, ein Buch zu schreiben, nach England zurück. 1883 erschien es: *A Lady's Visit to the Gold Diggings of Australia.*

Von Melbourne aus zog sie mit ihrem Bruder auf die Goldfelder von Bendigo, ließ sich aber zuvor noch über die harten Lebensbedingungen in der Hauptstadt Victorias aus. Die astronomisch hohen Preise verführten Neuankömmlinge dazu, um stattlicher Profite willen selbst das zu verkaufen, was sie auf dem Leib trugen. Ellen Clacy zufolge war alles von minderer Qualität: der Sherry ungenießbar, die Häuser erbärmlich und die Omnibusse nicht mehr als primitive Wagen. Die Hotels waren überbelegt, sodass ihre sechsköpfige Gruppe in einer privaten Unterkunft landete. Die fünf Männer zwängten sich in ein Zimmer, und Ellen teilte das Bett

Der buckboard, *ein gängiges Transportmittel in Australien.* Brassey 1889, 280

Melbourne 1855, nach
den Goldfunden.
Radierung von G. E. Andrews nach
einer Zeichnung von Montefiore,
in: *Graphic*, 6. November 1880, 449

mit der Hausherrin. Die Nächte waren erfüllt von Hundegekläff und Revolverschüssen.

Die Aussicht, reich zu werden, versetzte sie indes in eine Begeisterung, die weder die Strapazen der Reise noch die Bedrohung durch Räuber oder strömender Regen dämpfen konnten. In Bendigo steckten sie ihre Claims ab; Ellen hütete das Haus (bzw. das Zelt) und wusch Gold, während die Männer schürften. Ihre Schilderung der Goldfelder ist faszinierend. Es gab kaum etwas, das sie nicht lakonisch kommentierte – von den Tausenden, die »schürfen, schwenken, schleppen und waschen«, bis zu einer jungen Waise, die mit dem Leichnam ihres Großvaters allein in ihrem Zelt saß. Über Ellen Clacy selbst ist wenig bekannt, lediglich, dass sie eine »Taschenausgabe des weiblichen Geschlechts« gewesen und bei einem Raubüberfall vor Furcht wie gelähmt gewesen sein soll.[6]

Die Schwestern Florence und Rosamond Hill, Autorinnen von *What We Saw in Australia* (1875), hatten v.a. gute Werke im Sinn und prahlten damit, sich ohne Begleitung nach Australien aufzumachen: Die Reise zu den Antipoden sei inzwischen ein Kinderspiel. Freunde erklärten die beiden daraufhin für verrückt, doch die Hills behielten Recht: Ihre Tour verlief unspektakulär. Im Frühjahr 1873 fuhren sie mit dem Zug nach Venedig und bestiegen dort ein komfortables P-&-O-Dampfschiff; in Ägypten nahm sich ein Cousin ihrer an. In Adelaide schließlich überließ ihnen eine Tante für fast sechs Monate ihr Haus.

Interessant an der Reise der Hills ist die Auswahl ihrer Unternehmungen. Ein paar Berge und Seen ließen sie über sich ergehen, doch ihr eigentliches Ansinnen war es, so viele Gefängnisse, Waisenhäuser, Besserungsanstalten, Farmen, Minen und Armenasyle wie möglich aufzusuchen. Höhepunkt ihres Sydney-Aufenthaltes war der Hafen, wo sie eine auf einem Boot untergebrachte Reformschule besichtigten. Auch eine Jugendstrafanstalt auf Cockatoo Island besuchten sie.[7] Was hätten die beiden guten Schwestern wohl gesagt, wenn sie gewusst hätten, dass im »Petty's« zwanzig Jahre vor ihnen die verruchte Lola Montez abgestiegen war?

Der SÜDPAZIFIK und SÜDOSTASIEN
Hatte Australien schon etwas Wildes, lagen Südostasien und der Südpazifik am Ende der Welt, waren unzivilisiert und malariaverseucht. Wer sich als Frau dorthin begab, hatte entweder gute Gründe, etwa einen Mann oder eine Arbeitsstelle, oder gehörte zu der seltenen, tapferen Sorte wie Ida Pfeiffer. Für ihre erste Reise nach Südostasien bestieg sie im Dezember 1846 ein Schiff, das von Valparaíso über Tahiti nach Hongkong fuhr. Die paradiesische Atmosphäre Tahitis überwältigte sie, doch sie konnte nicht gutheißen, dass die vergnügungssüchtigen Tahitianer in sehr »freien Verhältnissen« lebten. Besonderen Anstoß nahm sie an den Affären einheimischer Frauen mit den europäischen Seemännern. Die Gastfreundschaft der Inselbewohner, die Schönheit der Landschaft sowie die Fülle köstlicher exotischer Früchte und Schalentiere lohnten den dreiwöchigen Aufenthalt jedoch allemal.

Mit 54 fuhr Ida Pfeiffer zum zweiten Mal nach Ozeanien. Im März 1851 verließ sie Wien. Die Reise finanzierte sie z.T. durch einen Zuschuss der österreichischen Regierung und teilweise durch Rabatte oder Freifahrten, die man der inzwischen recht be-

Die Braganza, *auf der* Ida Pfeiffer *1847 von* Singapur *nach* Ceylon *fuhr. Ursprünglich sollte das Schiff die Strecke* London–Konstantinopel *befahren.* ILN, 6. Juli 1844, 4

Niederländisch-Ostindien (Indonesien).

Philips' Handy Atlas, um 1897

kannten Autorin gern gewährte. Über Singapur, Borneo, Java, Sumatra, Celebes und Ceram gelangte sie auf die Molukken. Auf Borneo war sie Gast im Haus von Radscha James Brooke, aber schon bald zog sie in den Dschungel, wo sie zu ihrem Entsetzen abgeschnittene Menschenköpfe entdeckte – Kriegsbeute der Dayak.

Brooke hatte es geschafft, Borneo etwas zu zivilisieren, doch auf Sumatra, Pfeiffers nächster Station, gab es keinen solchen Zuchtmeister, und Geschichten über die Ermordung von Europäern durch die Batak gehörten zum Alltag. Ida Pfeiffer ließ sich nicht einschüchtern. Sie legte etwa 1100 Kilometer zu Pferd und 240 Kilometer zu Fuß zurück, zog sich bei einer Konfrontation mit Kannibalen glücklich aus der Affäre und teilte die Hütte mit Eingeborenen, einmal sogar mit einem Mörder, der offenbar an Tuberkulose im Endstadium litt. Die Strapazen gingen nicht spurlos an ihr vorüber, und trotz ihrer »guten, wirklich unzerstörbaren Natur« bekam sie Malaria.[8]

Dass sie »all diesen Leuten, Dayakern wie Malaien, eine vollkommen fremde Erscheinung war, versteht sich von selbst. Die wenigsten hatten je einen weißen Mann, alle gewiss aber nie eine weiße Frau gesehen. Ihre Verwunderung war umso größer, da nach ihren Begriffen eine Frau allein sich kaum einige Schritte vom Haus entfernen kann.« Die Erlaubnis, sich frei zu bewegen, verdankte sie ihrer Ansicht nach ihrem Geschlecht: »Wäre ich ein Mann gewesen, so hätten sie mich ohne Zweifel für einen Spion gehalten und zurückgewiesen, wenn nicht gar getötet.«[9]

»Ein Dayak aus Borneo«. Illustration eines Auszugs aus Ida Pfeiffers Meine zweite Weltreise *(1856) in* Tour du monde.

C. Maurand u. G. Boulanger, in: Tour du monde 4, 1861, 301

Ida Pfeiffer war klein, fra-
gil und ging leicht gebeugt,
war für ihr Alter aber
außerordentlich schnell zu
Fuß. Wann immer sie
von einer Reise zurück-
kehrte, war sie tief
gebräunt; ansonsten zeig-
ten ihre Züge keine
Spuren ihrer außer-
gewöhnlichen Erlebnisse.[10]

Mettais, nach einem Foto in:

Tour du monde 5, 1862, 405

Sie fühlte sich geschmeichelt, als der König von Celebes, der gehört hatte, »dass meine Reisen gedruckt seien, sagte …, dass er gern hundert Rupien dafür geben würde, wenn er sie in seiner Sprache haben könnte. War das doch ein galanter König! – Wie hätte ich meine Reise ausdehnen können, was wäre mir nicht alles möglich geworden, wenn es viele so freigebige Monarchen gäbe!«[11]

Die meisten Reisenden kehrten Südostasien aus gesundheitlichen Gründen den Rücken; Anna Leonowens ging mit ihrem Mann gerade deshalb nach Singapur. Nach seinem Tod verdiente sie als Lehrerin den Unterhalt für sich und ihre Kinder. Ihr Leben wurde vollständig auf den Kopf gestellt, als sie im Februar 1862 einen Brief des Königs von Siam erhielt, der sie bat, seine Kinder zu unterrichten. Obwohl sie von dem Vorschlag nicht auf Anhieb begeistert war, beschloss sie, einen Versuch zu wagen. Mit ihrem Sohn Louis fuhr sie auf dem Dampfer *Chow Phya* von Singapur nach Paknam (Samut Prakan) in der Nähe von Bangkok. Ihre ersten Eindrücke von Siam verschlugen ihr den Atem:

Da lag sie, die unbekannte, schwimmende Stadt, mit ihren fremd aussehenden Menschen in all den offenen Veranden, auf den Kais und Molen; die unzähligen Flöße und Boote, Kanus und Gondeln, Dschunken und Schiffe; die schwarzen Rauchwolken der Dampfschiffe, das kräftige Stampfen der Maschinen, Gemurmel und Gekreische; das verwirrende Geschrei von Männern, Frauen und Kindern, die Rufe der Chinesen und das Hundegebell – doch niemand außer mir schien sich darüber aufzuregen.[12]

Da keinerlei Vorkehrungen für sie getroffen worden waren, verbrachte sie die erste Nacht im Haus ihres Landsmannes Captain B. Am Tag darauf brachte der siamesische Premierminister sie in seinem Palast unter, wo sie die Aufmerksamkeit seines Harems erregte

und gefragt wurde, ob sie lieber den Premierminister oder den König heiraten wolle. Zur Verblüffung der Frauen antwortete Anna, eher lasse sie sich zu Tode foltern, als einen von beiden zu heiraten, schlug sie damit doch ein Vermögen aus.[13]

Paknam, wahrscheinlich das Erste, was Anna Leonowens von Siam sah.
Sabatier, in: *Tour du monde 8*, 1863, 222

Schließlich wurde sie, eskortiert von Captain B., zum König gebracht, und was sie über ihren Einzug in den kaiserlichen Palast schrieb, klingt wie ein Märchen. Ihr Weg führte sie am Tempel des vergoldeten Liegenden Buddhas und am Tempel des Smaragd-Buddhas vorbei, der auf einer dreißig Meter hohen Pyramide unter einem Baldachin mit goldener Spitze thronte. Nachdem sie die Marmorstufen des Palastes erklommen hatten, betraten sie unangekündigt eine große Halle. »Viele stumme und bewegungslose Gestalten lagen in Demut auf dem Teppich, und mich überkam als natürlicher wie gefährlicher Reflex die Versuchung, über ihre Köpfe zu steigen. Seine Majestät bemerkte uns schnell, kam näher und rief dabei ungeduldig: ›Wer, wer, wer?‹« Captain B. hatte Anna schon vorgewarnt, dass der König sie mit persönlichen Fragen bombardieren würde. »Wie alt geruhen Sie zu sein?«, wollte er als Erstes wissen, worauf sie antwortete: »Einhundertundfünfzig Jahre.«

Hätte ich mich wesentlich jünger gemacht, hätte er mich vielleicht verspottet oder wäre über mich hergefallen; doch jetzt war er für Augenblicke überrascht und verlegen … und fing schließlich – als er den Scherz zu begreifen begann – an zu husten, lachte, hustete wie-

Der König von Siam,
Somdetch P'hra Para-
mendr Maha Mongkut,
und seine Frau. E. Bocourt, nach
einem Foto in: *Tour du monde 8*,
1863, 225

der und fragte, mit einer hohen, durchdringenden Stimme: »In welchem Jahr sind Sie geboren?« Augenblicklich hatte ich mich gefasst und antwortete so feierlich, wie ich konnte: »1788.«

Der Gesichtsausdruck Seiner Majestät war unbeschreiblich komisch. Captain B. schlüpfte hinter eine Säule, weil er lachen musste … Seine Majestät … ging mit Elan von Neuem auf mich los.

»Wie lange geruhen Sie verheiratet zu sein?«

»Einige Jahre, Eure Majestät.«

Er versank in gründliches Nachdenken; dann stürzte er auf mich zu und fragte triumphierend:

»Ha! Wie viele Enkel müssen Sie jetzt haben? Ha, ha! Wie viele! Wie viele! Ha, ha, ha!«[14]

In den sechs Jahren, die Anna Leonowens am Hof des Königs verbrachte, ertrug sie ihn mit Geduld, bot ihm aber auch die Stirn. Ihre Klasse vergrößerte sich, denn nicht nur seine vielen Kinder, sondern auch seine Frauen nahmen am Unterricht teil. Sie wurde Übersetzerin, Lobbyistin und Diplomatin. Im Sommer 1866 verschlechterte sich ihr Gesundheitszustand, und ein Jahr später reiste sie ab. Obwohl das Leben im »turbulenten Orient« sie ausgelaugt hatte, schied sie unter Tränen. Der König versicherte ihr, jeder werde sie vermissen, auch wenn sie eine »schwierige Frau« sei, »noch schwieriger als die meisten anderen«.[15] Ihre Lebensgeschichte wurde Grundlage eines sehr erfolgreichen Bühnenstücks und zweier Filme.

Isabella Bird brach Mitte 1872 ihrer schlechten Gesundheit wegen zu den Antipoden auf. Schlaflosigkeit, Nervosität und Rückenprobleme waren für sie gute Gründe, ihre Heimat und ihre gebrechliche Schwester Henrietta zu verlassen und nach Australien zu reisen. Doch Australien beeindruckte sie nicht, sodass sie sich entschloss, in die Vereinigten Staaten weiterzufahren, wo sie als junge Frau schon einmal gewesen war. Auf den Sandwich Islands (Hawaii) kam es zu einem ungeplanten Zwischenstopp, da ein erkrankter Mitreisender gesund gepflegt werden musste.

Isabella Bird.
ILN, 27. Juni 1891, 839

Daraus wurde ein sechsmonatiger Aufenthalt. Trotz starker Rückenschmerzen erforschte Isabella Bird die wilde, üppige Landschaft zu Pferd – im Herrensitz. Tatsächlich hatte sie sich gesundheitlich erstaunlich gut erholt. Um die aktiven Vulkane Kilauea und Mauna Loa zu erreichen, durchquerte sie bei Wind und Wetter reißende Flüsse und tiefe Täler. Oft logierte sie bei Hawaiianern, denn Gasthäuser waren rar. In der Regel bot sie ihnen eine geringe Bezahlung an, doch ihr Gastgeber in Waipio lehnte dies mit den Worten ab, dass »er sich schämen müsse, wenn er von einer Frau, die ohne Ehemann reist, etwas annähme«.[16] Wie auf allen weiteren Reisen suchte sie auch hier Missionare auf; die guten Werke der Kirche lagen ihr sehr am Herzen. Aus ihrem Hawaii-Aufenthalt entstand das Buch *The Hawaiian Archipelago: Six Months among the Palm Groves, Coral Reefs and Volcanoes of the Sandwich Islands* (1875).

Sechs Jahre später landete sie nach einer Japan-Reise in Südostasien. Im Januar 1878 brach sie nach Saigon und Singapur auf und fuhr von dort auf die Halbinsel Malakka weiter, die sie sechs Wochen lang erkundete. Darüber schrieb sie das Buch *Der goldene Chersones* (1883/1884). Ohne die üblichen Reisestrapazen konnte sie sich in Ruhe mit Fauna und Flora beschäftigen sowie Beobachtungen über Menschen und Wirtschaft anstellen.

Eine der interessantesten Episoden ereignete sich während ihres Aufenthaltes in der britischen Residenz von Kuala Kangsa im Sultanat Perak. Da der Resident, Mr Low, außer Haus war, wurde Isabella von seinem Diener willkommen geheißen. Erschöpft und nicht in Stimmung für Gesellschaft, begab sie sich in ihrer Reisekluft ins Esszimmer, wo der Tisch für drei gedeckt war. Nachdem sie Platz genommen hatte, ließen die Diener die anderen Gäste herein: Mahmoud und Eblis, zwei charmante, aber unberechenbare Affen. Das Mahl verlief feierlich und wurde nur gelegentlich von Mahmouds energischem Griff nach Speisen unterbrochen, die gerade vorbeigetragen wurden. »Werde ich je wieder ein Dinner so genießen können?«, fragte sie sich.[17]

Emily Innes, die Frau eines Richters, nahm Anstoß an Birds glühender Leidenschaft für Malaysia und zog in *The Chersonese With the Gilding Off* (1885) ihre eigene Bilanz über das grauenhafte Leben, das europäische Frauen dort führten. Innes hatte gute Gründe zur Klage. Sie hatte sich im Haus der Lloyds aufgehalten, als Captain Lloyd ermordet wurde und Mrs Lloyd eine Schädelfraktur erlitt. Offensichtlich hatte eine chinesische Bande dahinter gesteckt. Innes selbst war verprügelt worden. Bird erwähnte diesen Vorfall zwar in ihrem Buch, widmete ihm aber nur ein paar Seiten.[18]

Auch Marianne North fuhr zweimal nach Ozeanien, zum ersten Mal 1876 im Rahmen ihrer ersten Weltreise. Sie machte bei den Brookes in Sarawak (Kuching) Station, reiste dann nach Java und Ceylon weiter und schließlich zurück nach England.

Vier Jahre später überredete Mrs Brooke sie, mit ihr und dem Radscha nach Sarawak zurückzukehren. Sechs Wochen lang widmete sich North dem Sammeln und Malen von Pflanzen und streifte durch den Dschungel, dann fuhr sie weiter nach Brisbane in Australien. Das nächste halbe Jahr kutschierte sie im Eiltempo durchs Land, mal allein, mal mit einer Begleiterin. Das Fuhrunternehmen Cobbe and Co. war so stolz darauf, allein reisende Frauen zu befördern, dass es »im Voraus alle Stationen telegrafisch anwies, Extra-portionen Fleisch bereitzuhalten«.[19]

Melbourne, behauptete Mari-anne North, sei »die bei weitem ur-sprünglichste Stadt Australiens«.[20] Nach einem Abstecher nach Ade-laide schiffte sie sich nach Perth ein, kehrte nach Melbourne zurück und besuchte Tasmanien, Neuseeland und Hawaii. Ihre Reisen, bei denen es ihr v.a. darum ging, seltene Pflan-zen zu sammeln und zu malen, waren zwar ungewöhnlich und anspruchsvoll, aber längst nicht so waghalsig wie Ida Pfeiffers Unter-nehmungen. Außerdem verfügte Marianne North über bessere Be-ziehungen und eine solidere finanzielle Grundlage.

Marianne North durch-forschte auf der Suche nach unbekannten und exoti-schen Pflanzen, die sie malen wollte, Südostasien, Niederländisch-Ostindien und Australien. Eine Reihe von Pflanzen wur-den nach ihr benannt, z.B. Northea seychellana, Nepenthes northiana, Crinum northianum, Areca northiana und Kniphofia northiae.[21]
Foto: Elliot und Fry, in: North 1893, Frontispiz

Constance Gordon Cumming, ebenfalls wohl-habend, kam als Gesellschafterin der Frau des neuen Gouverneurs in den 1870er Jahren auf die Fidschi-Inseln. Sie schrieb drei Bücher über ihre Reisen, näm-lich: *At Home in Fiji* (1881), *A Lady's Cruise in a French Man-of-War* (1882) und *Fire Fountains of the Sandwich Isles* (1883).

Anna Forbes bereiste Mitte der 1880er Jahre mit ihrem Ehemann, dem Naturforscher Henry O. For-bes, Niederländisch-Ostindien. Sie staunte über die Architektur, das Klima und die tropische Vegetation; sogar die europäischen Gäste im »Hotel der Neder-landen« in Batavia (Djakarta) hielt sie ihrer − wie sie fand − spärlichen Bekleidung wegen für bemerkens-wert, ließ sich schließlich aber überreden, es ihnen nachzutun. *Insulinde: Experiences of a Naturalist's Wife in the Eastern Archipelago* (1877) zeigt, wie klein Anna Forbes' Welt war und wie groß ihre Bereitschaft, an dieser für sie neuen Lebens-art teilzuhaben und, wenn auch zögernd, neue Wege einzuschlagen.

Die Erkundung von Niederländisch-Ostindien fiel wegen

Die Brasseys durchqueren   Henrys Studien sehr gründlich aus. Das Fortkommen
einen Fluss auf Borneo.   war mühsam, und die Strapazen entlockten einer jun-
Brassey 1889, 197   gen Bekannten des Paares das Geständnis, es sei immer
                             ihr Traum gewesen, einen Forscher zu heiraten, aber
nun stelle sie fest, dass eine solche Ehe alles andere als »romantisch
und ein ständiges Zuckerschlecken« sei.[22]

Anna und Henry Forbes fuhren nach Surabaya, Makassar, Neuguinea, auf die Banda-Inseln und Amboina und erreichten dann ihr
eigentliches Ziel, die Insel Tanimbar, wo Henry ohne seine Frau ins
Inselinnere aufbrach. Anna packte die Furcht, und sie bekam Fieber. Als sie sich eines Tages zum Hafen aufmachte, um ihre Briefe
dem nächsten Dampfer zu übergeben, brachte ihre Angst vor Menschen und Tieren sie so aus der Fassung, dass sie sich verirrte und
einen Nervenzusammenbruch erlitt. Einbrecher räumten ihr Haus
aus, und sie konnte sich nicht länger selbst versorgen. Infolge der
Isolation verschlimmerte sich ihre Malaria. Hätte sie in ihren Fie-
berträumen nicht die Vision gehabt, Henry würde sie tot und von
Ratten zernagt auffinden, schrieb sie, hätte sie sich einfach in ihr
Schicksal ergeben. Es gelang ihr, dem Arzt im nächsten Dorf eine
Nachricht zu übermitteln, und sie wurde gerettet. Das Paar entschloss sich, nach England zurückzukehren.

Offensichtlich war Anna auf eine solche Reise weder psychisch noch physisch vorbereitet. Sie folgerte daraus, dass Niederländisch-Ostindien wegen seiner schwierigen Lebensbedingungen als Reiseziel ungeeignet sei – was Lady Annie Brassey und ihre Familie nicht davon abhielt, 1887 dorthin zu fahren. Es sollte Annie Brasseys letzte Reise werden. Sie war Mutter von fünf Kindern, Autorin von fünf sehr populären, schön gestalteten Reiseberichten und eine begeisterte Sammlerin naturhistorischer Funde. Ihr Mann Thomas war Parlamentsabgeordneter; dennoch gelang es beiden immer wieder, alle Pflichten hinter sich zu lassen und längere Reisen zu unternehmen. Mit dem *Sunbeam,* einem Dreimastschoner mit Platz für ungefähr vierzig Besatzungsmitglieder und Passagiere, waren sie bereits in der Arktis, der Karibik, in Südamerika und Polynesien gewesen.

Im November 1886 brachen sie auf. Sie segelten über Aden, Bombay, Ceylon, Rangun, Singapur, Borneo, Sarawak und Makassar nach Sydney. Dann ging es durch den Indischen Ozean zurück. Auf Lady Brasseys Seebegräbnis am 14. September 1887 bei 15°50' s. Br., 110°38' ö. L. weist lediglich ein schwarzes Kreuz im Logbuch des Schiffes hin. Dieses Logbuch wurde ihrem Buch *Annie Brasseys letzte Fahrt an Bord des Sunbeam* (1889) beigefügt, das ihr Mann und ein enger Freund vollendeten.

Lady Annie Brassey.
ILN, 22. Oktober 1887, 483

Lady Brassey hatte schon in ihren anderen Werken darauf hingewiesen, dass es mit ihrer Gesundheit nicht zum Besten stand. Es ist ein Wunder, dass nicht mehr Frauen auf ihren abenteuerlichen Reisen ihr Ende fanden, unabhängig davon, wie begütert sie waren, denn im 19. Jahrhundert konnten sogar leichtere Krankheiten und Unfälle zum Desaster werden.

Überlebenshilfen

CRISTINA DI BELGIOJOSO ERWISCHTE ES in Aleppo. Bei Ida Pfeiffer zeigte sich ein Ansatz in Mesopotamien; nach ihrer Rückkehr setzten sie ihr in Wien jedoch umso ärger zu. Anne Blunt blieb gottlob von ihnen verschont. Insektenstiche? Nein, Aleppobeulen, die scheußliche Geschwüre bildeten und nach dem Abklingen tiefe Narben hinterließen. Sie wurden auch Dattelzeichen, Nil- oder Biskrabeulen genannt und in Ägypten, Syrien und Irak, wie inzwischen nachgewiesen, durch Ungeziefer übertragen. Belgiojoso hatte noch Glück. Ein polnischer Oberst, der ihr über den Weg lief, hatte 13 Beulen auf der Nase![1]

Aleppobeulen waren lästig, aber Malaria, Wechselfieber, Pest, Cholera oder Gelbfieber konnten tödlich enden. Zur Eindämmung der Seuchengefahr erließen die Regierungen Quarantänebestimmungen. Die Frauen berichteten, dass man sie bei der Ankunft im Zielhafen auf dem Schiff isolierte oder in speziellen Lazaretten unter primitivsten Bedingungen zusammenpferchte.

Über die moderne Frau, die aufgrund einer Schwangerschaft zu Hause bleibt, hätten die Weltenbummlerinnen wohl nur mitleidig gelächelt. Anne Blunt, die in Algerien und Arabien Fehlgeburten erlitt (sowie weitere in Europa), sah in ihren Schwangerschaften kein Reisehindernis. Lady Londonderry verlor ihr Ungeborenes in Wien. Verschiedenen Quellen zufolge soll Anne Fanshawe 14-, 17- oder gar 18-mal schwanger gewesen sein – ungefähr so oft, wie sie auf Reisen ging.

Rechnet man zu Krankheiten und Schwangerschaften noch den anfälligen Gesundheitszustand vieler Frauen der damaligen Zeit hinzu, nimmt es Wunder, dass sie überhaupt so weit reisen konnten.

Jede Frau kultivierte ein eigenes Repertoire erprobter und bewährter Hausmittel, angefangen bei der

»Nach all den Schreckensgeschichten, die über die Aleppobeule verbreitet werden, wollte ich die Wahrheit wissen …, und nach 24 Stunden in Aleppo war ich von der Allgegenwart dieser Krankheit überzeugt.«
Cristina di Belgiojoso[2]

Passagiere, die nach monatelanger Überfahrt endlich den Zielhafen erreichten, mussten manchmal noch eine Quarantäne durchstehen. Dieses Schiff legte in einem westindischen Hafen an. Harper's Weekly, 29. November 1873, 1069

Ausräucherung von
Reisenden aus Toulon
und Marseille in der
Pariser Gare de Lyon.
Die 1884 in Südfrankreich
grassierende Cholera
behinderte den gesamten
europäischen Reiseverkehr.
ILN, 12. Juli 1884, 28

Flanellbinde, die, um die Taille gewickelt, in heißen Ländern vor Erkältungen schützte, bis hin zur Malaria-Prophylaxe durch Chinin und Tabakrauchen. Wegen des verseuchten Wassers wurde im 18. Jahrhundert vorwiegend Wein getrunken; Opium half u.a. gegen Ruhr, Cholera oder Magen-Darm-Krankheiten mit Durchfall. Marianne North, die in Südindien Hunger- und Hochwasserkatastrophen erlebte, berichtete: »Alle Welt nahm Opium, und nach der Devise, dass Vorbeugen besser als Heilen ist, nahm ich es dann auch.« In Yokohama ließ sie wegen akuter Rheumabeschwerden einen amerikanischen Arzt rufen. »(Er) spritzte mir Morphium in den Arm und versetzte mich in einen 24-stündigen Schlaf. Das Hotelpersonal hielt mich für tot.«[3]

Reisende Frauen, die eine Sucht nach Rauschmitteln entwickelten, waren aber allem Anschein nach die Ausnahme. Isabella Bird, die 1854 auf der *Canada* von Liverpool nach Halifax fuhr, berichtete angewidert von einer trunksüchtigen Kabinengefährtin, die in ihrer Koje Gin, Brandy und Bier hortete. Cristina di Belgiojoso probierte in Damaskus Haschisch und war abgrundtief enttäuscht. »Ich rauchte Haschisch, ich aß es, ich trank es, ohne Resultat. Es war nichts Berauschendes (geschweige denn Euphorisches) daran, ich habe fast nichts bemerkt.«[4] Belgiojoso pflanzte in der Türkei auch Schlafmohn zur Opiumgewinnung an. Bei der von Natur aus zart gebauten und leicht kränkelnden Isabelle Eberhardt nahm der regelmäßige Konsum von Marihuana und Absinth lebensbedrohliche Ausmaße an.

Lady Mary Duffus Hardy setzte alle Hebel in Bewegung, um in San Francisco einen männlichen Begleiter zu finden, der sie in eine Opiumhöhle in Chinatown mitnahm. Als Isabella Bird mit einem Hausboot auf dem Jangtse fuhr, hätte sie diese Genüsse in Reichweite an Bord gefunden; sie entsagte ihnen jedoch. Die giftigen Dämpfe ihrer Dunkelkammer, die sich mit dem ungesunden Brodem aus der Tiefe des Flusses mischten, dürften sie ohnehin oft genug betäubt haben.

Fanny Parks experimentierte in Indien nach eigenen Angaben mit Ganja, Bhang, Datura (Stechapfel) und Arrak; um ihre Gesichtsschmerzen zu lindern, behalf sie sich mit einem Brocken Opium bester Qualität. Sie verspürte ein ekstatisches Glücksgefühl, das ihre Zunge vollends löste, am nächsten Morgen jedoch in grauenhafte Kopfschmerzen überging. Nach dem Verzehr sautierter Mohnblüten schrieb sie: »Wer eine bestimmte Menge davon isst, erlebt das Paradies auf Erden.«[5]

Viele Frauen, die Asien bereisten, rauchten Tabak. Emily Burton erklärte die Zigarette, die Wasserpfeife und die langstielige Chibouque-Pfeife für schicklich, während sie Zigarren und Tonpfeifen als unweiblich ablehnte. Cristina di Belgiojoso rauchte schon vor ihrer Türkeireise Wasserpfeife. Harriet Martineau bevorzugte die Chibouque-Pfeife. »Ich sehe nicht ein, weshalb diese Sitte verwerflicher sein sollte als das tägliche Gläschen Sherry der englischen Damen daheim – ein

Algerierin mit Wasserpfeife. Postkarte, um 1900

Trösterchen, dessen ich nicht bedarf.« Der Verzicht auf Alkohol dürfte für Martineau kein Opfer gewesen sein, da sie sich mit Opium und Hypnose behalf.[6]

China, Japan und Tibet
Glaube und Torheit

IM JULI 1847 STIEG EINE EUROPÄERIN mit einer zerschlissenen Reisetasche im übervölkerten Hafen von Kanton aus einer Dschunke. In Begleitung des Kapitäns lief sie durch das Gewirr der Straßen, um das Haus eines gewissen Mr Agassiz zu suchen, für den sie ein Empfehlungsschreiben bei sich trug. Mit Hilfe des Kapitäns fand sie die Adresse, verabschiedete sich von ihm und klopfte an die Tür. Als Mr Agassiz die kleine fünfzigjährige Dame allein auf der Türschwelle stehen sah, zeigte er sich erst bestürzt, dann erstaunt. Ida Pfeiffer schrieb später, Agassiz habe kaum glauben können, »dass ich unbeschädigt und ohne Anstand durchgekommen sei. Nun wurde ich erst inne, wie höchst gewagt es für mich als Frau gewesen war, allein mit einem chinesischen Führer die Straßen Kantons betreten zu haben. Es war dies ein hier noch nie vorgekommener Fall ...«[1]

Erst seit 1842 – seit der Unterzeichnung des Vertrags von Nanking – hatten nichtasiatische Frauen überhaupt Zutritt zu den fünf chinesischen Handelshäfen, zu denen auch Kanton (Guangzhou) gehörte. Mehr als geduldet zu werden, konnten sie selbst dann nicht erwarten. Hätte Ida Pfeiffer das nicht wissen müssen? War ihr nicht klar, dass Europäer in Kanton seit über hundert Jahren acht strikten Regeln unterworfen waren, von denen eine lautete: Keine Frauen?[2] Dass diese Regeln durch den Vertrag von Nanking außer Kraft gesetzt worden waren, machte in der Praxis kaum einen Unterschied.

Zumindest musste Pfeiffer von Anne Noble gehört haben, die 1841 vor Hangzhou Schiffbruch erlitten und dabei ihren Mann und ihr Baby verloren hatte. Nachdem die Überlebenden zunächst von der einheimischen Bevölkerung freundlich empfangen worden waren, wurden sie von Soldaten abgeführt, und Anne Noble, die nur noch Lumpen am Leib trug, wanderte in Ketten ins Gefängnis. Um sie noch mehr zu demütigen, sperrte man sie in einen kleinen Käfig und karrte sie von Stadt zu Stadt, bevor man sie endlich freiließ.

Catherine de Bourboulon in Reisekleidung. Émile Bayard, in: Tour du monde 11, 1865, 241

China und Japan.
Philips' Handy Atlas, um 1897

Glücklicherweise verlief Ida Pfeiffers fünfwöchiger Aufenthalt in Kanton ohne besondere Zwischenfälle. Ihr einziges Zugeständnis an die den Frauen auferlegten Beschränkungen bestand darin, sich für ihre Streifzüge durch die Stadt einen männlichen Begleiter zu suchen und sich für ihren Marsch um die Stadtmauern als Mann zu verkleiden.[3]

Die vier anderen für Europäer geöffneten Häfen waren Schanghai, Amoy (Xiamen), Ningbo und Futschou (Fuzhou). Catherine MacLeod de Bourboulon lebte 1859, am Ende des zweiten Opiumkriegs, in Schanghai. Die gebürtige Schottin war zu diesem Zeitpunkt 32 Jahre alt und mit einem französischen Diplomaten verheiratet, der sich von 1859 bis 1862 in China aufhielt, um den französischen Teil des Vertrages von Tientsin auszuhandeln. Für jemanden aus dem Westen muss ein Aufenthalt in China zu dieser Zeit eine äußerst eindrucksvolle Erfahrung gewesen sein, umso mehr für eine Frau. Während des Taiping-Aufstandes wurde China zum Schauplatz von Hungersnöten, Massakern und Folterungen, wovon auch die Bourboulons in ihrer Wohnung einiges mitbekamen. Im November 1860 zogen sie in die neu eröffnete französische Gesandtschaft in Tientsin um.

Im März 1861 verlegten sie ihren Wohnsitz dann nach Peking. Obwohl die Stadt für Europäer verhältnismäßig sicher war, wurden sie auch dort Zeugen von Gräueltaten. Die in *Tour du monde* (1864–1865) veröffentlichten Auszüge aus Mme de Bourboulons

Tagebuch waren sowohl mit schauerlichen Hinrich- *Das Lager der Bourbou-*
tungs- als auch mit Alltagsszenen illustriert, was be- *lons in Homoutch.* Émile
weist, dass der Schein der Normalität auch während Bayard, in: *Tour du monde* 11, 1865, 233
des Aufstandes aufrechterhalten wurde.

Obwohl Mme de Bourboulon an einer nicht näher bezeichne-
ten Krankheit litt, entschloss sich das Paar 1862, auf dem Landweg
nach Paris zurückzukehren, nachdem es die Strecke bereits fünfmal
per Schiff hinter sich gebracht hatte. Außer den beiden Karawanen,
die vorausgeschickt wurden und so lebenswichtige Dinge wie
Champagner beförderten, gab es ein Dutzend leichte Wagen, zwei
Sänften (die eine war für Mme Bourboulon bestimmt, wenn das
Reiten sie ermüdet hatte, die andere für ihre Welpen), Pferde, Maultiere, Kamele, Diener, Führer, bewaffneten Begleitschutz, einen
Dolmetscher und einen Arzt. Mit einem Passierschein für die chinesische Grenze brach die Gruppe im Mai zu ihrer vier Monate
während, nahezu 12000 Kilometer weiten Reise auf.

Ihre Route führte sie nach Nordwesten zur Chinesischen
Mauer, durch die Wüste Gobi nach Urga (Ulan Bator), Werchneu-
dinsk (Ulan-Ude) und Irkutsk, dann westlich nach Krasnojarsk,
Omsk, Jekaterinburg (Sverdlovsk) und Moskau, über Berge, durch
Wüsten und an wundervollen Tempeln und Grabmälern vorbei.
Obwohl viele Siedlungen, die sie durchquerten, nur aus einer Hand
voll kleiner Hütten bestanden, strömten jedes Mal viele Menschen
herbei, um einen Blick auf die Reisenden zu werfen.

Anfangs rasteten sie in Gasthöfen, später in eigens für sie gefertigten Zelten. Nach einer qualvollen Nacht in einem heruntergekommenen Gasthaus notierte Mme de Bourboulon, Zelte seien doch »tausendmal besser«. Kein Wunder: Ihre Zelte maßen etwa fünf Meter im Durchmesser und drei Meter in der Höhe, außerdem waren sie mit Holztüren, seidenen Behängen und Teppichen prachtvoll ausgestattet.[4]

Bevor der Eindruck entsteht, es habe sich um eine Luxusreise gehandelt, sollte der Gerechtigkeit halber erwähnt werden, dass die Karawane in Sandstürme geriet, Fahrzeuge in die Brüche gingen und die ständige schwankende Bewegung eine schmerzhafte Prüfung für Mme de Bourboulon darstellte. »Nur unter Aufbietung aller Kräfte«, schrieb sie, »kann ich die Strapazen dieser Tage ertragen. Wenn ich den Mut verlöre, wie sollte ich dann die sibirische Grenze erreichen, die noch sechshundert Meilen vor uns liegt? Wie betrüblich ist es doch, in dieser Einöde ernstlich krank zu sein.« Erwähnt sei noch, dass sie und ihre Reisegruppe vermutlich die Ersten waren, die in der Wüste Gobi Whist spielten.[5]

Ihr Befinden besserte sich, als sie sich Jekaterinburg näherten. Die letzte Etappe der Reise, die sie über Moskau nach Paris führte, wurde per Dampfschiff und Zug zurückgelegt.

Isabella Bird in ihrem japanischen »Regenmantel aus Stroh«. Bird 1880, Bd. 1, 346

In dem 1865 bei Murray erschienenen *Handbook for Travellers to Russia, Poland and Finland* schrieb der Autor, schon viele Reisende beiderlei Geschlechts hätten die Landroute genommen und für einfach befunden, selbst wenn sie kein Wort Russisch gekonnt hätten. Für die Strecke von London nach Peking seien rund fünfzig Tage einzuplanen.[6]

Isabella Bird benötigte für ihre ausgedehnten Asienreisen meist nur einen Dolmetscher und manchmal ein paar Träger. Sie bereiste Japan und Korea, fuhr den Jangtse hinauf und gelangte bis nach Tibet.

Ihr Aufbruch nach Japan beendete eine vierjährige Reisepause. Nach ihrer Rückkehr von den Sandwich Islands (Hawaii) und aus den Vereinigten Staaten 1874 hatte die selbst an verschiedenen Krankheiten leidende Isabella zunächst ihre schwer kranke Schwester Henrietta gepflegt. 1878 machte ihr Dr. John Bishop, ein ebenfalls chronisch kranker Freund der Familie, einen

Heiratsantrag. Statt ihr Jawort zu geben, entschwand Isabella Bird, vorgeblich wieder aus »Gesundheitsgründen«, erst einmal nach Asien.

OBEN: *Eine Europäerin wird im Palankin durch die Straßen von Schanghai getragen.* E. Grandsire, L'Illustration, 13. Oktober 1860, 261

Man hatte sie gewarnt: »Da bisher noch keine englische Dame allein durch das innere Land gereist ist, so erweckt mein Plan große Anteilnahme bei meinen Freunden, und ich vernehme viele warnende und abmahnende Stimmen, aber wenige ermutigende.«[7]

UNTEN: *In einer* kuruma *erkundete Isabella Bird Tokio.* Bird 1990, 54

In Begleitung ihres jungen Dolmetschers Ito und ausgestattet mit einem Pass, der ihr unbeschränktes Reisen im Norden Japans erlaubte, unternahm sie eine sieben Monate dauernde Exkursion ins Landesinnere und nach Yezo (Hokkaido). Meist waren sie zu Pferd unterwegs. Ungewöhnlich heftige Regenfälle und schlammige Pfade erschwerten das Vorwärtskommen. Bei ihren Übernachtungen in den feuchten, verwahrlosten Unterkünften in winzigen Dörfern musste Isabella Bird feststellen, dass Privatsphäre nicht überall selbstverständlich war: Neugierige Dorfbewohner schnitten Gucklöcher in die verschiebbaren Papierschirme, die als Wände dienten. Ihr Buch *Unbetretene Pfade in Japan* (1880/1990) ist ein Überlebensratgeber, von dem sich heutige Autoren von Horror-Reiseberichten manches abgucken könnten.

Den Weihnachtsabend 1878 verbrachte Isabella an Bord des wenig Vertrauen erweckenden Dampfschiffes *Wolga,* das nach Hongkong unterwegs war.[8] Am Neujahrsabend schiffte sie sich auf der *SS Kin Kiang,* die außer ihr noch einen Europäer und 1950 Chinesen beförderte, nach Kanton ein. Sie besichtigte die Stadtmauern, erkundete die engen Straßen, besuchte Krankenhäuser, die schwimmende Stadt und sogar das überfüllte, unbeschreiblich

Straße in Kanton.
Nach einem Foto von James Thomson,
in: *Tour du monde* 30, 1875, 391

schmutzige Gefängnis Naam-Hoi, wo man den unglücklichen Insassen schwere Fußeisen anlegte und Opiumdämpfe die Luft erfüllten. Die mit Lasterhaftigkeit und Verbrechen getränkte Atmosphäre und der Anblick der Hinrichtungsstätte, eines »Blutackers«, entsetzten sie.[9] Sie reiste zurück nach Hongkong und von dort weiter nach Malaysia.

Henrietta starb 1880; kurz darauf heiratete Isabella Dr. Bishop und beschränkte ihre Reiseaktivitäten vorübergehend auf kontinentaleuropäische Badeorte. Marianne North erwähnt eine Bird-Anekdote, die 1881 kursierte: »Sie wurde gefragt, ob sie nicht nach Neuguinea reisen wolle. Gewiss, gab sie zur Antwort, doch sie sei jetzt verheiratet, und leider sei dies kein Land, in das man einen Mann mitnehmen könne.«[10] Gesundheitlich ging es dem Ehepaar schlecht, und John Bishop starb bereits 1886. Drei Jahre später war Isabella wieder unterwegs, diesmal nach Kaschmir und Klein-Tibet (heute Ladakh). Die Heimreise führte sie über Persien.

Von 1894 bis 1897 besuchte sie Korea und China, und obwohl Korea sie enttäuschte, widmete sie dem Land ein zweibändiges

Werk, *Korea and her Neighbours* (1898). China und Tibet – das sie bereits zum zweiten Mal zu bereisen versuchte – stellten eine deutlich größere Herausforderung dar, nicht nur, weil Feindseligkeiten gegenüber Ausländern dort an der Tagesordnung waren; auch die Reisebedingungen waren so abschreckend wie in Japan und Persien. Sie reiste mit wenig Gepäck und in einer bequemen, leicht abgewandelten chinesischen Tracht. Unterwegs fotografierte sie eifrig. Die Filme entwickelte sie in provisorischen Dunkelkammern, und das Fixiersalz spülte sie mit Flusswasser aus dem Jangtse ab. Sie fuhr mit Hausbooten, die nach ihren Opium rauchenden Kapitänen rochen, und ließ sich von Trägern über morastige Pfade transportieren. Obwohl ihre Reiselust unvermindert anhielt, lässt ihr Buch *The Yangtze Valley and Beyond* (1899) doch den früheren Schwung vermissen. Immerhin war Isabella Bird inzwischen 63 Jahre alt und kränker denn je: Sie litt an Gicht, chronischer Erschöpfung, Lungenentzündung und hatte ein schwaches Herz.[11]

1901 unternahm sie zu Pferd eine letzte, sechs Monate während Reise durch Marokko. Im folgenden Jahr – man hatte gerade einen Tumor und eine Herzkrankheit bei ihr diagnostiziert – bereitete sie sich auf eine weitere Tour nach China vor. Diese Reise fand jedoch nicht mehr statt. Isabella Bird starb am 7. Oktober 1904.[12]

Tibet war das erklärte Ziel einer ganzen Reihe von Europäerinnen, doch erst der in der Chinamission tätigen englischen Missionarin Annie Royle Taylor gelang es, ins Land hineinzukommen. Sie durfte sich später sogar dort niederlassen. William Carey suchte Annie Taylor im Juli 1899 in ihrem»Laden«im Marktviertel von Yadong nördlich von Darjeeling auf in der Hoffnung, sie könne ihm bei dem Buch, an dem er gerade schrieb, mit Informationen über tibetische Bräuche helfen. Während seines Besuchs durfte er auch einen Blick in ihr fast unleserliches Tagebuch werfen. Carey reiste weiter, doch das Tagebuch ging ihm nicht aus dem Kopf, und schließlich bat er sie um die Erlaubnis, es zu transkribieren.[13] Beim mühseligen Entziffern ihres Gekritzels erschloss sich ihm die Geschichte einer Frau, deren Glaube so tief war, dass sie auf einer Missionsreise nach Lhasa ihr Leben und das ihrer Führer aufs Spiel gesetzt hatte.[14]

Im September 1892 hatte Annie Taylor mit ihrem Diener Pontso, dessen Frau, den Chinesen Leucotze und Nobgey sowie Noga, einem chinesischen Führer, und dessen tibetischer Frau

Annie Taylor in Reiseklei-
dung (links). Pontso,
Annie Taylor und Pontsos
Frau beim Teetrinken
(rechts). Carey, 199 u. 242

Erminie die Grenzstadt Tau-chau★ verlassen. Kaum
waren sie losmarschiert, brach der Winter mit klirrender Kälte über sie herein, und obwohl sie sich einer
zweihundert Mann starken mongolischen Karawane
anschlossen, wurden sie ausgeraubt. Sie konnten von
Glück reden, dass sie mit dem Leben davonkamen. Der
zerlumpte Trupp kämpfte sich durch Schnee und Stürme tapfer
weiter bis zum Gelben Fluss (Huang Ho), der wegen Hochwassers
unpassierbar war. Zu allem Überfluss begann Noga seine Frau zu
schlagen und drohte damit, Annie Taylor an die tibetischen Behör-
den auszuliefern.

Schließlich überquerten sie den Fluss mit Hilfe von aufgeblase-
nen Tierhäuten − ein aufreibender Kraftakt, den sie an anderer
Stelle wiederholen mussten. Schon im Oktober hätte eine weniger
fromme Reisende wohl längst aufgegeben: Erst revoltierte Annie
Taylors Magen gegen die fette tibetische Kost, dann wurde sie
schneeblind, und schließlich starb auch noch Leucotze. Als Noga

---

★ Tau-chau (auch Tei-chu, Tai-chu oder Tao-chow) ist eventuell das heutige Luqu.

sie einen Monat später umzubringen drohte, betete sie inbrünstig, er möge einfach gehen. Mitte Dezember verließ er sie tatsächlich, doch nicht ohne sie vorher noch zu verraten. Am 4. Januar 1893 wurde Annie wegen des Verdachts auf Spionage verhaftet. Man brachte sie nach Nag-chu-ka (Nagqu) einige Tagesreisen von Lhasa entfernt und wies sie kurzerhand aus. Später verfasste Annie Taylor eine (laut Carey ziemlich enttäuschende) Abhandlung mit dem Titel *The Origin of the Tibetan Pioneer Mission* (um 1894).

Susie Carson Rijnhart, eine Ärztin aus Ontario, verarbeitete ihre bitteren Erfahrungen in *Wanderungen in Tibet* (1901/1904). Mit ihrem Mann, dem holländischen Missionar Petrus Rijnhart, war sie im Herbst 1894 nach China gekommen, um in Lusar nahe der tibetischen Grenze eine Krankenstation und eine christliche Missionsstation zu errichten. Von dort gingen sie nach Tankar (Huangyuan), das in der Nähe des Lamaklosters von Kumbum lag.[15] Da sie fest damit rechneten, nach Tibet hineinzukommen, begannen sie die Sprache zu lernen, wobei sich allerdings bald herausstellte, dass ihr Lehrer ihnen ein Kauderwelsch aus Mongolisch und Tibetisch beigebracht hatte. Immerhin sprachen sie schon bald fließend Chinesisch.

Kurz nach ihrer Ankunft wurden sie Zeugen eines blutigen Moslemaufstandes. Das Lamakloster von Lusar gewährte ihnen Zuflucht – ein seltenes Privileg –, und Susies medizinische Kenntnisse erwiesen sich während der heftigen Kämpfe als unverzichtbar. Am 30. Juni 1897 brachte sie ihren Sohn Charles zur Welt. Kaum ein Jahr später war die Familie bereits auf dem Weg nach Lhasa.

Der Plan der Rijnharts schien vernünftig: Sie stellten eine kleine, unauffällige Karawane zusammen, die außer ihnen aus drei Männern bestand, darunter Rahmin, ein Führer aus Ladakh, und beschafften fünf Reit- und zwölf Packtiere sowie genügend Lebensmittel für zwei Jahre. Mitte Mai 1898 brachen sie auf.

Obwohl eins der Pferde sofort durchging, begann die Expedition ruhig. Im Kunlun-Gebirge setzte Schneefall ein, und sie kamen nur langsam voran. Dann brach das Unglück über sie herein:

Susie Carson Rijnhart
in tibetischer Kleidung.

Rijnhart, 313

Zwei ihrer Führer machten sich mitsamt einigen Vorräten aus dem Staub, und fünf Tiere wurden gestohlen. Und dann starb ganz plötzlich Charlie, der gerade zu zahnen begonnen hatte. Sie begruben und beweinten ihn, zogen jedoch weiter.

Schließlich kamen sie nach Nagqu, wo Annie Taylor hatte umkehren müssen. Auch die Rijnharts durften nicht weiterreisen. Rahmin, der sie begleitet hatte, um in seine Heimat zurückzukehren, verließ sie. Eine tibetische Eskorte sollte sie nach Ta-Chien-lu bringen. Unterwegs gerieten sie jedoch in einen Hinterhalt. Banditen schossen einen der Tibeter in den Arm und raubten ihnen einige Pferde, die übrigen Tiere erschossen sie. Die Tibeter suchten das Weite. Allein mit einem Berg von Gepäck, ohne Tragtiere und Führer und voller Angst, die Banditen könnten zurückkommen, beschlossen die Rijnharts, ihre Habe zurückzulassen. Sie schleppten sich weiter, bis sie am gegenüberliegenden Ufer des Tsa Chu (Za Qu) ein Nomadenlager entdeckten. Petrus wollte versuchen, den Fluss zu durchqueren, um Hilfe zu holen. Er watete hinein, wandte sich dann wieder Richtung Ufer, rief etwas, das Susie nicht verstand, und verschwand hinter einer Biegung. Sie sollte ihn nie wiedersehen.

Nachdem sie mehrere Tage voller Angst auf ihn gewartet hatte, gelang es ihr, mit Hilfe der Nomaden den Fluss zu überqueren. Alle Nachforschungen nach ihrem Mann blieben fruchtlos; niemand, so schien es, hatte ihn gesehen. Sie heuerte zwei wenig Vertrauen erweckende Führer an, denen sie ihr Fernrohr versprach und ihren Revolver zeigte, um sie in Schach zu halten. Bei einem kleinen Lamakloster verschaffte ein mitfühlender chinesischer Kaufmann ihr einen Pass und sorgte so für ihre sichere Weiterreise zur Grenze.

Ta-Chien-lu um 1880.
Captain William Gill: *The River of Golden Sand,* London 1883, 169

Zwei Monate nach Petrus' Verschwinden erreichte Susie nach vielen Strapazen völlig erschöpft Ta-Chien-lu, wo man sie zum Haus eines Missionars namens Turner führte. Zwei Männer standen im Hof, als sie eintrat. »Wie reinlich sie aussahen in ihrer chinesischen Tracht, und wie weiß ihre Gesichter waren! Ich wusste gut, dass ich gar nicht rein war, aber trotz meiner Lumpen stand ich da und wartete, ob sie mich anreden würden. Doch nein, ich musste zuerst sprechen. So sagte ich denn auf Englisch: ›Wohnt Herr Turner hier?‹, und Herr Moyes bejahte es.«[16]

Sie war soeben dem Mann begegnet, der 1905 ihr zweiter Ehemann werden sollte. Ein halbes Jahr blieb sie noch in der Stadt und wartete vergeblich auf Nachrichten über Petrus' Schicksal, dann kehrte sie nach Kanada zurück. 1902 kam sie wieder nach Ta-Chien-lu, um ihre Arbeit als Missionsärztin fortzusetzen. Als sich ihr Gesundheitszustand sechs Jahre später zusehends verschlechterte, kehrte sie mit Moyes nach Kanada zurück. Dort starb sie.

Tibet und seine Hauptstadt Lhasa lockten viele Missionare und Entdecker an. Zu ihnen gehörte auch die französische Journalistin Alexandra David-Néel, Verfasserin des Reiseberichts *Die erste Pilgerfahrt einer weißen Frau nach der verbotenen Stadt des Dalai Lama* (1928), die mit dem Auftrag, den Dalai Lama zu interviewen, nach Tibet kam, um sich fortan mit Leib und Seele der tibetischen Kultur und Religion zu widmen. Da sie 1923 tatsächlich als erste Europäerin in die verbotene Stadt gelangte, verdient sie es, hier erwähnt zu werden, auch wenn ihre Reisen außerhalb des zeitlichen Rahmens dieses Buches liegen.[17]

Nordamerika
Ausspucken und andere Unsitten

IM ZUGE DER BESIEDLUNG Kanadas und der Vereinigten Staaten tummelten sich dort zuhauf einsame, Geld scheffelnde Männer. Im Jahr 1862 erschien das Buch *Cariboo* eines anonymen Verfassers, der die jungen Britinnen beschwor, ihrer Zukunft als Erzieherin oder Lehrerin im Mutterland zugunsten des Eheglücks im Land des Goldes zu entsagen. »Ich habe nirgendwo so viele heiratswillige Goldgräber wie in British Columbia gesehen«, behauptete er.[1] Viele Europäerinnen folgten dem Ruf und begaben sich auf die beschwerliche Reise über den Atlantik.

KANADA
Bei Anna Jameson lagen die Dinge anders: Sie kam 1836 nach Kanada, um ihre Ehe mit Robert Jameson, Justizminister von Ober-Kanada (heute Ontario), aufzulösen. Innerhalb der zehn Monate, die sie in Kanada verbrachte, entstand ihr Buch *Winterstudien und Sommerstreifereien in Canada* (1838/1839). Es beginnt im Dezember mit ihrer Ankunft in Toronto:

> Was Toronto im Sommer ist, kann ich nicht sagen; man versichert, es sei ein hübscher Ort; in diesem Augenblick erscheint es mir, der Fremden, ganz besonders alltäglich und melancholisch. Eine kleine schlecht gebaute Stadt, auf flachem Land, an dem äußersten Ende einer gefrorenen Bai, mit einer sehr hässlichen Kirche ohne Turm oder Türmchen; einige Gouvernementsgebäude von hochroten Backsteinen, alles im geschmacklosesten und gemeinsten Stil, den man sich denken kann; drei Fuß Schnee ringsumher … Ich habe nicht viel erwartet, doch darauf war ich nicht vorbereitet. Vielleicht würde auch keine Vorbereitung gefruchtet oder meine jetzige Empfindung gemildert haben.[2]

Sie vergrub sich in ihrem Häuschen, und während die Kälte die Tinte im Fass zum Gefrieren brachte, übersetzte sie ein deutsches Buch über Goethe und kramte

Fanny Trollope. Radierung
von W. Holl nach einer Zeichnung von
Miss L. Adams, in: *Domestic Manners of the
Americans* (Auflage von 1845), Frontispiz

Nordamerika.
Philips' Handy Atlas, um 1897

in alten Reiseerinnerungen an Italien und Österreich. Trotzdem verspürte sie eine innere Leere. »Für mich ist es etwas Neues, denn ich bin nie bis zum Tod ennuiert gewesen, außer in der Einbildung.«★ Sie war so deprimiert, dass sie selbst beim Anblick der winterlichen Niagarafälle Enttäuschung empfand.[3]

Im Frühling brach Anna zu einer zweimonatigen Reise auf, um auf Straßen, die jeder Beschreibung spotteten, voller Unternehmungslust durch die Wälder zu rollen. Ein zweiter Ausflug zu den Niagarafällen versöhnte sie mit diesem Naturwunder, dessen Schönheit sie eine längere Passage widmete. Dann fuhr sie über Buffalo, Hamilton, Paris, Woodstock, London und Chatham weiter nach Detroit.[4]

In Detroit schiffte sie sich auf der *Jefferson* ein und ließ sich auf der Insel Mackinaw (heute Mackinac Island) absetzen. Ihre Ängste, kein Quartier zu finden, lösten sich rasch auf. »Mit dem Gefühle des Genusses, kühn und ohne mir vor der Zeit Kummer zu machen, wie ein Kind, das weder rück- noch vorwärts sieht, gab ich mich bald der Gegenwart und all ihrer angenehmen, aufregenden Neuheit hin und überließ es der Zukunft, für sich selbst Sorge zu tragen.« Sie fand ein Zimmer im Haus des amerikanischen Agenten.[5]

★ Anna Jameson verfasste den Reiseroman *The Diary of an Ennuyée* (1826).

Anna Jameson wollte das Leben der Ureinwohner studieren, wozu sie auf Mackinaw wie später auf Manitoulin reichlich Gelegenheit fand. So widmete sie den dritten Teil ihres Berichts den Legenden und Gebräuchen der Chippewa-Indianer. Sie lobte den hohen Status der Frau, tadelte die Schwäche der Chippewa für Feuerwasser und war ziemlich schockiert, als diese im Naturzustand einen zeremoniellen Tanz vor ihr aufführten:

> … und als diese wilden, mehr als halb nackten Gestalten heraufkamen, springend, jauchzend, trommelnd, kreischend, scheußlich bemalt und ihre Keulen, Tomahawks, Wurfspieße schwingend, war es, als gäbe es eine Maskerade von Teufeln, die ins Paradies einbrechen. Es war wie eine lächerliche und schreckliche Phantasmagorie. Von ihrer Art, sich zu kleiden, sage ich nichts, – denn, wie man weise spricht, aus nichts wird nichts; indess, wenn nach unsern großen, modernen Philosophen alle Symbole Kleider sind, so waren meine indianischen Freunde so wenig symbolisch, als Sie nur immer zu denken wagen können – *passons par là-dessus*.[6]

Anna Jameson einige Jahre nach ihrer Kanadareise im Jahr 1837. Duyckinck, Bd. 2, 13

Nach einer Woche verließ sie Mackinaw in einem Kanu, das von fünf Waldläufern gerudert wurde. Während der zweitägigen Tour nach Sault Ste. Marie konnten nur die Moskitos ihre Begeisterung dämpfen. Anfang August kehrte sie mit dem Kanu nach Toronto zurück. 21 »Kavaliere« begleiteten sie. Sie verhielten sich sehr rücksichtsvoll und überraschten sie einmal mit einem Frühstück, das sie samt Blumenschmuck auf einem flachen Stein anrichteten.[7] Für zivilisationsmüde Europäer schien Kanada ein wahres Dorado zu sein:

> Ich wundere mich, wie es zugeht, dass einige Personen hohen Standes, denen ich in London gewöhnlich begegne und die aussehen, als gäben sie ein ganzes Reich für ein neues Vergnügen oder für eine neue Empfindung, nicht hierher kommen. Sind es Epikuräer, so sollten sie kommen, um Weißfisch und Biberschwänze zu essen; sind es Jäger – hier ist ein Paradies für die Bären-, Hirsch- und Otterjagd; wilde Vögel zu Tausenden und Fische in Menge; sind sie Liebhaber des Malerischen, die sich an Italien und der Schweiz satt gesehen

Frances Anne Hopkins:
In den Stromschnellen
(bei Lachine, Quebec), um
1879. Öl auf Leinwand.
Die Malerin und ihr Ehe-
mann befinden sich in
der Mitte. Mit frdl. Genehmigung
der National Archives of Canada
(1989-401-2X; C-2774)

haben, so mögen sie hierher kommen und den wahren Stein der Weisen finden – oder vielmehr das wahre Elixier des Lebens – Neuheit.[8]

Nach ihrer Rückkehr kam Anna Jameson in England als Kunsthistorikerin zu Ehren. Sie schrieb weitere Reiserichte, u.a. *Sketches in Canada and Rambles Among the Red Men* (1852) und *Camping in Colorado with Suggestions to Gold-Seekers, Tourists and Invalids* (1879).

Die englische Malerin Frances Anne Hopkins, ebenfalls eine Liebhaberin der kanadischen Wildnis, unternahm innerhalb von zehn Jahren mit ihrem Ehemann mehrere Kanuexpeditionen. Die grandiose Natur und der Reisealltag in den Camps bildeten die Sujets ihrer Gemälde und Zeichnungen. Ab 1870 lebte sie wieder in England.

Andere Frauen emigrierten nach Kanada, so z.B. die Ordensschwestern und Pionierinnen Susanna Moodie und Catherine Parr Traill sowie die Schottinnen Isabel Gunn und Letitia Hargrave.

Da die Hudson's Bay Company jahrelang nur männliche Mitarbeiter einstellte, gab sich Isabel Gunn kurzerhand als ein John Fubbister aus. Im Sommer 1806 traf sie in Fort Albany ein, ging dort ein Jahr lang ihrer Arbeit nach und wurde dann nach Pembina am

Red River versetzt. Im Winter 1807 brachte John Fubbister zur Überraschung seiner Umgebung ein Kind zur Welt. John benannte sich in Mary um und zog wieder Frauenkleider an. Sie ging zurück nach Fort Albany und konnte dort noch eine Weile arbeiten, bis die Kompanie sie unter Berufung auf ihre »Keine-weißen-Frauen«-Doktrin vor die Tür setzte. Im Herbst 1809 trat sie widerstrebend die Heimreise nach Schottland an.[9]

Die Prince Albert *(links) und die* Prince Rupert *(rechts) der Hudson's Bay Company transportierten Passagiere, Post, Lebensmittel und Pelze. Die Schiffe waren für die Faktoreien von elementarer Bedeutung. ILN, 21. Juni 1845, 388*

Letitia Mactavish Hargrave wurde von dem Angestellten James Hargrave in die entlegene Pelzhändlerstadt York Factory an der Hudson Bay »entführt«. Eine Zeit lang hatte er sie in Briefen hofiert, dann kam er, sah und siegte. Man schrieb das Jahr 1840. Schlecht vorbereitet machte sie sich vom schottischen Argyllshire nach London auf, um dort das Schiff nach Kanada zu nehmen. Auf der Überfahrt quälten sie Seekrankheit, Halsentzündungen, Kopfweh und Magenbeschwerden; zwischen den Zeilen ihrer optimistischen Briefe klang tiefe Verzweiflung durch.

Als die *Prince Rupert* endlich ihr Ziel erreicht hatte, folgte Letitia ihrem inneren Drang, sich »auszuweinen«. Doch dann blühte sie förmlich auf und schrieb mit leichter Feder heitere Briefe über Hackordnungen, Mischehen und den Gesundheitszustand ihrer

Mitmenschen. In einem ihrer lebensprühenden, freimütigen Briefe erzählte sie von einer Miss Sinclair, die bei ihr zu Gast war und im Schlaf zu reden pflegte. So erfuhr Letitia, dass Miss Sinclair vergewaltigt worden war:»Sie kam zu dem Schluss, dass ihr Schicksal nicht ungewöhnlich sein könne, weil ihre Schwester und Miss MacKenzie ein ähnliches Unglück zugestoßen war. Ich werde ihr nicht sagen, dass sie im Schlaf spricht, um sie nicht in Verlegenheit zu bringen.«[10]

Die Hargraves hatten fünf Kinder. Zweimal, 1846 und 1851, reiste Letitia mit ihrer Familie nach Schottland. Nach der zweiten Reise zogen sie nach Sault Ste. Marie um, und zwei Jahre später starb Letitia an Cholera. Sie war 41 Jahre alt.

Ida Pfeiffer führte den ruppigen Empfang, der ihr 1854 in Montreal und Quebec bereitet wurde, auf ihren Status als allein reisende Frau zurück. In Montreal gelang es ihr erst, ein Hotelzimmer zu bekommen, als sie Geld über den Tresen schob. Wenn sie einen Passanten auf der Straße nach dem Weg fragte, erhielt sie bestenfalls ein mürrisches»I don't know«als Antwort.»Soviel ich sah, befand ich mich gerade nicht in dem Lande der Höflichkeit.«[11]

Im selben Jahr kam Isabella Bird nach Kanada. Sie drang tiefer ins Landesinnere vor und nahm von der Reise positivere Eindrücke mit. Von Halifax aus reiste sie nach Nova Scotia, Prince Edward Island, New Brunswick, Ontario und Quebec. Dank ihrer guten Beziehungen wurde ihr der Weg geebnet. Sie war erst 23 Jahre alt, voller Abenteuerlust, und die Aussicht, dass das junge Land sie mit ungefederten Postkutschen, holprigen Knüppeldämmen und ungenießbaren Speisen herausfordern würde, konnte sie nicht schrecken.

DIE VEREINIGTEN STAATEN

Die Vereinigten Staaten von Amerika übten zu diesem Zeitpunkt als Reiseland eine größere Anziehungskraft aus als Kanada. Frances (Fanny) Trollope schrieb einen scharfzüngigen Bericht über *Domestic Manners of the Americans* (1832, dt.: *Leben und Sitte in Nordamerika*, 1835), eine Zusammenfassung ihrer vierjährigen Amerika-Erkundung. Zwischen 1827 und 1831 hatte sie sich dort erfolglos als Unternehmerin versucht, u.a. mit der Gründung von Kuriositätenmuseen und eines extravaganten Basars in Cincinnati, der »Trollopes Spinnerei« genannt wurde.[12]

Trollope kritisierte die Sklaverei und bespöttelte alles, was sie
sah, als amerikanische Unkultur. Sie füllte die Seiten mit unter-
haltsamen Details, so über die Methode der Müllentsorgung in Cincinnati, wo die Abfälle als Schweinefraß auf die Straße gekippt wurden. (Isabella Bird sollte dafür zwanzig Jahre später den bildhaften
Ausdruck »Porkopolis« prägen.) Um Gerechtigkeit walten zu lassen, machte Trollope den Sarkasmus an anderer Stelle wett, indem
sie ihrer Bewunderung für sehenswerte Orte wie den New Yorker
Hafen freien Lauf ließ. Aber ihr Urteil über die Amerikaner stand
fest: »Was die Einwohner im Allgemeinen betrifft, so wie ich sie in
Stadt und Land, unter Armen und Reichen, im Zustande der Sklaverei und im Zustande der Freiheit gesehen habe … – ich mag sie
einfach nicht. Ich mag ihre Grundsätze nicht, ich mag ihr Benehmen nicht, ich mag ihre Auffassungen nicht.«[13]

In der Hoffnung, mit dem Verkaufserlös ihrer Bücher ihre
Schulden begleichen zu können, kehrte Frances 1831 nach England
zurück. Ihr Buch *Domestic Manners* erreichte innerhalb eines Jahres
vier Auflagen. Dennoch blieb ihre Situation kritisch. Mit ihrem
Ehemann entfloh sie 1834 nach Kontinentaleuropa, wo
sie weitere Reiseberichte schrieb, u.a. *Belgien und West-*
Deutschland im Jahr 1833, *Paris and the Parisians in 1835*,
Vienna and the Austrians und *A Visit to Italy*. Außerdem
verfasste sie, wie ihr Sohn Anthony, Romane. Als sie
ihre finanzielle Situation wieder im Griff hatte, ging sie

Blick auf Cincinnati.
Von weitem sieht die Stadt
nicht halb so schlimm aus,
wie Fanny Trollope sie
beschrieb. ILN, 7. Juni 1845, 356

erneut auf Reisen. Im Oktober 1863 starb sie im Alter von 83 Jahren in Florenz.

Die Idee, in Amerika ihr Glück zu versuchen, verdankte Frances Trollope der schottischen Sozialreformerin und Abolitionistin Fanny Wright. Für Wright war Amerika ein Land der unbegrenzten Möglichkeiten. Sie kam gemeinsam mit ihrer Schwester Camilla im August 1818 auf der *Amity* nach New York und blieb bis 1820. In ihrem Reisebericht *Views and Society and Manners in America … by an Englishwoman* (1821) mischen sich schwärmerische Höhenflüge mit kritischen Bemerkungen über die Sklaverei, die Mode und die Sitten. Gleichwohl hatte sie mit ihrem Buch auch in Amerika Erfolg. 1824 kehrte Fanny Wright mit Camilla in Begleitung des Marquis de Lafayette nach Amerika zurück. Dem 67-jährigen Franzosen, einem überzeugten Verfechter des amerikanischen Unabhängigkeitsgedankens, ging der Ruf eines notorischen Frauenhelden voraus, und so verbreiteten sich die übelsten Gerüchte über diese Verbindung.

Fanny Wright kaufte Land in der Nähe von Memphis (Tennessee). Sie nannte diesen Ort »Nashoba« und besiedelte ihn mit Sklaven, um diese auf ein selbstbestimmtes, freies Leben vorzubereiten. Sie arbeitete so lange mit, bis das Malariafieber (und ein Sonnenstich) sie zum Aufgeben zwang. 1827 reiste sie nach Frankreich und kam nach dieser Stippvisite zusammen mit Frances Trollope zurück. Während Fannys Abwesenheit hatte Camilla geheiratet, und Nashoba war völlig heruntergekommen. Voller Entsetzen angesichts des Elends machte sich Trollope so schnell wie möglich aus dem Staub. Später entließ Fanny Wright ihre Sklaven in die Freiheit nach Haiti. Danach setzte sie sich in öffentlichen Vorträgen für die Gleichstellung der Geschlechter und die Geburtenkontrolle ein; Frances Trollope beschied ihr, sie kämpfe für Ideen, die Millionen zum Erzittern brächten.[14]

Kurz nach Camillas Tod 1831 heiratete Fanny ihren langjährigen Reisegefährten Phiquepal d'Arusmont, einen französischen Erziehungstheoretiker, mit dem sie eine Tochter hatte. Über den Rest ihres Lebens ist wenig bekannt bis auf den Umstand, dass sie wegen ihrer reformerischen Ideale ständig Verunglimpfungen ausgesetzt war und zwischen Amerika und Europa hin und her pendelte. Außerdem entpuppte sich d'Arusmont als ausgemachter Schurke, der Frau und Tochter um ihr Vermögen brachte.[15]

Harriet Martineau, die sich ebenfalls als Abolitionistin hervor-
tat, traf im August 1834 in Amerika ein. Martineau, die uns noch
aus dem Kapitel über Ägypten als bügelnde Nilfahrerin in Erinne-
rung ist, genoss eine 42-tägige Atlantikfahrt ohne besondere Vorkommnisse, außer dass sich ein Schaf durch einen Sprung über Bord
dem Kochtopf entzog. Als sie sich dem Hafen von New York
näherten, ging der Lotse mit seinem Schiff längsseits und fragte, ob
ein Abolitionist an Bord sei. Als der Kapitän verneinte, nannte der
Lotse Martineaus Namen und insistierte, sie habe vielleicht vor, wegen der jüngsten Ausschreitungen gegen die Abolitionisten in New
York einen Aufstand anzuzetteln. Ein Passagier verbürgte sich für
Martineau, die seines Wissens zwar »prinzipiell« gegen die Sklaverei
sei, die Vereinigten Staaten jedoch »als Lernende und nicht als Leh-
rende« besuche. Später zeigte man ihr einen Zeitungsartikel, der
von ihrer bevorstehenden Ankunft berichtete und die Leser beschwor, sich in Anwesenheit der Ausländerin »des Tabakkauens und
der Aufschneiderei« zu enthalten.[16] Der Schlag ins Gesicht, den
Trollope Amerika mit ihrem Buch versetzt hatte, hatte offenbar
Eindruck gemacht.

In ihren Eigenschaften als Journalistin und Sozialreformerin be-
absichtigte Martineau, über die Lebensbedingungen in Nordamerika zu berichten. Da sie kein unbeschriebenes Blatt mehr war, ern-
tete sie oft Misstrauen, erhielt jedoch auch viele Einladungen; ihr
Gepäck wurde problemlos abgefertigt, und man erwies ihr herz-
liches Entgegenkommen. Ihre Gastgeber waren offensichtlich
bemüht, ihr und ihrer anonymen Reisegefährtin den Aufenthalt
so angenehm wie möglich zu machen. Harriet zeigte sich dafür
später erkenntlich und erwähnte in ihrem Buch jeden Einzelnen
namentlich.

In ihrer Darstellung ging Martineau äußerst behutsam vor; jede
Kritik an der amerikanischen Lebensart (z.B. das ekelhafte Ausspucken der Männer oder die alberne weibliche Schaukelstuhl-
mode) relativierte sie durch eine positive Bemerkung oder eine
ebenfalls kritische Äußerung über (insbesondere reisende) Engländer. Der Wohlstand Amerikas flößte ihr Respekt ein, und sie
schämte sich der britischen Unfähigkeit, die kanadische Wildnis zu
zivilisieren. »Es war eine absurde Vorstellung, dass ein so armes Land
zu uns gehören sollte«, schrieb sie, »ein Land, dessen Armut und
hoffnungslose Rückständigkeit auf geradezu beschämende Weise

mit dem Reichtum des Landes am gegenüberliegenden Ufer kontrastierte.«[18]

Wie Trollope blieb sie einen vollen Winter, um Baltimore, Philadelphia und die Stadt Washington zu besuchen. Obwohl sie die Südstaaten aufgrund ihrer politischen Überzeugungen gegen sich aufgebracht hatte, fuhr sie mutig nach New Orleans, durchquerte Nord- und Südcarolina, Georgia und Alabama. Von New Orleans reiste sie in nördlicher Richtung weiter bis nach Cincinnati, der Stadt in den USA, in der sie besonders gern gelebt hätte. Als Frances Trollope Cincinnati im Jahr 1830 den Rücken kehrte, war sie völlig anderer Meinung:»Ich glaube, dass es niemanden unter uns gab, der nicht schon sehnsüchtig den Tag der Abreise erwartet hätte.« Ja, sie bedauerte sogar, jemals dort gewesen zu sein.[19]

Martineau reiste mit der *stagecoach,* der amerikanischen Postkutschenversion, was sie trotz der Strapazen genoss. Bald verstand sie es, die frustrierend kurzen Zwischenstopps an den Poststationen bestmöglich für sich zu nutzen. Manchmal war die Müdigkeit größer als der Hunger, und ein Wettlauf mit der Uhr begann; mit Nachtmütze, Seife und Handtuch bewaffnet, liefen die Damen eilig in die Station, wo sie auf die Güte eines Dienstmädchens hofften, ihnen eine Schlafkammer zuzuweisen. Weitere kostbare Minuten vergingen, bis die Bedienstete endlich geruhte, ihnen eine Schüssel Wasser ins Zimmer zu stellen. Hatten sich die Damen dann entkleidet und erfrischt, wickelten sie sich in den mitgebrachten Schlafrock, um sich vor den schmutzstarrenden Betttüchern und vor Zugluft zu schützen, ließen sich auf die Betten sinken und deckten sich mit ihren Mänteln zu.»Kaum träumen sie von ihrem eigenen Bett, wo sie nach Belieben ausschlafen können, da ertönt schon wieder das Posthorn, und wenn sie aus dem Schlaf hochfahren, dringt Licht durch die Türspalte, und die schwarze Dienerin steckt den Kopf herein, um sie in ihrer gedehnten Sprechweise zur Eile zu gemahnen. Obwohl sie das Gefühl haben, seit einer Woche im Bett zu liegen, sind sie völlig unausgeschlafen.«[20]

Ein Buchhändler bot Martineau an, ihre gesamten Aufzeichnungen über Amerika herauszubringen. Sie lehnte ab und meinte, sie habe nie an eine Veröffentlichung in Buchform gedacht. Er ließ jedoch nicht

»Zu den vitalsten Erquickungen des Reisens in fremde Länder – ich meine damit solche, die uns mit neuer Lebenskraft erfüllen – zählt die angenehme Entdeckung, dass wir dazu fähig sind, Mitgefühl zu zeigen und auch zu erzeugen.«
Harriet Martineau[17]

locker: Sie habe doch genug Material, und mit einem »Schuss Trollope« ließe sich etwas Lesbares daraus machen. Das Resultat waren zwei umfangreiche Bände: *Retrospect of Western Travel* (1838) und *Society in America* (1839). Während die britischen Kritiker hellauf begeistert waren, hielten sich die Amerikaner eher zurück. In *Society in America* erörtert die Verfasserin politische und soziale Probleme, u.a. die Sklaverei. *Retrospect* hat die Form eines Reiseberichts, wobei ausgewählte Themen, wie Gefängnisse, Sklaverei, Gehörlose und Blinde, in eigenen Kapiteln abgehandelt werden. Das letzte Kapitel ist sinnigerweise Friedhöfen gewidmet. »Es heißt, die Toten treten in neue Erfahrungsbereiche ein, wo sie mit frischer Kraft und weiser handeln. Derselbe Wunsch beseelt die erquickte Reisende.«[21]

Emmeline Wortley und ihre zwölfjährige Tochter Victoria gehörten zu den weniger kritischen Reisenden. Dennoch bewies Emmeline in ihrem Buch *Travels in the United States, etc.* (1851) ihre präzise, scharfe Beobachtungsgabe. Die ebenfalls schriftstellernde Victoria ging mit ihrem Buch *Young Traveller's Journal of a Tour in North and South America* (1852) als jüngste Autorin in die Annalen der Reiseliteratur ein.

Emmeline und Victoria trafen mit zwei Dienerinnen im Mai 1849 auf der *Canada* in New York ein. Sie erkundeten die Ostküste zwischen den Niagarafällen und New Orleans und setzten die Reise dann nach Mexiko und Peru fort. Emmeline betonte, sie hoffe, dass ihre Leserschaft sich für die »Causerien des Reisens« erwärmen könne. Sie füllte die Seiten mit Schilderungen von Essenseinladungen, Unterhaltungen und Zufallsbegegnungen. Über besonders beeindruckende Orte schrieb sie jeweils ein Gedicht, so über Mammoth Cave in Kentucky, hatte sie sich doch auch als Lyrikerin in *Blackwood's* bereits ihre Sporen verdient. Sie verkehrte mit der Crème de la Crème; in Cambridge, Massachusetts, begegnete sie dem Naturforscher Louis Agassiz, der neben dem Schriftsteller Washington Irving, dem Dichter Longfellow und den Mormonen zu den »Denkmälern« Amerikas gehörte. Wortley lernte auch Globetrotterinnen kennen, die sie tief beeindruckten. »Die Amerikanerinnen mögen insgesamt weniger reisen als die Europäerinnen, doch wenn das Fieber sie einmal gepackt hat, pilgern sie bis ans Ende der Welt.«[22]

»Hätte man die Stadt Washington planmäßig erbaut, wäre sie sicher schön; aber so lässt sich nicht allzu viel über sie sagen.«
Emmeline Wortley[23]

Niagara Falls in Winter.

Spent all day here. Train 5 h

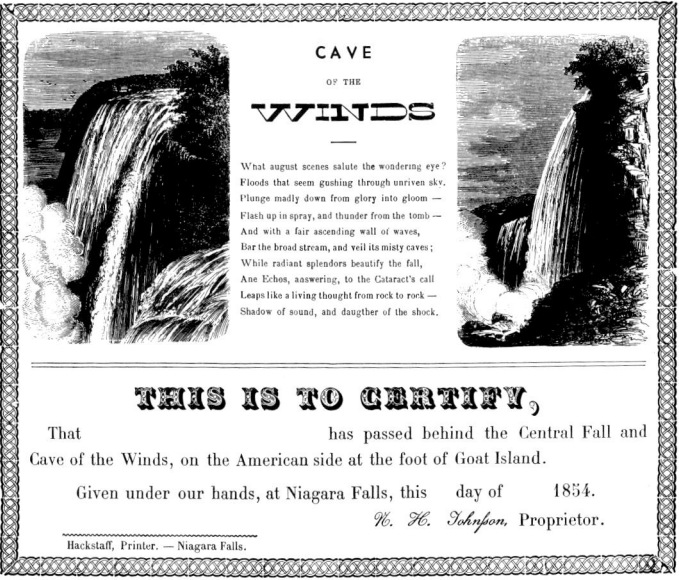

CAVE
OF THE
WINDS

What august scenes salute the wondering eye?
Floods that seem gushing through unriven sky.
Plunge madly down from glory into gloom —
Flash up in spray, and thunder from the tomb —
And with a fair ascending wall of waves,
Bar the broad stream, and veil its misty caves ;
While radiant splendors beautify the fall,
And Echos, answering, to the Cataract's call
Leaps like a living thought from rock to rock —
Shadow of sound, and daughter of the shock.

THIS IS TO CERTIFY,

That   has passed behind the Central Fall and
Cave of the Winds, on the American side at the foot of Goat Island.

Given under our hands, at Niagara Falls, this   day of   1854.

H. H. Johnson, Proprietor.

Hackstaff, Printer. — Niagara Falls.

Die Niagarafälle gehörten zum Pflichtprogramm aller Amerikareisenden; Harriet Martineau wie auch Anna Jameson waren zweimal dort. In ihrer Begeisterung über das Naturschauspiel schrieb Martineau: »Das Wunder von Niagara anhand von Abmessungen und Schilderungen der Nuancen des Wassers vermitteln zu wollen käme dem Versuch gleich, die Schönheit des Paradieses auf den Abglanz von Jaspis und Topas herabzuwürdigen.« Ihre Freundin Sara Coleridge schwärmte jedoch, die Beschreibung der Niagarafälle in *Retrospect* habe sie »förmlich in den Sog hineingerissen«.[24]

Bei Trollope findet sich eine weniger poetische, realistisch-zupackendere Darstellung: »Wir verbrachten vier köstliche Tage in einem ununterbrochenen Erregungs- und Erschöpfungszustand; wir setzten unsere Körper den sprühenden Nebeln aus; wir schnitten uns die Füße an scharfkantigen Felsen auf; wir ließen unsere Gesichter von der Sonne verbrennen; wir studierten den Wasserfall von oben und von unten; wir erklommen jeden Gipfel; wir tauchten unsere Finger wenige Fußbreit von der donnernden Wand entfernt in die schäumende Flut, kurzum, wir saugten die Niagarafälle wie ein Schwamm in unser Gedächtnis auf; und ich glaube, dass wir uns dieser Bilder bis in alle Ewigkeit erinnern werden.«[25] Frances Trollope bevorzugte selbstverständlich die kanadische Seite.

Isabella Bird ließ sich überreden, den Höhlentun-

Eine Schmuckurkunde wie diese wurde auch Isabella Bird nach ihrer erfolgreichen Durchquerung der »Cave of the Winds« hinter den Niagarafällen überreicht.
Tour du monde 3, 1861, 260

Die Niagarafälle im Winter. Postkarte, vor 1904

Isabella Bird. Titelseite von: A Lady's Life in the Rocky Mountains, 1910. Als das Buch 1879 erstmals herauskam, unterstellte man der Autorin, sie sei in Männerhosen gereist. Um den Verdacht zu entkräften, ließ sie alle folgenden Auflagen mit dieser Illustration versehen.

nel hinter den Wasserfällen zu durchqueren. Zu diesem Zweck entledigte sie sich ihrer Kleider und Schuhe, streifte einen geölten Baumwollkittel und Gummistiefel über und folgte einem Führer zitternd vor Angst durch den schlammigen Untergrund zu einer ungesicherten Treppe, die nach unten führte und in einen schmalen Steg überging, wo sie wegen der heftigen Luftströme das Gleichgewicht zu verlieren drohte. In ihrer Todesangst schrie sie dem Führer zu, er möge sie zurückbringen. Während sich der Schrei im Tosen der Wassermassen verlor, streckte ihr der dunkelhäutige Führer seine Hand entgegen. Isabella musste sich einen Moment überwinden, bevor sie seine Hand ergriff und sie mit aller Kraft umklammerte. Sie verlangte nochmals, umzukehren. Er schüttelte jedoch den Kopf und gab ihr zu verstehen, dass der Rückweg noch gefährlicher sei. Als die Tortur überstanden war, schrieb sie schlicht, sie habe »nicht den geringsten Grund, sich ihrer Leistung zu rühmen«.[26]

Ein fast ebenso oft kommentierter Anblick war die amerikanische Unsitte des Ausspuckens. Die sonst so unerschütterliche Ida Pfeiffer stellte angewidert fest, dass sogar gut gekleidete männliche Kalifornier in der Öffentlichkeit auszuspucken pflegten. Aber das war nicht alles: »Nicht minder hässlich als das Spucken ist, dass sich die Leute wohl der Sacktücher, aber zuvor ihrer Finger bedienen; ich sah dies sogar bei elegant gekleideten Herren.« Trollope forderte eine Neudefinition des Begriffs »Gentleman«. Auch Isabella Bird war geschockt, wenn sie in den Aufenthaltsräumen der Schiffe und Hotels allerorten Spucknäpfe und die zahlreichen tabakbraunen Pfützen auf dem Fußboden erblickte.[27]

Ihre zweite große Amerikareise führte Bird von 1873 bis 1874 durch Colorado. Über diese Reise berichtete sie in ihrem Buch *Eine Lady in den Rocky Mountains* (1879). Aus dem warmen, grünen

Inselparadies der Sandwich Islands, wo sich das Ge-
schlechterverhältnis die Waage hielt, war sie über San
Francisco direkt in die Bergeinsamkeit der Rocky
Mountains eingetaucht, wo die Frauen, so sie überhaupt welche traf, ihr ebenso deftige Geschichten er-
zählten wie die Männer.

Nach mehreren Anläufen fand Isabella ein Pack-
pferd und brach in die unvermessene, unerschlossene
Wildnis von Estes Park nördlich von Boulder auf, wo
sie sich bei klirrender Kälte als Haushälterin zweier
Pelzjäger verdingte, denen die Vorräte ausgingen, und
eine vage Romanze mit dem Trapper »Mountain Jim« Nugent begann. Schließlich zog sie aber doch planmäßig im Dezember weiter. Wo immer sie auftauchte, begegneten ihr die Menschen mit
rauer Herzlichkeit. Als sie in Boulder nach einem Mietpferd fragte,
hörte sie aus dem Hintergrund die Stimme des Stallbesitzers: »Falls
es sich um die englische Lady handelt, die in den Bergen herum-
reist, geben wir ein Pferd heraus. Sonst nicht.«[28]

Marianne North, die 1871 bereits den nordamerikanischen
Osten bereist hatte, brach 1875 an die Westküste auf. Sie hatte ihre
eigene Art zu reisen, wirbelte in atemberaubendem Tempo von Ort
zu Ort, wobei sie riesige Entfernungen bewältigte und von Chicago

*»Zwanzig Minuten für
den Lunch«. Isabella Bird
berichtete über die Erstür-
mung des Bahnhofsbüffets
während des kurzen
Aufenthaltes in nordame-
rikanischen Bahnstatio-
nen.[29] Später wurde der
Waggonservice eingeführt.*
Graphic, 14. April 1877, 332

nach Salt Lake City eilte, wo sie immerhin lange genug pausierte, um widerstrebend dem Mormonenführer Brigham Young die Hand zu drücken. Danach ging es eilig über Yosemite, San Francisco und Lake Tahoe nach Virginia City, und sechs Wochen später dampfte sie schon auf der *Oceanic* Richtung Japan davon. 1881 kam sie zurück und brach zu ihrer nächsten, ebenso halsbrecherischen Tour auf.

Lola Montez haben wir bereits kurz in Indien getroffen. Damals, im Jahr 1839, hieß sie noch Eliza James, war die Ehefrau von Leutnant James und Favoritin der Saison in Simla. Schon bald aber setzte sich Eliza, des Lebens an der Seite ihres Gatten überdrüssig geworden, mit tausend Pfund aus dem stiefväterlichen Vermögen nach England ab. Auf dem Schiff lernte sie einen gewissen George Lennox kennen. Sie wurden ein Paar, zogen zusammen und verprassten Elizas Geld. Als James davon erfuhr, reichte er die Scheidung ein.

Eliza verschwand nach Cádiz und tauchte als Tochter eines exilierten spanischen Aristokraten und Witwe eines frisch exekutierten Rebellen wieder auf. Diesmal hieß sie Maria Dolores de Porris y Montez, kurz »Lola« genannt. Die temperamentvolle schwarzhaarige, blauäugige Tänzerin eroberte Englands Bühnen. Sie war nur eine Tingeltangeltänzerin, doch die Welt lag ihr zu Füßen. Aber die falsche Lola wurde enttarnt und verließ im Sommer 1843 England Richtung Kontinentaleuropa.[30]

Von nun an reiste sie unentwegt. Deutschland, Polen, Russland, dann wieder Deutschland, Frankreich, Belgien, Italien, Schweiz, Spanien, Amerika, Australien, zurück nach Amerika, Europa und noch einmal Amerika. Ihre Biografie ist ein Almanach der besten Hotels und Ozeanliner; sie ließ sich mit Franz Liszt, dem Diplomaten Robert Peel und Ludwig I., König von Bayern ein.[31]

Im Oktober 1846 erschien

Die Humboldt, *die einst auch Lola Montez an Bord hatte, kenterte 1853 vor Halifax. Die* Illustrated London News *berichtete über den Untergang des »illustren Luxusdampfers«.* J. F. Bland, in: *ILN,* 31. Dezember 1853, 593

die Montez in München und schlug den König in ihren Bann. Er zahlte ihr ein Unterhaltsgeld, und sie gab es mit vollen Händen aus. Hätte man sie gewähren lassen, wäre Bayern bankrott gegangen. Als der verblendete König ihr dann nicht nur das Bürgerrecht, sondern auch noch einen Adelstitel verlieh, kam es zu einer Regierungskrise. Das Kabinett trat zurück, und selbst das Volk stellte sich gegen seinen geliebten König.

Wegen des Volksaufstandes bat Ludwig Lola flehentlich, Bayern zu verlassen, und so ging sie im Februar 1848 in die Schweiz. Einige Zeit später schlich sie sich in Männerkleidung erneut in München ein. Schließlich ging das Pulverfass hoch. Ludwig verwies sie des Landes und überließ den Thron seinem Sohn Maximilian II.[32]

Die zweite Hälfte der Montez-Biografie ist noch komplizierter. Sie stieß ihre Verehrer durch eine bigamistische Heirat vor den Kopf (sie war zwar geschieden, aber ohne das Recht, wieder zu heiraten). So nahm sie ihr Leben als Bühnentänzerin wieder auf, und zwar in New York, wo sie im November 1851 auf der *Humboldt* eintraf. Dort gelang ihr ein Comeback als Tänzerin vor ausverkauften Häusern. Aber ihr übler Ruf holte sie auch in Amerika ein. Sie verschwand nach Kalifornien, wo sie eine eigene Truppe gründete, und ging 1855 nach Australien. Ein Jahr später war sie wieder in Amerika, wo sie viele Zuhörer mit Vorträgen über Schönheitspflege, Mode und Galanterie anzog. 1859 tourte sie durch Großbritannien, wetterte gegen amerikanische Abolitionisten und Frauenrechtlerinnen. Ende 1859 setzte sie die Tournee in Amerika fort. Im Sommer 1860 erlitt sie vermutlich einen Schlaganfall. Sie starb am 17. Januar 1861.

Viele Jahre vorher, 1853, hatte Lola Montez den Isthmus von Panama durchquert – die einfachste Möglichkeit, von der Ostküste nach Kalifornien zu gelangen. Und für einige andere Frauen wurde der Isthmus eine Pforte zu Mittelamerika.

Mittel- und Südamerika *Nichts für Zimperliesen*

MITTELAMERIKA

Als Lola Montez in Gorgona, Panama, Einzug hielt, gewahrte die Hotelbesitzerin Mary Seacole eine gut aussehende Frau mit »unangenehmem Blick« in einem Männeranzug. Dazu gehörten »ein Rock mit Samtrevers, eine aufwendig gearbeitete Hemdbrust, ein schwarzer Hut, französische Unaussprechliche und elegante polierte Stiefel mit Sporen«. Außerdem hatte Montez eine Gerte bei sich, mit der sie einen Amerikaner traktierte, der sich an ihre Rockschöße klammerte. Die Schramme in seinem Gesicht »zierte ihn bestimmt für ein paar Tage«. Mary Seacole war nicht die Einzige, die froh war, dass Lola Montez am nächsten Morgen wieder abreiste. Der Besitzer des überfüllten Hotels, in dem Montez schließlich die Nacht verbrachte, musste ein Bett für ihren Hund Flora herbeischaffen. Als er ihr dafür fünf Dollar berechnen wollte, zückte sie die Pistole.[1]

Lola Montez hatte sich ihren Ruf als Unruhestifterin bei ihrer abenteuerlichen Durchquerung des Isthmus von Panama im Frühjahr 1853 erworben. Wenn man Mary Seacole Glauben schenken darf, hatte eine bunt zusammengewürfelte Schar von Frauen in Männerkleidung daran teilgenommen, die sich von den Männern nur durch ihre »forschere und rücksichtslosere Stimme und Art« unterscheiden ließen.[2]

Bevor Mary Seacole in die Krim aufbrach, schlug sie Kapital aus dem kalifornischen Goldrausch. Bei ihrem Bruder, der das »Independent Hotel« in Cruces führte, liefen die Geschäfte so gut, dass sie ebenfalls ein Hotel eröffnete. Als die Cholera ausbrach, päppelte sie viele Patienten auf oder stand jenen bei, die nicht durchkamen. Wahrscheinlich war sie die erste Frau überhaupt, die im Dschungel von Panama ein Cholera-Opfer obduzierte. Auch sie selbst erkrankte an der Cholera, überlebte jedoch und zog in das nahe gelegene Gorgona. Dort erbaute sie ein Damenhotel, was erklären mag, warum Montez, die zweifellos keine Dame war, nicht bei ihr abstieg.

Lola Montez. Porträt (1847) von Joseph Stieler im Auftrag Ludwigs I., in: Edmund d'Auvergne: *Lola Montez,* New York 1909, Frontispiz

Mexiko und
Mittelamerika.
Philips' Handy Atlas, um 1897

Möglicherweise traf Mary Seacole auch mit Emmeline und Victoria Wortley zusammen, als diese 1850 auf der Durchreise u.a. nach Cruces gelangten, wo der schwierigste und interessanteste Teil ihrer Reise begann: Sie segelten nach Chagres und schlugen sich von dort mit dem Kanu und auf Maultieren bis zur Südküste durch. Emmeline Wortley verglich das Kanu mit dem Käfig, in dem Mrs Noble während ihrer Gefangenschaft in China gehalten worden war.[3] Von Panama aus fuhren die Wortleys mit dem Dampfer nach Peru und kehrten auf demselben Weg wieder nach Chagres zurück – als hätten sie von den Strapazen nicht genug bekommen können. In Chagres bestiegen sie einen Dampfer nach Jamaika, wo ihr Bericht endet.

Da nur wenige Globetrotterinnen Aufzeichnungen über Mexiko hinterlassen haben, ist Emmeline Wortleys Bericht durchaus von Interesse. Wesentlich wertvoller sind jedoch die Betrachtungen von Frances Erskine Inglis (bzw. Mme Calderón de la Barca, wie sie nach ihrer Eheschließung hieß), die lange in Mexiko lebte. Mit ihrem französischen Dienstmädchen und dessen Pudel begleitete sie ihren Mann, den spanischen Gesandten Don Angel Calderón de la Barca, im Oktober 1839 nach Veracruz und dann nach Mexiko City. Mme Calderón verfasste ihre trockenen und geistreichen Reisebeschreibungen in Form von Briefen an ihre Familie; sie erschienen 1843 unter dem Titel *Life in Mexico, During a Residence of Two Years in that Country*. Das Magazin *Quarterly Review* kritisierte Mme Calderón als zu distanziert, würdigte sie aber als inspirierte und intelligente Autorin.[4]

Dank ihrem Status reisten die Calderóns zwar unter komfortablen und luxuriösen Bedingungen, doch in Mexiko war »Luxus« ein relativer Begriff.

Mme Calderón wog die Vor- und Nachteile der Transportmittel, mit denen man über Land von Veracruz in die Hauptstadt gelangte – Kutsche, *litera* oder Postkutsche –, genau gegeneinander ab: »Die Postkutsche ist, wenn sie nicht zusammenbricht, in vier Tagen da. Die Kutsche braucht wer weiß wie viel länger, die *litera* neun oder zehn Tage, weil sie wie eine Sänfte von Maultieren getragen wird. Bei der Postkutsche ist in den Gasthäusern für Verpflegung und Betten gesorgt – bei den anderen nicht. Ich bin für die Postkutsche.«[5]

Mit der Postkutsche durch Mexiko. ILN, 1. Februar 1845, 68

Sie schafften es ohne Zwischenfall bis Mexiko City – wo nach ihrer Ankunft eine Revolution ausbrach. Trotz der Aufstände unternahmen sie häufig Ausflüge in andere Städte, die nach heutigen Maßstäben nicht weit entfernt lagen, zu jener Zeit jedoch einige Tage beschwerlicher Reise erforderlich machten.

Mme Calderón beschrieb Mexiko, wie es wirklich war, denn sie lehnte es ab, Mord- und Raubüberfälle zu beschönigen oder zu ignorieren. Sie war bei der Brandmarkung von siebenhundert Stieren dabei und schrieb: »Was für ein Gebrüll, was für ein Geschrei, was für ein Gestank nach versengtem Fell und *biftek au naturel,* was für eine Musik und was für Risiken, die die Männer leichtfertig eingehen!« Und zu den Stierkämpfen, bei denen empfindsamere weibliche Gemüter vor Abscheu die Augen schlossen, meinte sie: »Noch ein Stierkampf gestern Abend! … Zuerst verzieht man das Gesicht, und dann beginnt man es zu mögen.«[6]

Südamerika.

Philips' Handy Atlas, um 1897

SÜDAMERIKA

Zwei Südamerikareisende sind nicht nur wegen des frühen Zeitpunkts ihrer Expeditionen interessant, sondern auch aufgrund ihrer außergewöhnlichen Biografien. Die eine, die englische Dichterin Aphra Behn, die v.a. als Spionin berühmt wurde, schilderte ihre Reise in der autobiografischen Erzählung *Oroonoko oder der königliche Sklave.* Die andere, die deutsche Pflanzenmalerin und Insektenforscherin Maria Sibylla Merian, hinterließ nur lückenhafte Informationen, die Historiker zu einem Ganzen zusammenfügen müssen.

Aphra Behn wurde in einer Kurzbiografie von 1735 als eine »Dame von Geburt« bezeichnet. Als ihr Vater in Surinam eine Stelle erhielt, nahm er Frau und Kinder mit nach Südamerika. Doch er starb noch während der Überfahrt, und Aphra kehrte mit ihrer Familie bald darauf nach England zurück – nach Meinung ihres Biografen einzig und allein, um Karl II. über seine südamerikanische Kolonie Bericht zu erstatten. Offensichtlich entstand *Oroonoko* auf

sein Drängen hin. In diesem Erfahrungs-
bericht geht es um einen afrikanischen
Prinzen, der als Sklave verkauft und auf die
Plantagen von Surinam geschafft wird. In
die Geschichte sind Details aus Aphra Behns
eigenem Leben eingeflossen, so erwähnt sie
z.B. ihr Haus auf dem St. John's Hill.[7]
Maureen Duffy, eine moderne Behn-
Biografin, hatte anfänglich Zweifel, ob
Aphra Behn je in Surinam war; entsprechende Einzelheiten in *Oroonoko* hätten
auch aus zeitgenössischen Berichten abgeschrieben sein können. Doch aufgrund von
Behns privater Korrespondenz kam Duffy
zu der Überzeugung, dass Aphra sich von
August 1663 bis Februar 1664 tatsächlich in
Surinam aufgehalten haben muss. Seit 1640

bemühten sich England und Frankreich, die Region
zu kolonisieren; seit Beginn der 1660er Jahre exis-
tierte dort eine recht große europäische Gemeinschaft.
1667 eroberten die Holländer Surinam, das von da an
Niederländisch-Guayana hieß.[8]

Aphra Behn.
A. Behn: *The Plays, Histories and Novels,*
1871, Bd. 1, Frontispiz

Fast vierzig Jahre später begab sich Maria Sibylla Merian nach
Südamerika, um tropische Insekten zu erforschen, zu sammeln und
zu malen. Im Juni 1699 brach sie mit ihrer 21-jährigen Tochter
Dorothea nach Niederländisch-Guayana auf. Die Frauen ließen
sich in Paramaribo nieder und sammelten mit der Hilfe von Sklaven und eines Eingeborenenpaars eine phänomenale Anzahl von
Insekten. Ihre Biografin Natalie Zemon Davis hält Merians Leistung für einzigartig, zum einen, weil sie eine Frau war, zum anderen, weil sie ohne Protektion »von oben« reiste.[9]

Doch Maria Sibylla Merian war v.a. eine ungewöhnliche Person. Sie wurde in Frankfurt in eine Künstler- und Verlegerfamilie
hineingeboren, heiratete einen Kupferstecher und publizierte zwischen 1675 und 1680 ein dreiteiliges *Blumenbuch*. 1685 trennte sie
sich von ihrem Mann und schloss sich in Westfriesland einer
Labadistengemeinde an. Ein paar Jahre später nahm sie ihren
Mädchennamen wieder an, ging nach Amsterdam und verdiente
sich ihren Lebensunterhalt mit Malen und Malunterricht. Der

Wunsch, etwas über die tropischen Insekten der Neuen Welt zu erfahren, beflügelte ihre Entscheidung, nach Südamerika zu reisen. Finanziell abgesichert durch den Verkauf von Bildern und Insekten, konnte sie sich dort zwei Jahre lang aufhalten. Als das Klima ihrer Gesundheit zuzusetzen begann, kehrte sie nach Amsterdam zurück, wo sie die Ergebnisse ihrer Studien unter dem Titel *Metamorphosis insectorum Surinamensium* (1705) publizierte und vertrieb.[10]

Etwa siebzig Jahre später kämpfte sich Isabella Godin des Odonais auf der Suche nach ihrem Ehemann Jean allein durch den Amazonasurwald. Jean war mit der Expedition von Charles-Marie de la Condamine unterwegs, um die »wahre Gestalt der Erde« zu bestimmen. Die Godins hatten in Quito gewohnt, wo Jean 1748 die Nachricht erhielt, sein Vater sei in Paris gestorben. Die Peruanerin Isabella wünschte sich seit langem, einmal die Heimat ihres Mannes zu sehen, und entschloss sich, mit ihm nach Europa zu fahren.* Doch sie war wie so oft schwanger, und eine Dschungeldurchquerung schien zu riskant, sodass Jean im März 1749 allein aufbrach in der Erwartung, sie würde ihm sobald wie möglich folgen. Leider waren die Männer, die er mit der Bereitstellung von Transportmitteln betraute, unfähig, sodass Isabella gezwungen war, ihre Abreise selbst zu organisieren, was dazu führte, dass sie bis Oktober des Jahres 1769 in Quito festsaß.[11]

Schließlich machte sie sich mit zwei Brüdern, einem Neffen, zwei Franzosen, Dienern und 31 Trägern auf den Weg. In Canelos sollten sie mit Proviant versorgt werden, doch als sie dort eintrafen, hatten die Pocken in dem Ort verheerenden Schaden angerichtet. Die Träger ließen die Gruppe im Stich. Zwei überlebende Dorfbewohner halfen beim Bau eines Kanus und erklärten sich bereit, es zu steuern; zwei Tage später liefen sie davon. Ein neuer Bootsführer fiel drei Tage später ins Wasser und ertrank. Da die Reisenden ohne Steuermann hilflos waren, brachen zwei der Männer mit ein paar Dienern in den Dschungel auf, um Hilfe zu holen. Isabella Godin und ihre Begleiter warteten einen Monat lang auf ihre Rückkehr, dann bauten sie ein Floß und legten ab. Nachdem es mit einem Baumstamm kollidiert und gesunken war, gingen sie zu Fuß

Mutterseelenallein kämpft Isabella Godin sich durch den Dschungel. Marie Dronsart: Les Grandes voyageuses, Paris 1894, 11

---

* Dies bestätigt Flora Tristans in der Einleitung erwähnte Beobachtung, dass sich peruanische Frauen durch nichts von einer Reise abhalten ließen.

Würde in einem Roman erzählt, dass eine Frau von feiner Lebensart, die
an alle Annehmlichkeiten des Lebens gewöhnt ist, in einen Fluss geworfen
worden sei; dass diese Frau, nachdem sie knapp vor dem Ertrinken aus dem
Wasser gezogen wurde …, in unbekannte und unwegsame Wälder vorge-
drungen sei und sich dort wochenlang durchgeschlagen habe, ohne zu wissen,
wohin sie ihre Schritte richtete; dass sie, Hunger, Durst und Müdigkeit bis
zur völligen Erschöpfung ertragend, mit ansehen sollte, wie ihre beiden Brü-
der …, ein noch jugendlicher Neffe, drei junge Dienerinnen und ein junger
Diener … ihr Leben aushauchten und sie allein übrig blieb …, würde man
den Autor der Unglaubwürdigkeit zeihen; doch ein Historiker sollte seinen
Lesern Tatsachen berichten, und dies ist nichts als die Wahrheit.[12]

weiter, obwohl sie inzwischen jede Orientierung verloren hatten. Von Hunger und Fieber überwältigt, starben alle bis auf Isabella. Trotz der Leichen um sie herum rappelte sie sich wieder auf und kämpfte sich, von Durst geplagt und nur noch mit Lumpen am Leib, acht Tage lang durch dichtes Unterholz, bis sie zufällig auf einige Amazonasindianer stieß, die sie in die nächste größere Ortschaft brachten. An der Amazonasmündung traf sie endlich wieder auf ihren Mann.[13]

Im 19. Jahrhundert reisten Maria Dundas Graham, Flora Tristan, Ida Pfeiffer und Isabel Burton nach Südamerika. Graham dokumentierte ihre beiden Aufenthalte in *Journal of a Voyage to Brazil* (1824) und *Journal of a Residence in Chile* (1824). In ihrem Buch über Chile schildert sie den vorzeitigen Tod ihres Gatten Thomas und ihre Bemühungen, sich auf eigene Füße zu stellen. Ihre unsentimentale Darstellung ist von zeitloser Nachdrücklichkeit.

Die Grahams fuhren im Juli 1821 auf der *Doris* von Plymouth nach Rio de Janeiro. Thomas, der Kapitän, sollte sich während des brasilianischen und chilenischen Unabhängigkeitskampfes um die Aufrechterhaltung des britischen Handels in Südamerika kümmern. Seine Versetzung eröffnete Maria die einmalige Gelegenheit, die politischen und sozialen Bedingungen der brasilianischen Küstenregion zu studieren, v.a. in Rio de Janeiro und Salvador. Sie berichtete über die Auswirkungen der liberalen Revolution auf das Alltagsleben und half bei der Pflege von Besatzungsmitgliedern, die an Fieber und Ruhr litten.

Obwohl Maria sich mit Tuberkulose infiziert hatte, war es Thomas, der im November 1822 erkrankte. Mitte März – Thomas war noch nicht wiederhergestellt – waren sie schon wieder unterwegs, nach Valparaíso. Maria erhoffte sich von den niedrigeren Temperaturen bei Kap Hoorn eine Besserung des generell schlechten Gesundheitszustandes an Bord, doch die Kälte machte alles nur noch schlimmer. Thomas starb am 8. April 1822, als sie das Kap umrundeten. Am 28. April erreichte die *Doris* Valparaíso.[14]

Maria entschloss sich, in Valparaíso zu bleiben und ein kleines Haus am Stadtrand zu mieten, wo sie sich von ihrem Kummer und ihrer Krankheit zu erholen versuchte. Einsam war sie dort nicht; neben chilenischen und europäischen Auswanderern, mit denen sie Freundschaft schloss, und den Offizieren der *Doris,* die wie Familienmitglieder bei ihr ein- und ausgingen, hielt sich ihre ebenfalls schwindsüchtige Cousine Glennie gelegentlich bei ihr auf. Außerdem ließ sie ihre Freundschaft mit Lord Cochrane wieder aufleben, einem ehemaligen britischen Offizier, der nun Admiral der chilenischen Marine war.[15] Im Juli 1822 erschütterte ein leichtes Erdbeben ihre alltägliche Routine. Im November ließ dann ein gewaltiges Beben die Erde erzittern, dessen Auswirkungen Marias weiteren Aufenthalt in Chile außerordentlich erschwerten. Valparaíso war größtenteils zerstört, und Marias Haus, das als eines von wenigen noch bewohnbar war, wurde von einer englischen Familie okkupiert. Im Januar 1823 verließ Maria Chile und fuhr nach Salvador. Dort ging es mit ihrer Gesundheit rapide bergab, sodass sie im Oktober die Heimreise nach England antrat. Im Jahr darauf wurden ihre Tagebücher veröffentlicht. Sie kehrte nach Rio zurück, um die Tochter der Kaiserin zu unterrichten, und blieb bis 1826. Später arbeitete sie in England als Redakteurin für John Murray und heiratete den Landschaftsmaler Augustus Callcott, den sie durch ganz Europa schleppte. Sie schrieb neun weitere Bücher, u.a. *Little Arthur's History of England* (1835), das ein großer Erfolg wurde. 1842 erlag sie im Alter von 57 Jahren der Tuberkulose.

Flora Tristan, die v.a. als Feministin, Sozialreformerin und Großmutter Gauguins Berühmtheit erlangt hat, reiste 1833/34 nach Peru, in die Heimat ihres Vaters, um ihr väterliches Erbe einzufordern. Das Ergebnis, die *Fahrten einer Paria* (o. J.), ist neben Reisebericht und Sozialstudie v.a. eine Abrechnung mit der väterlichen Familie.

Vor ihrer Abreise hatte Tristan ihren gewalttätigen Ehemann verlassen, mit dem sie drei Kinder hatte. Obwohl sie unehelich geboren und dem Gesetz nach nicht erbberechtigt war, hoffte sie, ihren Onkel, Don Pío de Tristan, davon überzeugen zu können, dass der Vermögensanteil ihres Vaters ihr zustand, um so finanzielle Unabhängigkeit zu erlangen. In Bordeaux ging sie an Bord der *Mexicain*. Während der 133 Tage dauernden Fahrt nach Valparaíso eroberte sie das Herz des Kapitäns Zacharie Chabrié. Die Schiffsoffiziere respektierten und verwöhnten sie, doch die raue See und Chabriés ständige Aufmerksamkeiten zehrten an ihren Kräften.

Von Valparaíso, wo sich alle Welt auf der Mole versammelte, um »ein sehr hübsches Fräulein an Land gehen zu sehen«, segelte sie nach Islay in Peru. Dort wurde sie in ihrer Pension von Flöhen

Flora Tristans Perureise
führte sie zum Hafen von
Islay (das nördlich von
Mollendo lag und von den
Landkarten verschwunden
ist) und dann 120 Kilo-
meter landeinwärts nach
Arequipa (oben).
ILN, 10. März 1855, 220

geplagt.[16] Ihre Wirtin, Frau Justo, zeigte ihr, wie man sich dagegen schützt:

Sie stellte vier oder fünf Stühle hintereinander, sodass der letzte an mein Bett stieß; ich musste mich auf dem ersten Stuhl ausziehen und nur im Hemd auf den zweiten rücken, während Frau Justo meine ganzen Kleider aus dem Zimmer trug und mir empfahl, mich mit einem Handtuch abzuwischen, um die Flöhe am Körper zu entfernen; danach turnte ich von Stuhl zu Stuhl bis zum Bett und zog ein weißes Hemd an, das mit viel Kölnischwasser besprengt worden war. Dieses Verfahren verschaffte mir zwei Stunden Ruhe, aber dann fühlte ich mich von Tausenden von Flöhen angegriffen, die in mein Bett kamen.[17]

Auf einem Maultier ritt Flora Tristan dann von Islay nach Arequipa, wo ihr Onkel lebte – ein Ritt durch Wüste und Berge, der sie fast umbrachte. »Was mich betrifft, so kannte ich solche Reisen überhaupt nicht«, schrieb sie, »und war daher losgeritten, als ginge es von Paris nach Orléans.« Am Grab eines Reisenden, der auf demselben Weg sein Leben ausgehaucht hatte, glaubte sie einen Augenblick lang, »ebenfalls an diesem Ort zu sterben«.[18]

Im Haus ihres Onkels war sie zur Untätigkeit verdammt, und nach sechs Monaten kam sie zu der bitteren Erkenntnis, dass ihre Aussichten auf ein Vermögen gleich null waren. Obwohl wegen eines Militäraufstandes Gefahr von Deserteuren drohte, reiste Flora im April 1834 in Begleitung des Engländers Valentine Smith nach Lima ab. Dort fühlte sie sich wohler, wenn auch die Stierkämpfe nichts als Ekel in ihr hervorriefen: »(I)n Lima gibt nichts diesen Schlachtszenen einen poetischen Glanz.«[19] Im Juli 1834 schiffte sie sich nach England ein, doch wo sie von Bord ging, ist unbekannt. Im Januar des darauf folgenden Jahres war sie wieder in Paris.

Die *Fahrten einer Paria* erzürnten ihren Onkel, doch sie waren nur der Auftakt zu einer Reihe umstrittener Werke, darunter *Im Dickicht von London* (1840), ein Buch, das unverhüllt ihre Eindrücke von den Slums der englischen Arbeiterklasse wiedergibt. Je bekannter sie als Initiatorin des Arbeiterbundes Union ouvrière, Sozialreformerin, Scheidungsanwältin und Feministin wurde, desto bösartiger benahm sich ihr Ehemann. Er hatte das Sorgerecht für die Kinder; sie ließ ihn wegen angeblichen Inzests verhaften. Er wehrte sich erfolgreich gegen die Anklage und prangerte anschließend in einem Pamphlet ihren unmoralischen Lebenswandel an. Schließlich feuerte er 1838 ein paar Schüsse auf sie ab. Sie überlebte, er wurde ins Gefängnis geworfen und saß 17 Jahre ein. Flora Tristan starb 1844 während einer Lesereise für die Union ouvrière an Erschöpfung und Typhus.[20]

Ida Pfeiffer gelangte auf ihrer ersten Weltreise 1846 nach Südamerika. Sie verließ Hamburg zusammen mit dem Grafen Berchtold, den sie im Heiligen Land kennen gelernt hatte. Obwohl sie hoffte, ein Buch über ihre Reise schreiben zu können, spielte sie ihre diesbezüglichen Ambitionen herunter: Sie habe lediglich das Ziel, eine schlichte Beschreibung dessen zu geben, was sie gesehen habe.[21] Für eine Schriftstellerin auf der Suche nach Material gestaltete sich die Schiffspassage enttäuschend sorglos. Doch die Verwahrlosung und

»Was mich nun selbst betraf, so freute ich mich schon außerordentlich auf die tragischen Erzählungen, die ich meinen teuren Lesern würde auftischen können; ich sah sie Tränen vergießen über unsere ausgestandenen Leiden – ich kam mir schon vor wie eine halbe Märtyrerin! Ach! ich hatte mich bitter getäuscht. Wir blieben alle gesund ... und die Lebensmittel verdarben nicht – sie blieben so schlecht wie zuvor.« Ida Pfeiffer[22]

Hässlichkeit Rio de Janeiros gaben Pfeiffer Gelegenheit, ihr Darstellungstalent zu beweisen: Weder die Architektur noch die Kultur noch die Menschen fanden vor ihrem kritischen Auge Gnade. Die drückende Hitze verstärkte noch ihr Missbehagen. Und ein Ausflug zur deutschen Kolonie Petropolis endete beinahe in einer Katastrophe, als sie und Berchtold von einem messerschwingenden Unhold attackiert wurden:

> Wir führten keine Waffen bei uns, weil man uns diese Partie als ganz gefahrlos schilderte, und hatten zur Verteidigung nichts als unsere Sonnenschirme. Ich besaß außerdem noch ein Taschenmesser, welches ich augenblicklich aus der Tasche zog und öffnete, fest entschlossen, mein Leben teuer zu verkaufen. So gut es gehen wollte, wehrten wir mit den Schirmen die Stiche ab. Die Schirme hielten aber nicht lange aus; überdies bekam der Neger den meinigen zu fassen – wir rangen darum – er brach ab, und mir blieb nur ein Stückchen des Griffes in der Hand; doch war ihm bei diesem Ringen das Messer entfallen und einige Schritte weggerollt – rasch stürzte ich danach und dachte schon, es zu erfassen, als er, schneller denn ich, mit Hand und Fuß mich davon wegstieß und sich desselben wieder bemächtigte. Er schwang es wütend über meinem Haupte und brachte mir zwei Wunden bei, einen Stich und einen tiefen Schnitt, beide in den linken Oberarm; nun hielt ich mich für verloren, und nur die Verzweiflung gab mir den Mut, auch von meinem Messer Gebrauch zu machen. Ich führte einen Stoß nach der Brust des Negers, er wehrte ihn ab, und ich verwundete ihn nur tüchtig an der Hand. Der Graf sprang hinzu und packte den Kerl von rückwärts, wodurch ich Gelegenheit bekam, mich wieder vom Boden zu erheben.[23]

Graf Berchtold erlitt einen tiefen Schnitt in die Hand und wäre verloren gewesen, wäre nicht im selben Moment Hilfe herbeigeeilt. Der verhinderte Mörder wurde von vorbeikommenden Reitern gefangen genommen, und das Paar setzte seine Wanderung nach Petropolis fort. Doch der Zwischenfall zeitigte nachhaltige Folgen: Berchtold war durch seine Wunde ans Bett gefesselt, und Pfeiffer wurde Fremden gegenüber ängstlich und misstrauisch, was ihr in manch brenzliger Situation wahrscheinlich das Leben rettete.

Isabel und Richard Burton lebten von 1865 bis 1867 in Brasilien, da Richard als britischer Konsul dorthin berufen worden war.

Zunächst wohnten sie in Santos südlich von Rio de Janeiro, dann in São Paulo. Für Isabel Burton war dies das erste große Abenteuer; stolz schrieb sie an ihre Familie, dass »sie mich hier für eine wundervolle Person halten, weil ich so unabhängig bin, während all die Ladys Zimperliesen sind«.[24] Gesundheitlich allerdings war sie eher zart besaitet, doch sie ritt, wanderte, schwamm, focht und machte Gymnastik.

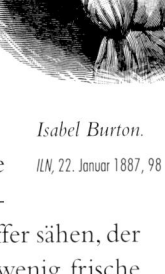

Isabel Burton.
ILN, 22. Januar 1887, 98

1867 unternahm sie mit Richard eine zweimonatige Expedition ins Landesinnere. Sie waren mit dem Pferdewagen, auf Maultieren und Pferden unterwegs. An manchen Stellen waren die Straßen so schlecht, dass sie bald alles außer dem Allernötigsten zurückließen: »Wenn die Damen, die mit Körben so groß wie kleine Häuser reisen, mein winziges Bündel und den kleinen Lederkoffer sähen, der gerade groß genug ist für Bürste, Kamm und sehr wenig frische Wäsche, würden sie mich bemitleiden.«[25]

Als Isabel sich den Knöchel verstauchte, musste sie umkehren. Sie nahm den Dampfer nach Rio, und Richard reiste allein weiter. Kurz vor Rio wurde ihr klar, wie sie aussah: »Ich versteckte mich in der Damenkabine, denn ich schämte mich für den Zustand meiner Kleidung …, und ich wurde gehörig angestarrt. Meine Stiefel waren in Fetzen, mein einziges Kleid hatte um die vierzig Risse, mein Hut war zerschlissen, während mein Gesicht einen rötlichen Mahagoniton zeigte und von einem Sonnenbrand völlig zugeschwollen war.«[26]

Richard kehrte mehrere Monate später zurück und wurde schwer krank. Nach seiner Genesung wurde er aus Brasilien abkommandiert. Im September 1868 trat Isabel die Heimreise nach England an (Richard war wieder auf Expedition), nur um nach einem kurzen Zwischenstopp gleich wieder aufzubrechen. Als sie 1896 starb, hatte sie Syrien, das Heilige Land, Italien, Indien und Nordafrika bereist und in Damaskus und Triest gelebt. Das Grab, das sie nach Art eines Beduinenzeltes für sich und ihren Mann errichten ließ, zeugt von ihrer ungebrochenen Liebe zum Nomadenleben.

Heimkehr

Der Biene gleich dem Stock zu entfliegen und eines Tages mit dem Füll-
horn süßer Schätze heimzukehren – den unvergesslichen Erinnerungen
einer durch spannende Abenteuer beflügelten Fantasie, einem Wissen, das
den Geist erquickt und aus dem lähmenden Korsett der Vorurteile befreit,
und einer größeren menschlichen Anteilnahme: Darin sehe ich den Sinn
des Reisens, das einen jeden sowohl besser als auch glücklicher macht.
Mary Shelley [1]

OB SECHS WOCHEN ODER SECHS JAHRE – die meisten Reisenden
brechen auf, um eines Tages wieder nach Hause zurückzukehren.
So auch die in diesem Buch vorgestellten Weltenbummlerinnen.
Und sie waren gewiss froh darüber, wieder daheim zu sein, wenn
ihnen das feuchte, kalte Klima in Nordeuropa nach all den Jahren
in südlichen Gefilden auch zu schaffen machte. Constance Gordon
Cumming riet deshalb den Heimkehrerinnen, ihre Ankunftszeit in
den Sommer zu legen.[2]

Nicht allen Frauen war die Rückkehr vergönnt. Alexine
Tinne wurde unterwegs ermordet, und Isabelle Eberhardt ertrank. Laurence Hope schied freiwillig aus dem Leben, und Henriette Tinne sowie Adriana van Capellen fanden den Tod in Zentralafrika, wo viele Europäer von Seuchen dahingerafft wurden.
Lise Cristiani starb im Kaukasus an der Cholera; Lady Annie Brasseys sterbliche Hülle wurde den Tiefen des Indischen Ozeans
überantwortet. Hester Stanhope erwartete ihren Tod im Liba-
non, in einem Kloster in Djoûn. Charlotte Canning, die indische
Vizekönigin, erlag in Kalkutta dem Fieber; obwohl
sie in der Luxusklasse reiste, hatte sie sich in Darjeeling angesteckt. Jane Digby starb in Damaskus an
Fieber und Ruhr.

Emmeline Wortley starb unterwegs an Wundbrand,
nachdem ihr in Jerusalem ein Pferd einen Tritt gegen
das Schienbein versetzt hatte. Coe, Emmelines Dienerin, hatte bereits in Aleppo das Zeitliche gesegnet.[3]

Marianne North am
Ende ihrer Reisen vor der
Tür ihres Hauses in
Alderly. Die Aufnahme
machte ihre Nachbarin
Mrs Bryan Hodgson.
North 1892, Bd. 2, Frontispiz

Als Ida Pfeiffer nach Hause zurückkehrte, war sie von den Strapazen ihrer Reisen gezeichnet. Sie starb mit 61 Jahren an Erschöpfung und Malaria. Marianne North hatte sich 1884 in der Quarantäne auf den Seychellen ihre Gesundheit ruiniert und war so geschwächt, dass sie ihre letzte Reise nach Chile notgedrungen abbrechen musste. Sie starb 1890 in ihrem Haus in England.

Anne Blunt löste die Heimatfrage, indem sie sich zwei Wohnsitze zulegte – einen im englischen Crabbet, den anderen in Heliopolis bei Kairo, wo sie ihr Gestüt Sheykh Obeyd betrieb. Sie lebte abwechselnd an beiden Orten und fand 1917 in Kairo den Tod.[4]

Ungeachtet der Widrigkeiten ihrer Epoche blieben viele Globetrotterinnen am Leben und berichteten über ihre Reisen. Sie haben bewiesen, dass Frauen sich nicht einfach nur die Welt ansahen, sondern ihre Eindrücke informativ und spannend zu vermitteln wussten. Durch ihre privaten Briefe, Tagebücher und Notizen ermöglichen sie es uns, ihre großartigen Leistungen im zeitgenössischen Kontext zu würdigen. Sie wurden zu Wegbereiterinnen, weil sie die Schranken der Konventionen in ihren Heimatländern und anderswo durchbrachen. Wenn Frauen heute auf Reisen gehen, bedürfen sie weder einer Rechtfertigung noch besonderer Fähigkeiten. Das Reisen gehört zu unserem Alltag. Und das wiederum birgt die Gefahr, dass wir, egal ob Frau oder Mann, den Sinn für das Abenteuerliche verlieren und das Staunen verlernen.

Anmerkungen

EINFÜHRUNG: *Aufbruch ins Ungewisse*
1 Montagu 1837, Bd. 3, 30
2 Fay, 175
3 (Eastlake) *Quarterly Review*, 102; Robinson, 178; der anonyme Artikel wurde der Reiseautorin Elizabeth Eastlake zugeschrieben.
4 Cincinnati *Mirror and Ladies' Parterre*, 18. August 1832, Zitate in Anmerkungen, Trollope 1949 (1832), 300
5 Calderón, 182; Martineau 1848, 263; Duff Gordon, 110; Tristan, 170
6 Bird 1875, 58
7 Dronsart, 129
8 Fay, 29
9 (Eastlake) *Quarterly Review,* 101, 99
10 a.a.O., 104, 103
11 »Not at Home«, 258
12 Bury, Bd. 2, 224; F. Parks, 59
13 Gladstone, 109; Audouard, 42
14 »Lady Travellers in Norway«, 176
15 Rezension von Gushington, *ILN,* 18. April 1863, 438
16 Curzon, Zitat im Nachwort Bird 1989, 187

Postkutschen, Zollbeamte & Reiseführer
1 Shelley 1996 (1817), 19, 23, 29
2 Craven 1914, Bd. 1, LXV
3 »Railway«, 231, 261–262
4 Bates, 59
5 Montagu 1927, Bd. 3, 42–43
6 Fay, 48
7 Shelley 1996 (1844), 210–211, 140, 233; Starke, 3
8 Shelley 1996 (1844), 218; Craven 1826, 96
9 Fanshawe, 138–139; Montagu 1837, Bd. 2, 310
10 Kinder/Hilgemann, 46
11 Cust, 17–18; Schreiber, 123–124; Alcott, 241–242, 250
12 Shelley 1996 (1844), 370, 177
13 Starke, III

EUROPA: *Das schöne Geschlecht auf Reisen*
1 Craven 1914, Bd. 1, XV, XXIV, 44–47
2 a.a.O., XXVIII, XXXVIII
3 Deschner, Karlheinz: *Das Kreuz mit der Kirche*, München 1986, 204
4 Trollope 1836, 134
5 Bury, Bd. 1, 264, 295; Craven 1914, Bd. 1, LXV; Montagu 1837, Bd. 2, 359

6 Adams, 380
7 Trollope 1836, 194
8 Smith, 349
9 Shelley 1996 (1844), 69
10 a.a.O., 105, 140, 253; Baedeker 1909, 373, 454
11 Blessington, 60–61
12 a.a.O., 106
13 Staël, 9
14 Shelley 1996 (1844), 284
15 Blessington, 47
16 a.a.O., 153–158
17 Byron in: Smith, 353; Shelley 1996 (1844), 53
18 Rezension von Elliot, *ILN*, 1. Juli 1871, 639
19 Blessington, 99
20 Russell, 113; Robinson, 20; Walkers Meisterleistung schaffte es in die *ILN* (5. August 1871, 102).
21 Istria, Bd. 3, 158
22 Edwards, 65
23 a.a.O., 191–193; Rezension von Edwards, *ILN*, 30. August 1873, 206
24 Rezension von Eden, *ILN,* Oktober 1869, 368
25 Craven 1914, Bd. 1, 124; F. A. Londonderry, 161
26 Fanshawe, 127–128
27 a.a.O., XVI, XVIII; insgesamt erwähnt Fanshawe 14 Kinder, Bates (13) nennt 18, Robinson (136) 17.
28 Fanshawe, 173
29 Aulnoy, LXI
30 a.a.O., V-VIII
31 Schaw, 236
32 a.a.O., 243
33 *Lisbon in 1821–2–3* (1824) in: Cust, 192
34 Burton, 232–233; Cust, 191
35 Elliot, 3, 78, 171
36 a.a.O., 235–236
37 Wollstonecraft 1796, 76; Baedeker ⁶1894, XVI
38 F. A. Londonderry, 7
39 a.a.O., 34, 6, 36
40 Daskova, Bd. 1, 165
41 a.a.O., 154 f.
42 Schopenhauer, 198, 212, 269
43 a.a.O., 178

RUSSLAND: *Das Unmögliche vollbringen*
1 F. A. Londonderry, 58, 55
2 Hommaire de Hell, 56

3   Félinska, 210
4   Cristiani, 385
5   a.a.O., 394–395
6   Marsden 1893, 12
7   a.a.O., 21
8   a.a.O., 13
9   a.a.O., 95
10 a.a.O., 139
11 Guthrie, Titelseite
12 a.a.O., 15
13 Hommaire de Hell, 205
14 a.a.O., 286–287
15 a.a.O., 208
16 a.a.O., 368–369
17 a.a.O., 387–388
18 Cortambert, 24; Adèle Hommaire de Hell
    nannte ihren Mann durchgängig kurz
    Hommaire.
19 Seacole, 2
20 a.a.O., 73
21 »Evacuation of the Crimea«, 216;
    »Our Own Vivandiere«, 221
22 Serena 1882, Bd. 43, 416
23 a.a.O., 354
24 Serena 1882, Bd. 44, 240

DER NAHE OSTEN: *Königinnen der Wüste*
1   Pfeiffer 1969 (1844), 39
2   Das Wort »Dragoman« leitet sich von dem
    arabischen *turjuman* (Übersetzer) ab.
3   Pfeiffer 1969 (1844), 206
4   Montagu 1927, 83: Brief an Lady Rich
    aus Adrianopel, 1. April 1717
5   a.a.O., 115 f.
6   a.a.O., 98 f.
7   Polk/Tiegreen, 179
8   Craven 1914, Bd. 2, 117–118, 101
9   Belgiojoso 1855, Bd. 9, 474
10 E. Londonderry, 218–219
11 Victoria Wortley in: Cust, 271; Beaufort,
    Bd. 2, 390
12 Gattey, 142; Belgiojoso 1855, Bd. 9, 467;
    Belgiojoso 1862 (1858), 305–307
13 Strachey, 213
14 Kinglake, 67–68
15 Strachey, 214; Childs, 92
16 Childs, 134–139
17 a.a.O., 147, 156
18 a.a.O., 191, 201; Meryon, Bd. 1, X
19 Fraser, 281
20 Jane Digby in: Lovell, 161
21 Beaufort, Bd. 1, 370
22 Burton 1898, 372, 491; Martineau 1848,
    491
23 Burton 1875, Bd. 1, 4–7
24 Burton 1898, 367

25 a.a.O., 384–385
26 a.a.O., 389
27 a.a.O., 368–369
28 Paschkoff, 170
29 a.a.O., 173
30 Longford, 97
31 Burton 1898, 469; Blunt 1879, Bd. 2,
    158–159
32 Blunt 1986, 48

ÄGYPTEN: *Die Krinoline bleibt in Kairo!*
1   Fay, 92, 93
2   Baedeker 1877
3   Roberts, 143; »Epitome of News …«, 343
4   Martineau 1848, 292
5   a.a.O., 72–73
6   a.a.O., 204
7   Beaufort, Bd. 1, 36
8   Rezension von Poole, *Blackwood's
    Magazine,* März 1845, 286–297, 290–291
9   Beaufort, Bd. 1, VII
10 a.a.O., 73
11 a.a.O., 249
12 Pfeiffer 1995 (1844), 249; Beaufort, Bd. 1,
    114; Martineau 1848, 200
13 Poole in: Rezension von Poole,
    Blackwood's Magazine, März 1845, 296
14 Audouard, 315
15 Beaufort, Bd. 1, 114–115
16 Bensly, 33
17 Victoria Wortley in: Cust, 291
18 Pfeiffer 1995 (1844), 250–251
19 Nightingale, 181; Hill, 15
20 Audouard, 390–392
21 Duff Gordon, 115
22 a.a.O., 186–192
23 a.a.O., 355; Martineau, 188, 40
24 Pfeiffer 1995 (1844), 268–269

AFRIKA: *Kein Ort für eine Lady?*
1   Beaufort, Bd. 1, 49
2   Petherick, Bd. 1, 27–28
3   a.a.O., 174; H. J. Holland in: Petherick,
    Bd. 1, 175
4   Baker 1868 (1867), 100–101
5   Hall 1980, 26–29
6   Rezension von Baker, *ILN,* 16. Juni 1866,
    594
7   Hall 1980, 47; Baker 1867 (1866), Bd. 1, 99
8   Baker 1867 (1866), Bd. 2, 73–76
9   a.a.O., 282–284
10 Gladstone, 101, 104, 106
11 a.a.O., 119
12 Baker 1867 (1866), Bd. 1, 37
13 Gladstone, 123–127
14 Petherick, Bd. 1, 306

15 Gladstone, 134–137
16 a.a.O., 149–153
17 a.a.O., 156
18 a.a.O., 164; Petherick, Bd. 2, 25
19 Gladstone, 196–197, 202, 206
20 *Times*, 6. September 1869, I; Gladstone, 220–221
21 Montagu 1927, 185; Fraser, 284
22 Crisp, Handschrift
23 Hart, 24–31
24 a.a.O., 27
25 Eberhardt, Bd. 1, 41–42
26 a.a.O., 41–46, 60–64
27 Kobak, 81
28 a.a.O., 73, 114–115
29 a.a.O., 172, 177
30 Eberhardt, Bd. 1, 192
31 Cauvet in: Kobak, 168
32 Eberhardt in: Kobak, 211
33 Kobak, 237, 290
34 Falconbridge, 116; Fyfe in: Falconbridge, 130–132
35 Picard, 103, 143
36 Frank, 64; Kingsley 1992 (1897), 334
37 Frank, 18, 21
38 a.a.O., 31
39 Kingsley 1992 (1897), 13; Frank, 87–88, 69, 74–78
40 Kingsley 1899, 31
41 a.a.O., 122
42 Frank, 95
43 Kingsley 1992 (1897), 74 ff., 125 ff., 308 ff.
44 Kingsley 1899, X; *Nature*, aus der Verlagswerbung für *Travels in West Africa*
45 Kingsley 1899, XII, 6
46 Frank, 220–221
47 Kingsley 1899, 310

VON ARABIEN NACH PERSIEN: *Der Reiz der Gefahr*
1 Blunt 1881, Bd. 1, 102–104
2 Blunt 1986, 95
3 Blunt 1881, Bd. 1, 187
4 Pfeiffer 1992 (1850), 233
5 a.a.O., 258
6 a.a.O., 287
7 Dieulafoy 1989, 12, 19
8 Dieulafoy 1887, Bd. 54, 34
9 Bird 1891, Bd. 1, 45–47, 90–92, 152
10 Bird 1891, Bd. 2, 396
11 a.a.O., 166

Schafe im Wolfspelz
1 Seacole, 20
2 Cortambert, 16–23

3 a.a.O., 38–41
4 Bassett, 3
5 Thurman 2001; Klumpke, XXXI. Eine Berühmtheit, die in den Genuss einer solchen Genehmigung kam, war die Malerin Rosa Bonheur. Über das Gesetz, das Frauen das Tragen von Männerkleidung untersagte, wurden zahlreiche Arbeiten verfasst.
6 Burton 1898, 419–420
7 Pfeiffer 1969 (1844), 83
8 Beaufort, Bd. 1, 127
9 Childs, 163; Martineau 1848, 42

INDIEN: *Der Schock ist vergessen*
1 Fay, 111
2 a.a.O., 146
3 Premble, 14
4 Graham 1812, 28
5 Premble, 5
6 Fane in: Premble, 63, 165, 53
7 Premble, 232, 237
8 Duff Gordon, 267
9 Eden, Bd. 2, 116; Bd. 1, 189
10 Fane in: Premble, 208; Eden, Bd. 2, 11
11 Seymour; Eden, Bd. 2, 183
12 Longford, 152
13 Pfeiffer 1992 (1850), 201
14 Gordon Cumming, 75, 526
15 a.a.O., 323
16 In den französischen Übersetzungen Charles-E. d'Ujfalvy genannt.
17 Ujfalvy-Bourdon, 226–227
18 a.a.O., 394
19 Blanch, 1963

OZEANIEN: *Treffpunkt der Globetrotterinnen*
1 Parker, 3, 9
2 a.a.O., 95, 89–90
3 a.a.O., 107
4 Meredith, 105–106
5 a.a.O., 119
6 Clacy, 52, 90–91, 75, 106
7 Hill/Hill, 281–282
8 Pfeiffer 1856, Bd. 2, 90
9 Pfeiffer 1993 (1856), 63, 157
10 Cortambert, 374
11 a.a.O., 267
12 Leonowens, 8
13 a.a.O., 20–21
14 a.a.O., 57–58
15 a.a.O., 282–283
16 Bird 1875, 102
17 Bird 1884 (1883)
18 a.a.O.
19 North 1892, Bd. 2, 141

20 a.a.O., 124–125
21 a.a.O., 337
22 Forbes, 263

Überlebenshilfen
 1 Pfeiffer 1992 (1850), 235; Belgiojoso 1862
     (1858), 370–371
 2 Belgiojoso 1862 (1858), 370–371
 3 North 1892, Bd. 1, 325, 216
 4 Belgiojoso in: Gattey, 177
 5 F. Parks, Bd. 2, 45
 6 Martineau 1848, 522

CHINA, JAPAN UND TIBET:
Glaube und Torheit
 1 Pfeiffer ³1997 (1850), 97
 2 Collis, 5
 3 Pfeiffer ³1997 (1850), 112
 4 Bourboulon 1864, Bd. 10, 319, 324
 5 a.a.O., 319
 6 Dronsart, 51; Michell, 212
 7 Bird 1990 (1880), 38
 8 Bird 1884 (1883), 41
 9 a.a.O., 94
10 North 1892, Bd. 2, 212
11 Barr, 270
12 a.a.O., 339–340
13 Carey, 26, 4, 167
14 a.a.O., 148–149
15 Die genaue Lage von Lusar ließ sich nicht
     ermitteln; Kumbum liegt bei Xining
     (Sining).
16 Rijnhart, 254
17 Russell, 19–20

NORDAMERIKA: *Ausspucken und
     andere Unsitten*
 1 *Cariboo*, 7
 2 Jameson, Bd. 1, 3
 3 a.a.O., 34
 4 a.a.O.
 5 Jameson, Bd. 3, 15
 6 a.a.O., 121
 7 a.a.O.
 8 a.a.O.
 9 Kirk, 394
10 Hargrave, 219
11 Pfeiffer 1994 (1856), 216
12 Trollope 1949 (1832), 96, Fußnote
13 Bird 1966 (1856), 125; Trollope 1949
     (1832), 404
14 Trollope 1949 (1832), 14
15 Mullen, 72–75
16 Martineau 1838, Bd. 1, 33, 34

17 Martineau 1838, Bd. 2, 255
18 a.a.O., 91
19 Trollope 1949 (1832), 181
20 Martineau 1838, Bd. 1, 213
21 Martineau 1838, Bd. 2, 198, 239
22 Wortley, 56
23 a.a.O., 82
24 Martineau 1838, Bd. 1, 96; Coleridge,
     Bd. 1, 219
25 Trollope 1949 (1832), 385
26 Bird 1966 (1856), 233–234
27 Pfeiffer 1994 (1856), 32; Trollope 1949
     (1832), 16; Bird 1966 (1856), 148, 170
28 Bird 1989 (1879), 183
29 Bird 1966 (1856), 110
30 Seymour, 30, 32, 36, 38
31 a.a.O., 66–70, 93–94, 101
32 a.a.O., 204, 214, 219–224

MITTEL- UND SÜDAMERIKA:
Nichts für Zimperliesen
 1 Seacole, 40–41; Seymour, 310–311
 2 Seacole, 18
 3 Wortley, 281
 4 (Eastlake) *Quarterly Review,* 114–115
 5 Calderón, 23
 6 a.a.O., 229, 130
 7 Behn 1871 (1735), 134, 152–158
 8 Duffy, 39–41, 32, 30, 45
 9 Davis, 201 ff.
10 a.a.O., 170, 174, 190–200, 204–212, 214
11 Maxwell, 315–317
12 a.a.O., 322–323
13 a.a.O., 319–331
14 Graham 1993, 65, 69–70
15 a.a.O., 71–75, 78
16 Tristan, 113
17 a.a.O., 114
18 a.a.O., 116, 126
19 a.a.O., 319
20 a.a.O., 11
21 Pfeiffer ³1997 (1850)
22 a.a.O., 19
23 a.a.O., 38
24 Burton 1898, 250
25 a.a.O., 278–279
26 a.a.O., 340

Heimkehr
 1 Shelley 1996 (1844), 157
 2 Gordon Cumming, 596
 3 Cust, 300–301, 331
 4 Longford, 408

Literaturhinweise

Die Jahreszahl ohne Klammern bezieht sich auf die Ausgabe, nach der zitiert wurde, die in Klammern auf die Ersterscheinung.

BÜCHER

Adams, W. H. Davenport: *Celebrated Women Travellers of the Nineteenth Century.* London 1882

Alcott, Louisa May: *Louisa May Alcott: Her Life, Letters, and Journals.* Hg. v. Ednah D. Cheney. Boston 1891

Audouard, Olympe d': *Les Mystères de l'Égypte dévoilés.* Paris ²1866

Aulnoy, Marie Catherine LeJumel de Barneville: *Travels into Spain; Being the Ingenious and Diverting Letters of the Lady. Translated … from Relation du Voyage d'Espagne (1691).* Hg. v. R. Foulché-Delbosc. London 1931

Baedeker, Karl: *Ägypten. Handbuch für Reisende. Erster Theil: Unter-Ägypten und die Sinai-Halbinsel.* Leipzig 1877

ders.: *Die Schweiz nebst den angrenzenden Teilen von Oberitalien, Savoyen und Tirol.* Leipzig 1909

ders.: *Schweden und Norwegen nebst den wichtigsten Reiserouten durch Dänemark.* Leipzig ⁶1894

Baker, Samuel White: *Der Albert N'yanza, das große Becken des Nil und die Erforschung der Nilquellen.* 2 Bde., Jena 1867

ders.: *Die Nilzuflüsse in Abyssinien. Forschungsreise von Athara zum Blauen Nil und Jagden in Wüsten und Wildnissen.* Braunschweig 1868

ders.: *The Albert N'yanza, Great Basin of the Nile, and Exploration of Nile Sources.* London 1871 (1866)

ders.: *The Nile Tributaries of Abyssinia, and the Sword Hunters of the Hamran Arabs.* Philadelphia 1868 (1867)

Barr, Pat: *A Curious Life for a Lady: The Story of Isabella Bird, Traveller Extraordinary.* Harmondsworth 1985 (1970)

Bassett, Marnie: *Realms and Islands: The World Voyage of Rose de Freycinet in the Corvette Uranie, 1817–1820.* London 1962

Bates, E. S.: *Touring in 1600.* London 1987 (1911)

Beaufort, Emily A.: *Egyptian Sepulchres and Syrian Shrines.* 2 Bde., London 1861

Behn, Aphra: »Oroonoko: Or, the Royal Slave«. In: *The Plays, Histories, and Novels of the Ingenious Mrs Aphra Behn.* Bd. 5, London 1871 (1735)

dies.: *Oroonoko oder der königliche Sklave.* München 1995 (1735)

Belgiojoso, Cristina Trivulzia Barbiano di: *Oriental Harems and Scenery.* New York 1862 (1858)

Bensly, R. L.: *Our Journey to Sinai: A Visit to the Convent of St. Catarina.* London 1896

Bird, Isabella Lucy: *An Englishwoman in America.* Madison, Milwaukee 1966 (1856)

dies.: *Der goldene Chersones.* Leipzig 1884 (1883)

dies.: *Eine Lady in den Rocky Mountains.* Frankfurt a. M. 1989 (1879)

dies.: *Journeys in Persia and Kurdistan: Including a Summer in the Upper Karun Region and a Visit to the Nestorian Rayahs.* 2 Bde., London 1891

dies.: *The Hawaiian Archipelago: Six Months among the Palm Groves, Coral Reefs and Volcanoes of the Sandwich Islands.* London 1875

dies.: *The Yangtze Valley and Beyond: An Account of Journeys in China, Chiefly in the Province of Sze Chuan and among the Man-tze of the Somo Territory.* London 1899

dies.: *Unbetretene Pfade in Japan.* Wien 1990 (1880)

Blanch, Leslie: *Under a Lilac-Bleeding Star: Travels and Travellers.* London 1963

Blessington, Marguerite: *Lady Blessington at Naples.* Hg. v. Edith Clay. London 1979

Blunt, Lady Anne: *A Pilgrimage to Nejd: The Cradle of the Arab Race. A Visit to the Court of the Arab Emir, and »Our Persian Campaign«.* 2 Bde., London 1881

dies.: *Bedouin Tribes of the Euphrates.* 2 Bde., London 1879

dies.: *Journals and Correspondence, 1878–1917.* Hg. v. Rosemary Archer u. James Fielding. Cheltenham, U. K., 1986

Brassey, Lady Annie: *Annie Brasseys letzte Fahrt an Bord des Sunbeam,* Leipzig 1889

Burton, Lady Isabel: *The Inner Life of Syria, Palestine, and the Holy Land.* 2 Bde., London 1875

dies./Wilkins, W. H.: *The Romance of Isabel Lady Burton: The Story of Her Life.* London 1898

Bury, Lady Charlotte: *The Diary of a Lady-in-Waiting: Being the Diary Illustrative of the Times of George the Fourth (etc.).* 2 Bde., London 1908

Calderón de la Barca, Frances Erskine: *Life in*

Mexico: During a Residence of Two Years in that Country. London 1843

Carey, William (Hg.): *Adventures in Tibet: Including the Diary of Miss Annie R. Taylor's Remarkable Journey from Tay-Chau to Ta-Chien-Lu Through the Heart of the Forbidden Land.* London 1902

Cariboo: The Newly Discovered Gold Fields of British Columbia. Fairfield, Washington, 1975 (1862)

Childs, Virginia: *Lady Hester Stanhope: Queen of the Desert.* London 1990

Clacy, Ellen (Mrs Charles): *A Lady's Visit to the Gold Diggings of Australia, 1852–53, Written on the Spot.* Melbourne 1963 (1853)

Coleridge, Edith (Hg.): *Memoir and Letters of Sara Coleridge.* Bd. 1, London 1873

Collis, Maurice: *Foreign Mud.* London 1946

Cortambert, Richard: *Les Illustres voyageuses.* Paris 1866

Cowan, J. M. (Hg.): *The Hans Wehr Dictionary of Modern Written Arabic.* Ithaca, N. Y., 1976

Craven, Lady Elizabeth: *Briefe der Lady Elisabeth Craven über eine Reise durch die Krimm nach Konstantinopel an Sr. Durchlaucht den regierenden Markgrafen von Brandenburg-Anspach.* Leipzig 1789

dies.: *Denkwürdigkeiten der Markgräfin von Anspach.* 2 Bde., Stuttgart/Tübingen 1826

dies.: *The Beautiful Lady Craven: The Original Memoirs (etc.) (1790–1828).* Hg. v. A. M. Broadley u. Lewis Melville. 2 Bde., London 1914

Crisp, Elizabeth: *Diary of her Captivity in Barbary, in the year 1756.* Handschriftensammlung der Charles E. Young Research Library, Special Collections, UCLA

Cust, Nina: *Wanderers: Episodes from the Travels of Lady Emmeline Stuart-Wortley and Her Daughter Victoria 1849–1855.* New York 1928

Daskova (Daschkowa), Ekaterina R.: *Am Zarenhofe. Memoiren der Fürstin Daschkoff, nebst Briefen Katharinas der Zweiten und anderem Briefwechsel.* Bd. 1, München 1918

Davis, Natalie Zemon: *Drei Frauenleben. Glikl, Marie de l'Incarnation, Maria Sibylla Merian.* Berlin 1996 (1995)

Dieulafoy, Jane: *Une Amazone en Orient.* Hg. v. Chantal Edel u. Jean-Pierre Sicre. Paris 1989

Dronsart, Marie: *Les Grandes voyageuses.* Paris 1894

Duff Gordon, Lady Lucie: *Letters from Egypt: 1862–1869.* Hg. v. Gordon Waterfield. London 1969 (1865 u. 1875)

Duffy, Maureen: *The Passionate Shepherdess: Aphra Behn 1640–90.* London 1977

Duyckinck, Ewart A.: *Portrait Gallery of Eminent Men and Women, with Biographies.* Bd. 2, New York 1874

Eberhardt, Isabelle: *Sandmeere. Sämtliche Werke in zwei Bänden.* Hg. v. Christian Bouqueret. Berlin/Schlechtenwegen ³1982

Eden, Hon. Emily: *Up the Country: Letters Written to Her Sister from the Upper Provinces of India.* 2 Bde., London 1866

Edwards, Amelia: *Untrodden Peaks and Unfrequented Valleys: A Midsummer Ramble in the Dolomites.* London 1873

Elliot, Frances Minto: *Diary of an Idle Woman in Spain.* London 1884

Errera, Eglal: *Isabelle Eberhardt. Eine Biographie mit Briefen, Tagebüchern, Prosa.* Basel 1989

Falconbridge, Anna Maria: *Narrative of Two Voyages to the River Sierra Leone, During the Years 1791–2–3.* Hg. v. Christopher Fyfe. Liverpool 2000 (1794)

Fanshawe, Lady Ann: *The Memoirs of Anne, Lady Halkett and Ann, Lady Fanshawe.* Hg. v. John Loftis. Oxford 1979

Fay, Mrs Eliza: *Original Letters from India: Containing a Narrative of a Journey Through Egypt, and the Author's Imprisonment at Calicut by Hyder Ally: 1779–1815.* Einführung v. E. M. Forster. London 1925 (1817)

Forbes, Anna: *Unbeaten Tracks in Islands of the Far East: Experiences of a Naturalist's Wife in the 1880s.* Singapore 1987 (1887 unter dem Titel *Insulinde*)

Fountaine, Margaret: *Love Among the Butterflies: The Secret Life of a Victorian Lady.* Hg. v. W. F. Cater. Boston 1980

Frank, Katherine: *A Voyager Out: The Life of Mary Kingsley.* New York 1986

Fraser, Flora: *The Unruly Queen: The Life of Queen Caroline.* New York 1996

Gattey, Charles Nielson: *A Bird of Curious Plumage: The Life of Princess Cristina di Belgiojoso, 1808–1871.* London 1971

Gladstone, Penelope: *Travels of Alexine: Alexine Tinne, 1835–1869.* London 1970

Gordon Cumming, Constance F.: *In the Himalayas and on the Indian Plains.* New York 1884

Graham, Maria Dundas: *Journal of a Residence in India.* Edinburgh 1812

dies.: *The Captain's Wife: The South American Journals of Maria Graham, 1821–23.* Hg. v. Elizabeth Mavor. London 1993

Guthrie, Mrs Maria: *A Tour, Performed in the Years 1795–6, Through the Taurida, or Crimea,*

The Antient Kingdom of Bosphorus … Described in a Series of Letters to Her Husband, the Editor, etc. London 1802

Hall, Richard: *Die Liebenden auf dem Nil.* Berlin 1981

ders.: *Lovers on the Nile: The Incredible African Journeys of Sam and Florence Baker.* New York: Random House 1980

Hardy, Lady Mary Duffus: *Through Cities and Prairie Lands: Sketches of an American Tour.* New York 1881

Hargrave, Letitia: *The Letters of Letitia Hargrave.* Hg. v. Margaret Arnett Macleod. Toronto 1947

Hart, Ursula Kingsmill: *Two Ladies of Colonial Algeria: The Lives and Time of Aurélie Picard and Isabelle Eberhardt.* Athens, Ohio, 1987

Hill, Florence/Hill, Rosamond: *What We Saw in Australia.* London 1875

(Hommaire de Hell, Adèle/) Hommaire de Hell, Xavier: *Travels in the Steppes of the Caspian Sea, The Crimea, The Caucasus, Etc.* London 1847

Istria, Dora d' (Helene Kolzow-Massalsky): *Die deutsche Schweiz und die Besteigung des Mönchs.* 4 Bde., Zürich 1858

Jameson, Anna: *Winterstudien und Sommerstreifereien in Canada.* 3 Bde., Braunschweig 1839 (1838)

Keay, Julia: *Mehr Mut als Kleider im Gepäck. Frauen reisen im 19. Jahrhundert durch die Welt.* Bern/München/Wien 1991

Kinder, Hermann/Hilgemann, Werner: *The Penguin Atlas of World History.* Bd. 2. Übers. v. Ernest A. Menze. Harmondsworth 1978

Kinglake, A. W.: *Eothen.* London 1982 (1844)

Kingsley, Mary: *Die grünen Mauern meiner Flüsse. Aufzeichnungen aus Westafrika.* München 1992 (1897)

dies.: *West African Studies.* London 1899

Kirk, Sylvia Van: »Gunn, Isabel«. In: *Dictionary of Canadian Biography.* Bd. 5, 1801-1820. Toronto 1983

Klumpke, Anna: *Rosa Bonheur: The Artist's (Auto)biography.* Übers. v. Gretchen van Slyke. Ann Arbor 1997

Kobak, Annette: *Wie treibender Sand. Das berauschende Leben der Isabelle Eberhardt.* München 1992

Leonowens, Anna H.: *The English Governess at the Siamese Court.* Boston 1871

Londonderry, Edith: *Frances Anne: The Life and Times of Frances Anne Marchioness of Londonderry and her husband Charles Third Marquess of Londonderry.* London 1958

Londonderry, Frances Anne: *Russian Journal of Lady Londonderry, 1836–37.* Hg. v. W. A. L. Seaman u. J. R. Sewell. London 1973

Longford, Elizabeth: *A Pilgrimage of Passion: The Life of Wilfrid Scawen Blunt.* London 1979

Lovell, Mary S.: *Rebel Heart: The Scandalous Life of Jane Digby.* New York 1995

Marsden, Kate: *On Sledge and Horseback to Outcast Siberian Lepers.* London 1893

dies: *Reise zu den Aussätzigen in Sibirien.* Leipzig 1894 (1893)

Martineau, Harriet: *Eastern Life, Present and Past.* Philadelphia 1848

dies.: *Retrospect of Western Travel.* 3 Bde., London 1838

Maxwell, Patrick (Hg.): »Voyage of Madame Godin along the River of the Amazons, in the Year 1770«. In: *Perils and Captivity (etc.).* Edinburgh 1827

Meredith, Louisa Anne: *Notes and Sketches of New South Wales: During a Residence in that Colony from 1839 to 1844.* London 1844

(Meryon, Charles L.:) *Memoirs of the Lady Hester Stanhope: As Related by Herself in Conversations with Her Physician; Comprising Her Opinions and Anecdotes of Some of the Most Remarkable Persons of Her Time.* 3 Bde., London 1846

Michell, T.: *Handbook for Travellers to Russia, Poland, and Finland.* London 1865

Middleton, Dorothy: *Victorian Lady Travellers.* Chicago 1965

Montagu, Lady Mary Wortley: *Reisebriefe.* München 1927

dies.: *The Letters and Works of Lady Mary Wortley Montagu.* Hg. v. Lord Wharncliffe. 3 Bde., London 1837

Mullen, Richard: *Birds of Passage: Five Englishwomen in Search of America.* New York 1994

Nightingale, Florence: *Letters from Egypt: A Journey on the Nile, 1849–1850.* Hg. v. Anthony Sattin. New York 1987

Noble, Anne: *Narrative of the Shipwreck of the »Kite« and of the Imprisonment and Sufferings of the Crew and Passengers; in a Letter from Mrs Anne Noble to a Friend.* Macao 1841

North, Marianne: *Recollections of a Happy Life.* Hg. v. J. A. Symonds. 2 Bde., London 1892

dies.: *Some Further Recollections of a Happy Life.* Hg. v. J. A. Symonds. London 1893

Parker, Mary Ann: *A Voyage Round the World.* Hg. v. Gavin Fry. Sydney 1991 (1795)

Parks, Fanny: *Wanderings of a Pilgrim in Search of the Picturesque.* 2 Bde., Karachi 1975 (1850)

Parks, George B.: *The English Traveler to Italy.* Bd. 1: *The Middle Ages (to 1525).* Stanford 1954

Petherick, John u. Katherine Harriet: *Travels in Central Africa and Explorations of the Western Nile Tributaries.* 2 Bde., London 1869

Pfeiffer, Ida: *Abenteuer Inselwelt. Die Reise 1851 durch Borneo, Sumatra und Java.* Hg. v. Gabriele Habinger. Wien 1993 (1856)

dies.: *Eine Frau fährt um die Welt. Die Reise 1846 nach Südamerika, China, Ostindien, Persien und Kleinasien.* Hg. v. Gabriele Habinger. Wien ²1992 u. ³1997 (1850)

dies.: *Meine zweite Weltreise.* 2 Bde., Wien 1856

dies.: *Reise einer Wienerin in das Heilige Land.* Stuttgart 1969 (1844)

dies.: *Reise in das Heilige Land. Konstantinopel, Palästina, Ägypten im Jahre 1842.* Hg. v. Gabriele Habinger. Wien 1995 (1844)

dies.: *Reise in die Neue Welt. Amerika im Jahre 1853.* Hg. v. Gabriele Habinger. Wien 1994 (1856)

(Picard) Dard, C. A.: »The Suffering and Misfortunes of the Picard Family, After the Shipwreck of the *Medusa*, on the Western Coast of Africa, in the Year 1816.« In: *Perils and Captivity (etc.).* Hg. v. Patrick Maxwell. Edinburgh 1827

Polk, Milbry/Tiegreen, Mary: *Frauen erkunden die Welt.* München 2001 (2001)

Potts, Lydia (Hg.): *Aufbruch und Abenteuer. Frauen-Reisen um die Welt ab 1785.* Berlin 1988

Premble, John (Hg.): *Miss Fane in India.* Gloucester 1985

»Railway«. In: *The Encyclopaedia Britannica.* Bd. 20, Philadelphia 1886

Rijnhart, Susie Carson: *Wanderungen in Tibet.* Calw/Stuttgart 1904 (1901)

Roberts, Emma: *Notes of an Overland Journey through France and Egypt to Bombay.* London 1841

Robinson, Jane: *Wayward Women: A Guide to Women Travellers.* Oxford 1990

Russell, Mary: *Vom Segen eines guten festen Rocks. Außergewöhnliche Lebensgeschichten weiblicher Abenteurer und Entdeckungsreisender.* Bern/München/Wien ²1987

Schaw, Janet: *Journal of a Lady of Quality.* Hg. v. Evangeline W. Andrews u. Charles McL. Andrews. New Haven ³1939 (1921)

Schopenhauer, Johanna: *Reise durch England und Schottland. Sämtliche Schriften.* Bd. 15, Leipzig 1830

Schreiber, Lady Charlotte: *Lady Charlotte*

Schreiber's Journals: Confidences of a Collector of Ceramics and Antiques Throughout Britain, France, Holland, Belgium, Spain, Portugal, Turkey, Austria, and Germany From the Years 1869 to 1885. Hg. v. Montague J. Guest u.a. 2 Bde., London 1911

Seacole, Mary: *Wonderful Adventures of Mrs Seacole in Many Lands.* Hg. v. W. J. S. Einführung v. W. J. Russell, Esq. New York 1988 (1857)

Serena, Carla: *De la Baltique à la Caspienne. Souvenirs personnels.* Paris 1881

Seymour, Bruce: *Lola Montez: eine Biographie.* München 2000 (1996)

Shelley, Mary: *History of a Six Weeks' Tour, Letters from Geneva I and II, and Rambles in Germany and Italy. The Novels and Selected Works of Mary Shelley.* Bd. 8: *Travel Writing.* Hg. v. Jeanne Moskal. London 1996 (1817 u. 1844)

Sillitoe, Alan: *Leading the Blind: A Century of Guide Book Travel, 1815–1914.* London 1995

Smith, George Barnett: *Women of Renown.* New York 1972 (1893)

Staël, Germaine de: *Corinna oder Italien.* Übers. v. Dorothea Schlegel. München 1979 (1807)

Starke, Mariana: *Travels in Europe, for the Use of Travellers on the Continent, and Likewise in the Island of Sicily (etc.).* Paris ⁹1839 (1820)

Strachey, Lytton: »Lady Hester Stanhope.« In: ders.: *Biographical Essays.* London 1960

Thurman, Judith: *Colette. Roman ihres Lebens.* Berlin 2001 (1999)

Tristan, Flora: *Meine Reise nach Peru.* Frankfurt a. M. 1983 (1838)

Trollope, Frances Milton: *Domestic Manners of the Americans.* Hg. v. Donald Smalley. New York 1949 (1832)

dies.: *Leben und Sitte in Nordamerika.* Leipzig 1835

dies.: *Paris and the Parisians in 1835.* New York 1836

Tully (Miss): *Narrative of a Ten Years' Residence at Tripoli in Africa: From the Original Correspondence in the Possession of the Family of the Late Richard Tully, Esq., the British Consul.* London 1816

Westphal, Wilfried: *Töchter des Sultans. Die Reisen der Alexandrine Tinne.* Stuttgart 2002

Withey, Lynne: *Grand Tours and Cook's Tours: A History of Leisure Travel: 1750 to 1915.* New York 1997

Wollstonecraft, Mary: *Briefe, geschrieben*

während eines kurzen Aufenthalts in Schweden,
Norwegen und Dänemark, Hamburg u.a.
1796
dies.: *Collected Letters of Mary Wollstonecraft.*
Hg. v. Ralph M. Wardle. Ithaca 1979
Wortley, Lady Emmeline Charlotte Elizabeth
(Manners) Stuart: *Travels in the United*
States, etc. During 1849 and 1850.
New York 1851

ZEITSCHRIFTEN
ILN = *Illustrated London News*

Belgiojoso, Cristina Trivulzia Barbiano di,
Prinzessin: »La Vie intime et la vie nomade
en Orient, scènes et souvenirs de voyage«.
In: *Revue des deux mondes* 9, 1. Februar
1855, 466–501
Bourboulon, Catherine de/Poussielgue,
Achille: »Relation de voyage de Shang-Haï
à Moscou, par Pekin, la Mongolie et la
Russie Asiatique, rédigée d'après les notes
de M. de Bourboulon, Ministre de France
en Chine, et de Mme de Bourboulon,
1860–1862«. In: *Tour du monde* 10, 1864,
289–336; 11, 1865, 233–272
Cristiani, Lise: »Voyage dans la Sibérie
orientale«. In: *Tour du monde* 7, 1863,
385–400
Dieulafoy, Jane: »A Suse, journal des fouilles
1884–1886«. In: *Tour du monde* 54, 1887,
1–96; 55, 1887, 1–80; 56, 1887, 81–160
dies.: »La Perse, la Chaldée et la Susiane,
1881–1882«. In: *Tour du monde* 46, 1883,
81–160
(Eastlake, Lady Elizabeth:) »Lady Travellers«.
In: *Quarterly Review* 151, 1845, 98–137
»Epitome of News – Foreign and Domestic«.
In: *ILN*, 30. November 1844, 343
»Evacuation of the Crimea«. In: *ILN*,
30. August 1856, 216
Félinska, Ève: »De Kiew à Bérézov, souvenir
d'une exilée en Sibérie (1839)«. In: *Tour du*
monde 6, 1862, 209–240
»Lady Travelers in Norway«. In: *Eclectic*
Magazine, 1858, 176–187

»Murder of Mlle. Tinne in the Interior of
Africa«. In: *London Times*,
6. September 1869, 10
»Not at Home«. In: *Punch*, 21. Juni 1856, 258
»Our Own Vivandiere«. In: *Punch*,
30. Mai 1857, 221
Paschkoff, Lydie: »Voyage à Palmyre (1872)«.
In: *Tour du monde* 33, 1872, 161–176
Serena, Carla: »Excursion au Samourzakan et
en Abkasie (1881)«. In: *Tour du monde* 43,
1882, 353–416
dies.: »Trois mois en Kakhétie (1877–81)«. In:
Tour du monde 44, 1882, 193–208, 225–240
Ujfalvy-Bourdon, Marie de: »Voyage d'une
parisienne dans l'Himalaya occidental: le
Koulou, le Cachemire, le Baltistan et le Dras
(1881)«. In: *Tour du monde* 46, 1883, 353–416

REZENSIONEN
Die aufgeführten Rezensionen wurden
anonym veröffentlicht.

Baker, Samuel White: *The Albert N'yanza,*
Great Basin of the Nile, and Exploration of
Nile Sources, London 1866. Besprochen in:
ILN, 16. Juni 1866, 594
Eden, Lizzie Selina: *My Holiday in Austria*,
London 1869. Besprochen in: *ILN*,
Oktober 1869, 368
Edwards, Amelia: *Untrodden Peaks and*
Unfrequented Valleys: A Midsummer Ramble in
the Dolomites, London 1873. Besprochen in:
ILN, 30. August 1873, 206
Elliot, Frances Minto: *Diary of an Idle Woman*
in Italy. 2 Bde., London 1871. Besprochen
in: *ILN*, 1. Juli 1871, 639
Gushington, Impulsia, Hon: *Lispings from Low*
Latitudes; or, Extracts from the Journal of the
Honourable Impulsia Gushington. Hg. v. Lord
Dufferin, London 1863. Besprochen in:
ILN, 18. April 1863, 438
Poole, Sophie Lane: *The Englishwoman in*
Egypt: Letters from Cairo … Unter dem Titel
»Mrs Poole's ›Englishwoman in Egypt‹«
besprochen in: *Blackwood's Magazine*,
März 1845, 286–297

Die Autorin

BARBARA HODGSON, geboren 1955, ist als Buchgestalterin und Autorin tätig. Neben drei Romanen hat sie mehrere illustrierte Sachbücher und (als Koautorin) einen fiktionalen Paris-Reiseführer verfasst. In ihrem Buch *Die Wüste atmet Freiheit* erzählt sie von Frauen, die im Orient reisten. Sie lebt in Vancouver, Kanada.

Danksagung

Ich danke dem Bibliotheksteam der University of British Columbia, insbesondere Bonita Stableford, Wayne Mackay und Felicity Nagai, für ihre großartige Unterstützung bei der Recherche. Besonderen Dank schulde ich auch Victoria Steele und Anne Caiger von der Charles E. Young Research Library, UCLA, die das Manuskript von Eliza Crisp und andere beeindruckende Dokumente ausgegraben haben, und Romaine Ahlstrom von der Huntington Library, die mir einige Schätze der bedeutenden Sammlung der Huntingtons zeigte. Danken möchte ich auch allen, die mich auf Reisende hinwiesen und hier nicht namentlich genannt werden können. Mein besonderer Dank gilt Saeko Usukawa, die Quellen zu Frances Anne Hopkins aufspürte, meiner Lektorin Nancy Flight, die sich geduldig durch das umfangreiche Material arbeitete, ihrer Kollegin Maureen Nicholson, die auf bewundernswerte Weise mit all den Daten, Namen und unzähligen anderen Details fertig wurde, und, wie immer, David Gay.

Bildnachweis

ILLUSTRATIONEN AN DEN KAPITELANFÄNGEN: Seite 1, 13, 55, 73, 137, 201: Rev. Francis E. Clark and Harriet E. Clark: *Our Journey Around the World with Glimpses of Life in Far Off Lands as Seen Through a Woman's Eyes*, Hartford, Conn.: A. D. Worthington 1894; Seite 21: David Roberts: Zeichnung des Löwenhofes der Alhambra nach einer Radierung von Freebairn in: Thomas Roscoe: *Jennings Landscape Annual for 1835, or The Tourist in Spain*, London: Robert Jennings 1835; Seite 109: Francis Galton: *The Art of Travel*, London: John Murray 1860, 56; Seite 123: Ein Dandy aus Bareilly in: Nina Mazuchelli: *The Indian Alps and How We Crossed Them*, London: Longmans, Green 1876; Seite 153: Weit verbreiteter Verbandskasten von Burroughs Wellcome and Co in: E. A. Reeves: *Hints to Travellers*, London: The Royal Geographical Society 1906; Seite 157: Lady Brassey in Japan, *ILN*, 22. October 1887, 483; Seite 169: »The Conductor« in: Richard Lovett: *United States Pictures*, London: The Religious Tract Society 1891, 135; Seite 187: Reisende Brasilianerin in: J. G. Heck: *The Iconographic Encyclopaedia of Science, Literature and Art*, New York: Rudolph Garrigue 1851.

Zitatnachweis

Der Gerstenberg Verlag dankt folgenden Verlagen für die freundliche Genehmigung zum Abdruck:
Seite 100 (Randspalte) und 101 Mitte: Eberhardt, Isabelle: *Sandmeere 1/2*. Hg. v. Christian Bouqueret, Reinbek b. Hamburg: Rowohlt-Taschenbuch ⁶1991/1983
Seite 196 Mitte: Tristan, Flora: *Meine Reise nach Peru*, Frankfurt a. Main: Societätsverlag 1983

Register